AI 혁신 바이블

아날로그 기업은 인공지능 시대에 어떻게 살아남는가

AI 혁신 바이블

토머스 H. 대븐포트, 니틴 미탈 지음 | 딜로이트 컨설팅 코리아 감수 | 임상훈 옮김

How Smart Companies
Win Big with Artificial Intelligence

더퀘스트

AI는 빅테크의 전유물이 아니다. 전통 기업도 AI를 전략적으로 활용한다면 임팩트가 크고, 시급한 문제의 경영 목표를 최적화하는 동시에 성장할 수 있다.

이 책은 전통 기업들이 인공지능으로 어떻게 비즈니스 모델을 혁신했는지 보여준다. AI를 우리 회사에 어떻게 적용할지 고민하는 리더에게 좋은 실마리가 되어줄 것이다.

_이경전 경희대학교 빅데이터응용학과 및 첨단기술비즈니스학과 교수
(세계인공지능학회AAAI 혁신적 인공지능 응용상IAAI 4회 수상자,
2017 한국지능정보시스템학회 회장)

많은 기업이 AI라는 시대 흐름을 적극적으로 인지하고 AI를 탑재하여 새로운 활로를 개척하고 생산성 극대화를 노리고 있다. 산업별로

마주한 문제는 다르지만 결국 지속 가능한 사업을 위해서는 AI를 도입해야 한다. AI로 비즈니스 장면이 어떻게 달라질지 알고 싶어 하는 분들께 이 책을 권한다.

_진요한 LG CNS AI 센터장 및 AI 연구소장

AI 도입은 현시점에서 기업이 당면한 최대 과제다. 특히 금융 산업 분야에서는 빠르게 변화하는 AI 기술을 비즈니스에 도입하고 적극적으로 활용함으로써 시장을 선도하고 있다. AI 시대 전통 기업이 어떻게 AI로 비즈니스 혁신을 이끌어야 하는지 궁금하다면 이 책을 읽어보길 권한다.

_최홍준, 업스테이지Upstage 부사장
(전 네이버 라인뱅크대만 기술 총책임, 라이나생명 CPC전략 본부장)

오늘날 모든 기업에 AI는 더 이상 트렌드가 아니라 생존과 성장을 위한 본원적 과제가 됐다. 이 책은 글로벌 선도 기업의 AI 여정에서 얻은 경험과 교훈을 통해 데이터 활용부터 AI 비즈니스 모델은 물론 조직의 인적 재원과 현명한 C레벨의 모습까지 제시한다. AI 혁신의 길을 이끌어야 하는 모든 리더에게 귀한 불빛이 되어줄 것이다.

_김영호 LaiLAC LOTTE AI Lab Alliances & Creators 센터장 및
롯데그룹 유통군 HQ AI 리더

이른바 '생성형 AI 혁명'이 일어난 지금, 많은 기업들이 AI의 필요성을 인식하지만 어떻게 접근해야 할지 어려워한다. 그 가운데 이 책은 전통 산업이 'AI 에이전트 시대'를 대비할 수 있도록 구체적이고 실

용적인 전략을 제시한다.

인공지능 서적 중에서도 처음부터 끝까지 막힘없이 읽어내려간 최초
의 경험을 내게 선사한 이 책은, AI 전략부터 실제 사례까지 풍부하
게 소개하고 있어 독자들이 AI에 대한 장벽을 넘을 수 있게 도와줄
것이다.

_최대우, 애자일소다AgileSoDA 대표, 한국외국어대학교 통계학과 교수

앱과 스마트폰, 소셜미디어에 이르기까지 지난 20년간 세 차례에 걸
친 IT 기술 혁신은 우리 삶과 일하는 방식을 바꾸어 놓았다. 그리고
이제 인공지능은 그 정점에서 지적노동 방식과 기업의 생존 방정식
을 완전히 바꾸고 있다.

그동안 다른 AI 서적들이 기술에 대한 이해와 막연한 미래 전망서에
머물렀다면, 이 책은 독자들에게 AI 기업이 되기 위한 실질적 비즈니
스 모델과 리더십 전략을 제공하는 성서가 되어 줄 것이다.

– 이경일, 솔트룩스Saltlux 대표

대부분의 조직은 AI로 어떤 일을 할 수 있는지에 대해 변죽만 울리고
있다. 진정 AI를 활용한 기업이 어떤 자원으로 어떻게 혁신을 이뤘는
지 알고 싶다면, 이 책을 읽고 처방을 따르라.

– 마르코 이안시티Marco Iansiti, 하버드 비즈니스스쿨 교수,
《AI 시대의 경쟁》 공저자

AI는 오늘날 활용할 수 있는 가장 혁신적인 기술이다. 당연하게도, 가
장 큰 이익은 AI를 적극적으로 활용하는 기업에 주어진다.《AI 혁신

바이블》은 AI에서 최대의 가치를 추출할 수 있는 훌륭한 안내서다.

— 피유시 굽타Piush Gupta, DBS CEO

AI를 가장 중요한 차별화 요소이자 성과를 위한 요소로 여기는 스타트업이라면 이 책이 최고의 지침서가 될 것이다. 또한 대븐포트와 미탈은 전통 기업이 AI를 활용하고자 할 때 필요한 다양한 조직적 역량도 안내한다. 이런 역량은 전통 기업이 경쟁에서 승리하는 데 필수적이다.

— 게리 러브맨Gary Loveman, 웰 CEO

《AI 혁신 바이블》은 AI 추진 기업의 고유한 구성 요소인 리더십, 기술, 조직 변화 전략을 설명한다.

— 라지브 로난키Rajeev Ronanki, 앤섬 플랫폼 사업부문 사장,
《너와 나》 저자

한국 기업에 드리는 제언

최근 경영 혁신의 핵심 화두는 단연 AI다. 마이크로소프트Microsoft, 아마존Amazon, 구글Google, 메타Meta 등 글로벌 빅테크 기업들이 2024년 AI에 투자하는 총액이 2,000억 달러(약 272조 원)에 달할 것으로 전망된다. 5년 뒤에는 현재의 5배인 연간 1조 달러(1,360조 원)까지 늘어날 것으로 예상된다. 이러한 빅테크들의 격화되는 경쟁 속에서 한국의 전통 기업들도 AI를 통해 경영 혁신의 기회를 적극적으로 모색하고 있음을 몸소 느끼고 있다.

《AI 혁신 바이블》은 AI를 활용하여 디지털 전환에 성공한 글로벌 기업들의 사례와 그 방법을 구체적으로 다룬다. 특히 전통 산업에 속하는 기업들이 어떻게 AI를 효과적으로 채택하고 기업 전반에 체계적으로 확산시켜나갈 수 있었는지에 대한 내용은 국내 대표 기업들에 중요한 시사점을 제공한다.

한국 기업들은 AI 도입 및 활용 면에서 글로벌 선도 기업들에 뒤처져 있는 편이다. 2024년 6월 딜로이트Deloitte에서 발간한 〈아시아 태평양 지역 내 생성형 AI 업무 활용 현황 및 시사점〉 보고서에 따르면, 생성형 AI 확산에 적극적으로 대응하는 사람들의 비율은 인도와 중국이 각각 77%와 71%로 높은 수준을 보인 반면, 한국은 39% 수준에 그친 것으로 나타났다. 글로벌 기업들은 이미 AI를 핵심 전략으로 삼아 비즈니스 모델을 혁신하고 효율성을 극대화하며 고객 경험을 높이는 데 집중하고 있다. 이에 비해 국내 기업들이 기업 운영 전반에 AI를 전면적으로 채택하기까지는 조금 더 시일이 걸릴 것으로 보인다. 글로벌 혁신 트렌드를 따라잡기 위해 국내 기업들은 몇 가지 중요한 전략을 깊이 있게 고려해야 한다.

첫째, AI를 통해 완전히 새로운 비즈니스 모델을 개발하고, 이를 기반으로 새로운 시장을 개척해야 한다. AI는 기존의 사업 구조를 혁신적으로 재설계할 가능성을 제공한다. 이를 통해 기업은 전례 없는 방식으로 고객의 요구를 충족시킬 수 있다. 예를 들어 AI를 활용한 맞춤형 서비스는 고객의 개인화된 요구를 정확하게 파악하고, 이에 맞는 제품이나 서비스를 제공할 수 있게 한다. 또한 AI로 새로운 비즈니스 모델을 창출하는 방법 중 하나는 데이터 분석을 통해 시장의 변화를 신속하게 파악하는 것이다.

이를 통해 기업은 고객의 행동 패턴과 선호도를 분석하여 새로운 제품이나 서비스를 개발하고, 고객의 기대를 능가하는 가치를 제공할 수 있다. 예를 들어 헬스케어 분야에서는 AI 기반의 진단 시스템을 도입하여 개인 맞춤형 의료 서비스를 제공할 수 있고, 금융 분야에서는 AI를 활용한 자동화된 투자 자문 서비스를 통해 고객 금융 자산 관리의 효율성을 높일 수 있다.

둘째, 비즈니스 프로세스 재설계 관점에서 AI에 대한 새로운 인식이 필요하다. 1990년대 대기업 그룹사를 필두로 국내 기업들은 비즈니스 프로세스 리엔지니어링BPR과 프로세스 혁신PI 등의 혁신 운동을 추진해왔다. 이러한 활동은 전사적 자원 관리ERP 시스템과 연계되어 경영정보의 가시성을 확보하고 부서 간 가치 있는 정보 교환을 촉진했으며, 기업의 디지털 백본backbone 또는 디지털 코어core 역할을 수행하며 혁신을 지속해왔다. 하지만 때로는 급변하는 비즈니스 환경에서 변화에 능동적으로 대처하기 쉽지 않은 경직된 프로세스를 만들어내기도 했고, 프로세스 개선에서는 매우 점진적인 변화만을 기대할 수밖에 없었던 것도 사실이다.

그러나 예측형 AI 같은 기존의 AI와 나아가 생성형 AI의 등장은 이러한 BPR의 개념을 전면적으로 재검토하게 하는 촉발 요소가 됐다. AI는 더 빠르고, 더 정확하고, 더 자동화된 의사 결정을 가능하게 하기 때문이다. 예를 들면 기존의 AI는 기업 내외부의 대규모 데이터 세트를 학습하여 수요를 예측하거나 잠재된 리스크를 식별하고, 생성형 AI는 이러한 정보를 바탕으로 조직 관리자의 관점에서 제품 가격 인상, 설비 추가 투자, 적정 재고 수준 등 다양한 시나리오를 제시하여 더 나은 의사 결정을 도울 수 있다. 이러한 접근은 단순히 비용 절감을 넘어 AI와 인간의 상호작용 방식을 바꿔 일하는 방식에도 근본적인 변화를 일으킬 것으로 보인다.

셋째, AI 기술 도입에서 데이터의 중요성을 인식해야 한다. 데이터는 AI의 연료fuel로, AI 시스템의 성능과 효과를 결정짓는 핵심 요소다. 따라서 국내 기업들은 지금부터라도 데이터 수집과 관리, 분석을 위한 데이터 관리 체계와 인프라를 구축해야 한다. 이는 단순히 데이터를 저장하는 것에 그치지 않고, 데이터를 효과적으로 분석하고 활용할 수 있는 통합 시스템을 의미한다.

이를 위해 기업은 데이터의 품질을 유지하고, 실시간으로 데이터를 처리하며, 다양한 출처의 데이터를 통합하여 일관성 있는 정보를 제공하는 체계를 마련해야 한다. 또한 데이터 보안에 신경 써서 프라이버시를 철저히 관리하여 신뢰성을 확보하는 것도 중요하다. 기업은 이러한 데이터 중심의 접근 방식을 통해 AI 기술을 최대한 활용하고 경쟁 우위를 확보할 수 있을 것이다.

넷째, AI 도입 과정에서 기술적 요소만큼이나 중요한 것이 조직 구성원에 대한 변화 관리다. AI 기반의 기업으로 완전히 변모하기 위해서는 단계적으로 모든 직원이 AI를 이해하고 활용할 수 있도록 교육 프로그램을 마련하는 것이 필수적이다. 특히 경영진이 AI에 대한 깊은 이해를 가지고 전략적으로 접근하는 것이 중요하다. AI는 단순히 기술 도입을 넘어서 조직의 전반적인 변화를 요구하기 때문이다.

결론적으로 향후 몇 년간 글로벌 환경에서 경쟁하는 국내 기업들에 AI는 경쟁력을 유지하기 위한 선택이 아닌 필수적인 요소가 될 것이다. 나아가 AI는 빅데이터, 클라우드 컴퓨팅, 사물인터넷IoT, 블록체인, 5G 등 다양한 신기술과 결합하여 더 많은 비즈니스 영역에 걸쳐 활용되고 영향을 미치게 될 것이다. 따라서 국내 기업들은 AI를 통해 학습하고 발전하는 학습 조직으로 거듭날 수 있어야 하며, 모든 직원이 AI를 통해 가치를 창출할 수 있는 환경과 기반을 서둘러 구축해야 할 때다. 국내 많은 기업이 AI를 통해 더 큰 성공을 거두길 기대한다.

_조명수, 딜로이트 컨설팅 코리아 파트너

들어가는 말

구글 모기업 알파벳Alphabet의 CEO 순다르 피차이Sundar Pichai는 2017년 구글 고객 행사에서 구글이 'AI(인공지능) 우선AI first' 전략을 펴리라고 선언했다. 당연하게도, 이 말을 듣고 놀란 사람은 거의 없었다. 개발자들을 대상으로 한 연설에서 그는 "AI 우선 세계에서 우리는 모든 제품을 다시 살펴보고, 사용자 문제를 해결하는 데 ML(머신러닝)과 AI를 활용할 것입니다"라고 말했다.[1] 구글은 2015년에 이미 회사 전반에 걸쳐 2,700개가 넘는 AI·머신러닝 프로젝트를 진행하고 있었다.[2] 구글에서 AI는 검색, 지도, 지메일Gmail, 듀오Duo, 어시스턴트Assistant 같은 제품과 고객서비스 대부분에 깊이 뿌리내리고 있다. 구글은 또 클라우드 고객들에게 머신러닝 알고리즘과 도구 세트인 텐서플로TensorFlow도 제공한다. 자율자동차 기업 웨이모Waymo와 바이오 테크놀로지 기업 캘리코Calico를 포함하여 알파벳 산하의 많은 사업체가 AI를 폭넓게 활용하고 있다.

당시 그의 선언을 사람들이 선풍적으로 받아들이지 않은 이유는 업계 관계자 모두가 이미 구글이 AI 분야에 올인all-in하고 있다는 사실을 잘 알았기 때문이다. 이는 실리콘밸리 기업은 물론 활력이 넘치는 디지털 네이티브 조직digital native organization들의 일반적인 행보였다. 기술 스타트업 중에서 AI 우선 전략을 취한 기업들만 따로 모아놓은 책이 있는데, 이조차도 주목받지 못할 정도였다.[3] 사람들은 그저 '구글이 원래 하는 일이잖아. 페이스북Facebook, 아마존, 텐센트Tencent, 알리바바Alibaba 등도 마찬가지야'라고 생각하는 것 같았다.

그런데 AI를 활용해 사업 역량을 강화하고자 하는 기업은 알파벳과 구글을 비롯한 기술 기업에 국한되지 않는다. 레거시legacy 기업들, 심지어 소규모에서 중간 정도의 규모에 이르는 기업들 역시 이런 목적을 추구한다. 예를 들어 주택담보대출 은행 레이디어스파이낸셜그룹radius financial group이 대표적이다. 보스턴 남쪽 교외 지역에서 200명의 직원을 두고 사업을 영위하는 이 전통 은행은 중소기업 대부분이 아직 AI를 레이더망에 포착하지 못하고 있을 때부터 이 분야에서 앞서가기 시작했다.[4] 회사의 공동 창립자이자 운영책임자인 키스 폴라스키Keith Polaski는 일찍이 2016년부터 AI 도구들을 집중적으로 찾기 시작했다. 폴라스키는 자신의 사업을 '대출 제조업'이라고 부르며, 자신의 모기지 제조 공장에서 일어나는 모든 것을 측정한다. AI와 자동화 도구를 도입한 그의 회사는 업계 평균보다 훨씬 더 생산적

이고 수익성이 높다.[5]

사람들은 AI가 주로 실리콘밸리에서나 다뤄지는 것으로 여긴다. 하지만 유럽 거대 항공사 에어버스Airbus는 생각이 달랐다. 디지털화로 항공 산업이 급변하는 상황에 적응하고 운영 효율을 개선할 필요성을 인식한 에어버스는 2010년대 중반부터 광범위한 디지털 혁신을 추진해왔다. AI와 데이터가 이런 변화의 최전선과 중심에 자리를 잡았고, 전사적으로 다양한 활용 방안이 제시됐다. 에어버스는 이 새로운 기술에 아낌없이 투자했으며, 직원들을 재교육하여 AI 활용에 익숙해지게 했다. 에어버스의 프로그램은 비밀이 아니다. 회사 웹사이트에는 이렇게 쓰여 있다.

> AI는 단순히 연구 분야에 그치지 않고 우리 사회 모든 영역을 재정의할 가능성을 가진, 어디에서나 찾아볼 수 있는 미래 기술입니다. 에어버스는 AI가 우리 데이터의 가치를 최대한 이용할 수 있게 해주는 주요 경쟁 우위라고 믿습니다.[6]

에어버스는 대형 여객기 사업은 물론 헬리콥터, 방위산업, 우주개발 부서에 이르기까지 전 세계에 걸친 조직에서 AI 역량을 속속들이 활용하고 있다. 이 회사에서 AI 기술은 다양한 제품의 기반이 된다. 예를 들자면 항공기 운영에 필요한 실시간 지형 데이터를 제공하는 원아틀라스OneAtlas, 자율주행 택시의 운행이나 항공기의 이착륙을 위한 시각 기반 내비게이션 아톨ATTOL 시범 모델, 헬리콥터를 위한 시각 기반 내비게이션, 비행기 조종석에 앉은 파일럿이나 국제 우주 정거장의 우주인들을 위한 가상 비서virtual assistant 등이 그렇다.

　중국의 알리바바나 텐센트 같은 디지털 네이티브 기업들 역시 AI를 적극적으로 활용하고 있다. 그런데 최근에는 보험, 은행, 헬스케어, 자동차 판매와 같은 전통적인 사업에도 활발히 도입되고 있다. 대표적인 예가 거대 기업 핑안平安인데, 이 회사는 모든 분야에서 비약적으로 성장하고 있다. 핑안의 모든 사업에서는 AI가 큰 역할을 한다. 사진을 바탕으로 보험금을 신속하게 지급하고, 안면 인식 기능을 활용하여 신원을 확인하며, 지능형 원격 진료와 의료 서비스를 제공하고, 중고차 가격을 진단하는 데 AI를 활용한다. 핑안의 비즈니스 모델은 자사 생태계ecosystem 안에서 고객과 인터넷 사용자의 라이프 스타일에 맞춘 금융 상품을 제공하는 것이다. 핑안의 생태계는 금융 서비스, 자동차 서비스, 의료 서비스, 스마트 시티 서비스smart cities services(정보·통신 기술을 통해 도시 인프라가 개선된, 이른바 스마트 시티에서 안전성·효율성·지속 가능성 등을 위해 사용하는 기술−옮긴이) 등 다양한 분야를 포괄하며, 시스템은 데이터를 기반으로 지속적인 학습을 통해 AI 시나리오 모델을 개선한다.

　핑안에서는 무언가가 작동하고 있다. 이 회사는 1988년에 설립된, 말하자면 신생 기업에 불과하지만, 2020년 매출이 거의 2,000억 달러에 육박한다. 이 회사 역시 AI에 초점을 둔다는 사실을 감추려 들지 않는다. 오히려 핑안의 기술을 담당하는 부서인 핑안테크놀로지의 웹사이트에서 다음과 같이 밝히고 있다.

AI는 핑안테크놀로지의 핵심 기술 중 하나이며, 예측 AI, 인지 AI, 의사 결정 AI를 포함한 일련의 솔루션을 구축하고 있습니다.[7] (…) 핑안테크 놀로지는 안면 인식, 음성 인식, 의료 영상 AI 판독, 동물 인식, 다중 생체 인식을 포함한 지능형 인식 기술 매트릭스를 구축하고 있습니다. 이 기술은 실생활에서 더욱 광범위하고 심층적으로 활용되고 있습니다.

기술 기업 중에서도 자사 웹사이트에 이 정도로 대놓고 자신감을 드러내는 기업은 많지 않다.

핑안, 에어버스, 레이디어스는 모두 전통적인 기업이다. 이들은 상당한 기술 역량을 보유하고 있지만, 그래도 기술 기업이나 전자상거래 기업은 아니다. 이런 곳들이야말로 레거시 기업에서 AI가 담당하는 역할을 살펴보려는 우리 저자들의 계획에 잘 들어맞는 대상이다. AI가 이들의 핵심 제품이나 서비스는 아니지만, 이 기업들은 AI의 힘을 광범위하게 이용하고 있다. 한 유통 업체 AI 부서 책임자는 "사람들은 제게 왜 레거시 기업에서 이렇게 자료를 모으고, 분석하고, AI와 관련된 일을 하느냐고 묻습니다. 그러면 저는 '디지털 기반 기업에서는 AI로 일하기가 너무도 쉬우니까요!'라고 대답하죠!"라고 말했다. 물론 그 과정이 쉽지는 않겠지만, 그의 말에 우리도 고개를 끄덕이게 된다. 전통 산업에 속하는 회사가 역량을 쌓아 AI에 올인하는 기업으로 변신하기란 쉽지 않은 일이다. 서두에 구글을 언급한 것처럼, 종종 AI 집약적인 기술 기업과 스타트업도 다룰 것이다. 하지만 이는 그들에게 특별히 배울 점이 있거나 그들이 전통적인 기업들과 협력할 때로 한정할 것이다. 이 책의 주요 사례는 어디까지나 레거시, 그러니까 우리가 태어나기 전부터 존재했던 전통 산업과 기업들이 될 것이다. 은행, 보험 회사, 제조 업체, 소매 업체, 일반 소비재 업체, 정보 제공 업체, 생명과학 회사, 나아가 일부 정부 기관에 이르기까지 다양한 분야를 다루려고 한다. 이런 업체들은 다양한 비즈니스 문제를 안고 있고 고객의 니즈도 서로 다르지만, 모두가 AI에 올인하는 방식으로 변화하고 있다.

이 책은 AI가 등장하기 전에도 잘 운영해오던 기업들이 AI라는 기술의 도움으로 어떻게 성공적인 혁신을 이루고 있는가에 초점을 맞춘다. 우리는 평범하거나 가장 일반적인 AI 활용 방식을 설명하는 대신, AI에 올인하고 있는 기업 사례들을 살펴보려 한다. 여기서 'AI 올인All in on AI 기업'이란 AI 기술로 기업의 중대한 개선을 이룰 수 있다는 판단을 내렸고, 이런 판단이 실제로 긍정적인 결과를 낳고 있다는 증거를 확보한 기업을 말한다. 이렇게 AI에 올인하는 기업을 우리는 'AI 추진AI fueled 기업', 'AI 동력AI powered 기업', 'AI 활용AI enabled 기업' 등 다양한 용어로 표현한다. 이 기업들에 공통점이 있다면 AI 기술과 관련하여 투자, 계획, 전략 수립, 실행, 변화 측면에서 대단히 앞서 있다는 점이다. 모든 기업이 이렇게 야심 찬 접근 방식을 선택하지는 않겠지만 이들에게서 배울 점이 분명히 있을 것이고, 나아가 도전해볼 용기도 낼 수 있을 것이다.

우선 AI 올인 기업이라는 개념을 살펴보고, 기업이 그런 접근 방식을 취하려면 무엇이 필요한지 짚어보려 한다. 우리는 기업들이 AI

를 최대한 적극적으로 채택하고, 전략과 운영에 최대한 통합하고, 기업 가치 극대화와 최선의 실행을 위해 활용하기를 바란다. 이에 AI를 적극적으로 활용할 때 전략, 프로세스, 기술, 조직 문화, 인재에 어떤 영향이 미치는지도 살펴볼 것이다. 사업을 혁신하는 데 AI 기술이 어떤 역할을 할 수 있을지 알고 싶어 하는 기업이라면, 최첨단 AI 도입 기업들의 활용 사례를 파악하는 것이 큰 도움이 될 것이다.

세계적 구루인 저자들

우리 저자들은 AI를 선도적으로 활용하는 기업과 함께 일하기도 했고, 그런 기업을 연구한 경험도 풍부하다. 토머스 H. 대븐포트 교수는 오랫동안 데이터 분석 분야를 연구하다가 AI에 본격적인 관심을 갖고 저술 활동에 종사해왔다. 그는 '분석을 통한 경쟁 우위 확보'라는 주제로 기사와 책을 써서 크게 주목받기도 했다.[8] 〈하버드 비즈니스 리뷰〉에 실렸던 같은 제목의 논문은 이 학술지 100년 역사상 필독 논문 12편 중 하나로 선정되기도 했다. 이런 논문과 책에 대한 반응을 보니, 기업과 경영진이 AI에 점진적인 접근 방식을 택하더라도 '올인' 관점이 도움이 된다는 사실을 분명히 알 수 있었다. 그 후 대븐포트 교수는 분석 역량을 구축하고, 이를 바탕으로 분석의 가장 가까운 친척이라고 할 수 있는 AI 활용을 원하는 전 세계 수백 개 기업과 함께 일해왔다. 분석 분야 저술에서 이미 다룬 바 있는 캐피털원Capital One

과 프로그레시브보험Progressive Insurance 같은 몇몇 기업은 이 책에 다시 등장한다. 다양한 구체적 이니셔티브initiative로 AI 역량을 강화해온 기업들이기 때문이다.

니틴 미탈 대표는 최근 몇 년 동안 AI 추진 기업의 의미를 고민하고, 이에 관한 강연을 하고, 여러 클라이언트와 함께 작업해왔다. 그는 AI 지식이 충분치 않은 경영자라면 선도적인 기업들이 다양한 AI 기술을 폭넓게 활용하여 어떻게 혁신하고 있는지를 먼저 파악해야 한다고 생각한다. AI에 초점을 맞추기 전 미탈 대표는 약 15년 동안 의료·생명과학 기업과 함께 일하면서 이들이 데이터와 분석을 활용하는 데 도움을 줬다. 또 5년 넘게 미국 딜로이트의 분석·AI 부문 책임자로서 AI를 활용하여 혁신을 이루고자 하는 기업고객·경영진과 협력해왔으며, 세계 최첨단 AI 기술을 개발하고 판매하는 기업의 파트너들과도 깊은 친분을 맺어왔다. 현재는 딜로이트에서 세계 최대 규모의 프로페셔널 서비스 기업을 혁신하기 위해 AI를 활용하는 전략 이니셔티브를 책임지고 있다.

우리 저자들은 AI가 매력적이라고 생각한다. 그러나 기업 전략, 비즈니스 모델, 주요 프로세스, 조직 관리와 변화 관리, 그리고 기존 기업들이라면 모두 보유하고 있는 기술 아키텍처와 AI가 맺는 복잡한 상호작용은 더더욱 매력적이다. 근사한 신규 알고리즘을 개발하는 건 물론 인상적인 성과겠지만, AI를 포함한 주요 사업 변화 이니셔티브를 성공시키는 것만큼 중요하진 않다. 우리는 기술, 특히 AI 기술을 이용하여 새로운 경쟁 방식과 사업 방식을 발견하는 조직과 함께 일하고 그에 관한 이야기를 쓰는 사람들이다. 이 책에서도 그런 이야기를 만나게 될 것이다.

이 책에서
무엇을 배울 것인가

앞선 사례들과 마찬가지로, 우리는 AI 추진 기업들이 AI로 무엇을 하는지를 설명하려고 한다. 우선 '올인' 수준에서 AI를 성공적으로 활용하기 위해서는 무엇이 필요한지에 대한 폭넓은 논의에서 출발할 것이다. 각 장의 주제와 중심이 되는 기업 사례는 다음과 같다.

1장 AI 추진 기업이란 무엇인가

AI 추진 기업이 되기 위해서는 무엇이 필요한지를 설명한다. 기업이 이용하는 특정 기술, 기업이 가치를 성취하는 방식, AI에 대한 올인 접근 방식을 규정하는 요소들을 논의한다. 다양한 기업을 언급하겠지만, 특히 중국 평안과 인도 DBS은행DBS Bank의 디지뱅크digibank 챗봇을 상세하게 다룬다.

2장 인간 측면: AI 추진에서 성패를 가르는 리더십과 역량 강화

AI를 활용해 성공을 이루고자 할 때 가장 중요한 속성은 기계에 있는 것이 아니라 인간의 리더십, 행동, 변화에 있다. 이 장은 DBS은행의 CEO이자 AI 이니셔티브를 효과적으로 이끌고 있는 피유시 굽타Piyush Gupta의 이야기로 시작한다. 그리고 모건스탠리Morgan Stanley, 로블로Loblaw, CCC인텔리전트솔루션스CCC Intelligent Solutions의 리더십에 대해서도 논의한다. 직원과 경영진 모두의 AI 이해도를 높이고 적극적으로 도입하는 문제와 관련해서는 셸Shell, 딜로이트, 에어버스, 몬트리올은행Bank of Montreal, 일라이릴리Eli Lilly, 유니레버Unilever 기업 사례를 다룬다.

3장 비즈니스 전략: AI를 비즈니스에 어떻게 통합할 것인가

AI가 어떻게 기업 전략을 수립할 수 있게 하고, 어떻게 혁신하는지가 3장의 핵심이다. AI 기업들이 채택할 수 있는 세 가지 주요 전략적 모델archetype에 대해서도 설명한다. 이 과정에서 로블로, 토요타Toyota, 모건스탠리, 핑안, 에어버스, 셸, 솜포홀딩스SOMPO Holdings, 앤섬Anthem, FICO(전신은 Fair, Isaac & Co.), 매뉴라이프Manulife, 프로그레시브보험, 웰Well 등 다양한 기업의 사례를 살펴본다.

4장 기술과 데이터: AI 도입과 활용에서 필수적인 전제 조건

기술의 발전은 물론이고 상당한 데이터가 축적되지 않는 한 AI는 발전할 수 없다. 4장에서는 이 시대의 AI 지향적 기술 인프라와 데이터 환경을 구성하는 요소들을 설명한다. AI 도구 상자에 담긴 모든 도구의 활용, AI를 위한 데이터, AutoML(자동화된 머신러닝), MLOps(머신러닝 운영), 레거시 기술, 그리고 AI 활용 사례 확장에 대해 논의한다. 기업 사례로는 DBS, 크로거Kroger Co.(그리고 자회사 84.51°), 셸, 유니레버, 앤섬, 에어버스 등을 만날 수 있다.

5장 역량: 추구하는 목표가 달라지면 필요한 역량도 달라진다

기업의 다른 모든 역량과 마찬가지로 AI 역시 다양한 차원에서 기업이 얼마나 성장할 수 있느냐를 기준으로 평가할 수 있다. AI를 활용하는 전략적 모델은 다양하기 때문에 이에 따른 역량 모델도 각각 다르다. 이 장에서는 평안의 역량 모델을 자세히 설명한 후 스코샤은행Scotiabank(공식 명칭은 뱅크오브노바스코샤Bank of Nova Scotia), 매뉴라이프, 프로그레시브, 앤섬의 모델도 소개한다. 또 윤리적 AI 역량을 설명하고, 주요 사례로 유니레버를 조명한다.

6장 산업별 활용 사례와 대표적인 기업들

활용 사례는 기업이 AI 기술을 비즈니스 문제에 적용하는 데 있어 핵심이라고 할 수 있다. 이 장에서는 다양한 산업 분야의 활용 사례를 찾아 공통 사례와 특별한 사례로 구분하고, 각 분야의 초기 도입 기업early adopter과 적극적인 도입 기업의 사례를 소개한다. 월마트Walmart, 씨게이트테크놀로지스Seagate Technologies, 캐피털원, 미국 정부와 싱가포르 정부, 클리블랜드클리닉Cleveland Clinic, 화이자Pfizer, 노바티스Novartis, 아스트라제네카AstraZeneca, 일라이릴리, 월트디즈니컴퍼니Walt Disney Company 등의 사례를 다룬다.

7장 AI 추진 기업으로 가는 네 가지 경로

마지막 장은 AI 추진 기업으로 가는 네 가지 경로를 설명한다. 각각의 경로는 특정한 사례와 더불어 제시했다. 첫 번째 경로인 딜로이트의 사례는 프로페셔널 서비스 분야를 대표하며, '인간 중심' 기업에서 '인간과 AI 중심' 기업으로 전환하는 사례다. 캐피털원은 '데이터 분석 중심' 기업에서 'AI 중심' 기업으로 전환하는 사례, CCC인텔리전트솔루션스는 '데이터 중심' 기업에서 'AI 중심' 기업으로 전환하는 사례를 보여준다. 마지막으로 의료 스타트업 웰은 처음부터 AI 역량을 구축하고 출발한 사례다.

이 책이 AI 올인을 위한 표준 레시피는 아니다. AI를 자기 사업에 적극적으로 통합하는 이론적 근거, 전략, 구체적인 경로는 기업마다 다를 것이다. 하지만 이 책의 사례와 교훈이 모든 기업 각자의 여정에도 도움이 되리라고 확신한다. 최소한 이 책에서 선도적인 기업들의 AI 활용 사례를 읽은 다음, '우리도 당장 움직여야겠다'라고 생각하게 되길 바란다.

차례

1장

AI 추진 기업이란 무엇인가

ALL IN
ON AI

세계적으로 대단히 성공적이면서 기술 지향적인 기업 일부(아직 충분하지는 않다)는 'AI 올인'이나 'AI 우선', 'AI 추진'을 목표로 한다고 밝혀왔다. 구글은 'AI 우선' 세계를 다음과 같이 설명한다.

가정, 직장, 차량 내부, 또는 이동할 때를 포함해 언제 어디서든 컴퓨터를 이용할 수 있고, 모든 기기와의 상호작용이 훨씬 더 자연스럽고 직관적이며, 무엇보다 더 지능적으로 변화하는 세계입니다.[1]

그 밖의 산업 분야에서 AI를 동력으로 사업을 혁신하려는 기업들도 직관적인 기술과 보편적인 지능이라는 목표를 공유하면서 이를 금융 서비스, 제조업, 의료 등 자기 산업 분야에 알맞게 적용하고 있다.

우리가 분석한 바에 따르면, 대기업 중에서도 AI 추진 기업은 1%가 안 된다. 이 책을 쓰기 위한 자료를 찾기에도 부족할 지경이었는데, 그럼에도 30개 정도의 기업을 발견할 수 있었다. 하지만 앞으로는 더 많은 기업이 이 방향으로 나아가리라고 예상한다. 그러지 않을 이유가 없지 않은가. 이 책에 사례로 등장하는 기업들은 훌륭한 성과를 거두고 있다. 효과적인 비즈니스 모델을 보유하고, 훌륭한 판단을 내리며, 고객과 긴밀한 관계를 유지하고, 바람직한 제품과 서비스를 제공하고, 수익성 있는 가격을 책정한다. 이 기업들은 일종의 러닝 머신learning machines, 즉 학습 조직으로 변신하고 있으며 이런 기업의 직원들은 AI의 도움으로 시간이 갈수록 업무 효율이 향상되고 있다. 이들이 이 모든 일에 성공적인 이유는 대체로 다른 기업보다 더 많고 더 질 좋은 데이터를 보유하고 있으며, AI를 통해 이 데이터를 분석하고 활용하기 때문이다. 이 기업들은 이런 자원을 활용하여 사업을 구축하고 경제적·사회적 가치를 창출하고 있다.

AI의 충분한 잠재력을 활용하기 위해 최고의 사업 기회와 몇몇 잠재적 활용 사례를 탐구하면서 조심스럽게 연구를 시작한 기업이 많다. 하지만 대부분이 실제로 경제적 가치를 더할 수 있는 한 걸음, 다시 말해 AI로 개발한 모델을 실제로 배포하고 상용화하는 단계까지 나아가진 못했다. AI를 활용해 시장 흐름을 관찰함으로써 가치 있는 통찰을 얻을 수는 있겠지만, 이것만으로는 시장 선도 기업은 물론 빠른 추종 기업fast follower도 될 수 없다. AI를 통해 실질적인 가치를 창출하기 위해 기업은 작업 환경에서 인간과 기계가 상호작용하는 방식을 근본적으로 재고해야 한다. 그리고 AI에 상당한 투자를 해야만 한다. AI 파일럿(본격적인 적용 전 소규모 테스트를 통해 적용 가능성을 평가하는 과정 – 감수자)뿐만 아니라 직원들이 일하는 방식과 기업이 고객과 상호작용하는 방식을 변화시키는 본격 운영 배포full production deployment(소프트웨어 또는 시스템을 개발 단계에서 실제 운영 환경으로 완전히 제공하는 것 – 옮긴이)에도 투자해야 한다. 경영진은 새로운 비즈니스 프로세스 설계와 데이터 기반 의사 결정을 지원하기 위해 모든 핵심 기능과 기업 운영 전반에 걸쳐 AI 도구를 체계적으로 배포해야 한다. 그럼으로써 AI가 새로운 제품·서비스와 비즈니스 모델을 견인하게 해야 한다. 현재는 이렇게 적극적으로 AI를 이용하는 기업이 업계를 주도하고 있다. 결국 AI 추진 기업이 되려면 단순한 사업 성공 전략 이상이 필요하다는 얘기다. AI 추진이 생존을 위한 최소한의 요건이 될 수도 있다.

AI 추진 기업을
구성하는 요소들

AI 추진 기업을 어떻게 파악할 수 있을까? 어떤 요소들이 있어야 그런 정의가 가능할까? 합의된 리스트는 없지만, 많은 연구와 조사 끝에 AI 기술에 특히 적극적으로 접근하는 기업에서 공통적인 속성들을 찾아낼 수 있었다. 우리는 지난 4년 동안 기업들의 AI 활동에 대해 세 차례에 걸쳐 설문조사를 했으며, 2021년 10월에 진행한 설문 조사를 통해서는 많은 부분을 계량화할 수 있었다.

다양한 기술을 통해 AI를 채택한다

AI 추진 기업은 다양한 방법과 활용 사례를 채택하여 조직 전반에 걸 쳐 AI를 활용한다. AI는 모든 목적에 사용될 수 있는 기술이므로 광 범위한 업무상 목표와 목적을 지원할 수 있다. 우리의 설문조사 결과 에 따르면, AI 기술은 무엇보다 비즈니스 프로세스의 효율성을 높이 고, 의사 결정을 개선하고, 기존 제품·서비스를 개선하는 데 가장 많 이 이용된다. 2020년 딜로이트 설문조사를 수행하던 시점에서 이 세 가지는 이미 성취됐을 가능성이 가장 큰 목표들이었다.[2]

이 목표들은 AI 활용 영역이 얼마나 다양한지를 보여준다. 예를 들어 비즈니스 프로세스 개선 분야만 하더라도 공급망 효율성을 위 한 수요와 공급의 더 나은 매칭, 공장 설비의 유지·보수 필요성 예 측, 심지어 직원을 채용할 때 누가 가장 적합한 후보자인지를 예측하 는 일까지 포함할 수 있다. AI 올인 기업은 광범위한 기능, 프로세스, 의사 결정, 제품 또는 서비스에 걸쳐 활용 사례들을 개발한다. 개별적 인 활용 사례만으로는 어렵겠지만, 이들을 폭넓게 종합적으로 이용 한다면 기업을 혁신할 수 있다.

최근 설문조사 대상 기업 중 '혁신 기업transformers'이라고 불릴 정도로 매우 뛰어난 AI 역량과 성과를 보유한 곳은 28% 정도였다. 앞으로 설명하겠지만, 이런 혁신 기업은 AI로 가는 여정에서 출발도

잘하고 진전도 순탄한 곳들이라고 할 수 있다. 하지만 이 '혁신' 범주에 포함된 소수의 기업은 아직 'AI 추진' 단계라고 할 수 없다(그런 회사들의 수가 너무 적다 보니 광범위한 설문조사에서조차 파악되지 않을 정도였다). 혁신 기업들은 평균적으로 6건 정도의 본격적인 AI 활용 사례를 구현하고, 7건 정도의 비즈니스 성과를 달성했다. 인상적인 수치이긴 하지만, AI 추진 기업이라는 이름을 붙이기엔 아직 부족하다. '혁신 기업'이라는 이름만 보면 이들이 혁신을 목표로 하는 것 같지만, 실제로 AI를 통한 혁신을 달성한 기업은 아직 찾아보기 어렵다. 그럼에도 AI에 의지하여 혁신을 꾀하는 기업들은 일반적으로 이들보다 훨씬 더 커다란 혁신을 이룬다. 배포된 AI 시스템만 해도 수백 건에 달하고, 달성한 비즈니스 성과가 헤아릴 수 없을 정도로 많은 기업도 일부 있다. 물론 기업 혁신이란 지속적인 과정이며, 어떤 기업도 완전한 혁신을 이루기란 불가능하다.

AI 올인 기업들은 AI 포트폴리오를 한 가지 기술에 한정하지 않고, AI가 제공하는 모든 장점을 이용한다. 이 분야의 다양한 기술을 표 1-1에 정리해두었다. AI를 구현하는 데는 기본적으로 네 가지 자원이 필요하다. 즉 통계, 논리, 의미론적 지식, 그리고 이들이 모두 계산과 결합해 AI를 실현한다. 그러나 이 기본 자원들 안에서도 다양한 방법, 도구, 활용 사례의 변형이 있다.

AI 추진 기업의 리더들은 AI 기술을 충분히 파악해서 어떤 활용 사례에 어떤 기술을 이용해야 할지 훌륭한 의사 결정을 내릴 수 있다. 하지만 막상 쉬운 일은 아니다. 다양한 도구들 사이에는 몇 가지

[표 1-1] AI 추진 기업이 AI 기술을 활용하는 방법

AI 기술 유형	작동 방식
통계적 머신러닝	
지도 학습Supervised learning	과거 데이터로부터 학습하여 예측하는 방식
비지도 학습 Unsupervised learning	학습 데이터 없이 (입력 데이터만으로) 유사한 집단을 식별하는 방식
자기 지도 학습 Self-supervised learning	데이터 자체에서 학습할 데이터를 스스로 찾아내는 방식으로, 최근 발전하고 있는 접근 방식
강화 학습 Reinforcement learning	실험Trial and error 을 통해 보상을 최대화하는 방향으로 학습하는 방식
신경망 Neural network	은닉층(입력 받은 정보의 복잡한 패턴이나 특징을 추출하는 과정-감수자)을 이용하여 예측 또는 분류하는 기법
딥러닝 Deep learning	여러 개의 은닉층을 사용하여 예측 모델을 만드는 방식
딥러닝 이미지 인식 Deep learning image recognition	레이블, 즉 정답지가 달린 데이터를 기반으로 이미지를 인식하기 위해 학습하는 방식
딥러닝 자연어 처리 Deep learning natural language processing	음성이나 텍스트를 이해하거나 생성하기 위해 학습하는 방식
규칙 기반 AI 시스템	
규칙 엔진 Rule engines	만약/그렇다면if/then 규칙에 따라 단순한 형태의 결정을 내리는 시스템
로보틱 프로세스 자동화 Robotic processing automation	워크플로(작업을 완료하는 데 필요한 단계-감수자), 데이터 접근(추출, 복사, 삽입-감수자), 규칙 기반 결정을 결합한 자동화
의미론 기반 AI	
음성 인식Speech recognition	사람의 음성을 인식하여 텍스트로 변환
자연어 이해 Natural language understanding	텍스트 콘텐츠의 의미와 의도 파악
자연어 생성 Natural language generation	가독성 높은 맞춤형 텍스트 생성

복잡성이 숨어 있기 때문이다.

표 1-1에는 다양한 유형의 머신러닝이 나열되어 있는데, 적극적인 기술 이용자라면 어떤 머신러닝을 어떤 목적으로 선택해야 할지 알아야 한다. 게다가 그 안에서 또 선택해야 하는 것들도 있다. 예컨대 표 1-1의 '의미론 기반semantics-based AI'는 자연어 이해Natural Language Understanding, NLU나 자연어 생성Natural Language Generation, NLG 같은 언어 지향 애플리케이션(앱)을 가리킨다. 하지만 자연어 이해 앱은 '의미론'이라는 말이 암시하는 것처럼, 단어와 개념 간의 연결을 나타내는 지식 그래프knowledge graph(지식을 구조화하고 관계를 시각화하는 방법 – 감수자)는 물론이고 딥러닝 알고리즘도 핵심일 수 있다. 자연어 생성 앱 역시 딥러닝 알고리즘을 가질 수 있다. 오픈AIOpenAI가 개발한 매우 정교한 GPT-3(텍스트를 분석·생성할 수 있는 대형 언어 모델Large Language Model, LLM 기반의 GPT-3 버전에서 최근에는 이미지, 음성 등 더 복잡한 데이터를 분석·생성할 수 있는 대형 멀티모달 모델Large Multimodal Model 기반 GPT-4o가 출시됨 – 감수자) 시스템이 대표적인 예인데, 다음 단어를 예측함으로써 시詩에서부터 컴퓨터 프로그램에 이르는 모든 유형의 텍스트를 생성할 수 있다. 물론 간단한 자연어 생성 앱은 규칙에 따라 구동될 수 있다. 이처럼 AI 기술 유형이 복잡하기 때문에 AI와 관련해 의사 결정을 해야 하는 기업 리더들은 도구와 프로젝트에 관한 주요 투자 결정을 내리기 전에 충분히 연구해야 한다.

일부 기업은 하나의 활용 사례에 다양한 기술을 이용한다. 보험 사기 탐지 및 의료 데이터 분석 기업 코티비티Cotiviti는 규칙과 머신러닝을 함께 이용하여 성과를 내고 있다. DBS은행 역시 같은 조합을 자금 세탁 방지에 활용한다. 많은 기업이 백오피스back office의 구조화된 워크플로workflow를 자동화하고, 규칙에 따라 의사 결정을 내리는 로보틱 프로세스 자동화Robotic Process Automation, RPA를 구현했다. 그런데 최근에는 판매자와 구매자들 사이에서 더 나은 의사 결정을 내리기 위해 RPA와 머신러닝을 조합하는 사례가 늘고 있으며, 이를 '지능형 프로세스 자동화intelligent process automation'라고 부르기도 한다. 앞으로는 이런 기술들의 결합이 더욱 빈번해질 터이고, 새로운 이름의 결합도 더 많이 보게 될 것이다. 적극적인 수용자들은 모든 AI 기술을 받아들이려는 경향이 있다. 표 1-1에서 설명한 많은 기술은 물론, 지금은 충분히 설명할 수 없지만 어쨌든 현재 나타나고 있는 새로운 조합 형태의 기술들도 받아들이려 한다. 가상 현실을 비롯한 여러 형태의 시뮬레이션, 디지털 트윈digital twins, 메타버스metaverse 등이 다양한 형태의 AI를 활용하는 기술인데, 앞으로는 더욱 폭넓게 이용될 것이다.

AI 시스템을 전사적으로 배포하고 운영한다

시스템 운영 배포는 AI를 활용하는 데 주요 과제 중 하나다. 많은 기업이 파일럿 프로그램이나 개념 증명proofs of concept(신기술을 도입하기 전에 이를 검증하기 위해 사용하는 것 – 옮긴이) 또는 프로토타입prototypes을 개발하지만, 실제로 배포까지 이어지는 예는 극히 드물다. 물론 실험을 통해 배우고자 하는 태도는 칭찬할 만하지만, 실험만으로는 경제적 가치를 창출하지 못한다. AI 추진 기업은 시스템을 실제로 배포하는 데 성공한 기업들이다. 최근 기업 AI 활용도 조사에서 매우 성공적이고 경험이 풍부한 혁신 기업들은 AI 모델 운영 배포 건수가 평균 6건이었다. 조사 대상 기업 중 가장 적극적인 활용 범주에 속한다. 물론 이 책을 쓰기 위해 인터뷰한 기업 중에서는 훨씬 더 많은 AI 모델을 실제로 운영에 적용한 곳도 있었다.[3]

AI 추진 기업이 비교적 성공하고 있긴 하지만, 배포가 어렵다는 우리의 주장을 지지하는 데이터도 많다. 2021년 IBM 설문조사에 따르면 7개국에 걸쳐 5,000명이 넘는 기술 기업의 의사 결정권자 중에서 단지 31%만이 자사를 "기업 운영 차원에서 적극적으로 AI를 활용"하는 회사로 본다고 밝혔다. 41%는 "기업 운영이란 측면에서 AI를 연구하고는 있지만, 아직 배포 단계는 아니다"라고 했다.[4] 2019년 〈MIT 슬론 매니지먼트 리뷰MIT Sloan Management Review〉와 보스턴컨설팅그룹BCG은 "설문 대상 기업 중 70%가 아직 AI의 영향이 미미하거나 전혀 없다고 응답했다. AI에 어느 정도 투자했다는 90%의 기업 중에서도 지난 3년간 AI를 통해 사업상 이익을 얻었다고 밝힌 기업은 5개 중 2개 미만이다. (…) 이는 다시 말해, AI에 상당한 투자를 하는 기업의 40%가 AI를 통해 사업상 이익은 얻지 못하고 있다는 의미다"라고 보고했다.[5] 우리의 설문조사에서도 AI가 직면한 가장 중요한 세 가지 도전이 실행 문제, AI를 기업의 기능(영업, 인사, 재무 등 수행 활동–감수자)과 역할에 통합하기, 그리고 데이터 문제임이 드러났다. 세 가지 모두 대규모 배포와 관련된 요소들이다.[6] 이런 상황은 점차 개선되고 있으며, 기업들은 더 많은 AI 시스템을 배포하고 이를 통해 더 많은 경제적 수익을 내고 있다고 보고했다.[7] 하지만 데이터과학자를 대상으로 한 설문조사 결과에 따르면, 실제로 배포되는 AI 모델은 여전히 소수에 불과하다.

기업이 배포라는 도전에 직면했다는 사실이 그리 놀랍지만은 않다. 파일럿 프로그램일 경우 모델을 생성하고 최소 기능 제품Mini-mum Viable Product, MVP을 코딩하면 그만이다. 하지만 운영 배포는 이보다 훨씬 더 커다란 규모를 요구하며, 일반적으로 비즈니스 프로세스 변화, 직원들의 역량 강화, 기존 시스템과의 통합 같은 많은 추가 활동이 필요하다. 더불어 일부 데이터과학자는 자기 업무가 데이터에 잘 들어맞는 훌륭한 머신러닝 모델을 제작하는 것까지만이라고 생각한다. 배포는 자신과는 상관없는 다른 사람의 과제라고 여긴다는 얘긴데, 실제로 누구의 과제인지 명확하지 않은 경우가 많다.

AI 활용에 최대한 성공한 기업은 이런 문제들을 어떻게 해결하고, 실제로 어떻게 시스템을 배포하고 있을까? 첫째, 프로젝트 초기 단계에서 문제가 발생하지 않는 한 처음부터 배포를 계획한다. 둘째, 흔히 AI 기반 시스템과 프로세스를 위한 프로덕트 매니저Product Manager, PM를 임명한다. 전체 개발과 배포 프로세스를 책임지는 사람인데, 이 담당자가 시스템의 실제 배포까지 책임진다. 셋째, 처음부터 데이터과학자와 프로덕트 매니저가 비즈니스 부서의 이해관계자들과 긴밀히 협력하게 한다. 그러면 배포뿐 아니라 이와 관련된 모든 활동이 이루어질 것으로 기대할 수 있다.

AI를 활용해 업무 프로세스를 재구상하고 리엔지니어링한다

많은 기업인이 '비즈니스 프로세스 리엔지니어링'에 열광했다. 이는 기업의 일하는 방식을 근본적으로 재설계하고자 하는 운동이었다(우리 저자 중 한 명인 대븐포트 교수가 이 운동의 출발에 한몫했다). 새로운 프로세스 흐름을 가능하게 하는 새로운 기술, 즉 전사적 자원 관리 시스템Enterprise Resources Planning, ERP과 인터넷이 등장한 게 바로 그즈음이다. 불행히도 리엔지니어링은 이제 많은 기업에서 단순히 인원 감축을 위한 표어로 변질되고 말았지만, 신기술(지금으로서는 AI가 가장 대표적이다)을 활용하여 새로운 작업 방식을 추진한다는 아이디어는 여전히 유효하다.

딜로이트는 우리 시대를 '공존의 시대Age of With'라고 부르는데, 사람과 지능형 기계의 협업이라는 의미가 담겨 있다. 대븐포트 교수는 자신이 '증강augmentation(기계의 도움을 받아 인간의 능력과 효율성을 높이는 것-옮긴이)'이라고 부르는 이 아이디어가 마음에 들었는지, 이 주제에 관해 두 권의 책을 공저했다.[8] AI가 인간을 대체하리라고 예언한 이들이 많았지만 아직 그런 일은 거의 일어나지 않았으며, 기업 대부분은 AI 기술을 활용하여 인간 노동자들이 보다 복잡하고 고차원적인 작업에 집중할 수 있도록 하고 있다. 따라서 AI 추진 기업들이 직면한 주요 문제는 인간 노동자를 어떻게 AI로 대체할 것인가가 아니라 업무 재설계와 재교육을 통해 어떻게 인간과 AI 양쪽에서 최선의 결과를 얻어낼 것인가다. 그리고 이 과정에서 어떻게 효과성과 효율성을 높일 수 있느냐는 문제다.

우리의 설문조사를 보면, 경영진 중 상당수가 AI가 이미 업무에 어느 정도 또는 상당한 변화를 낳고 있다고 응답했다(2019년 설문조사에서는 72%, 3년 후에는 82%가 이런 변화를 예상했다). 그러나 많은 경우, 이러한 변화는 정형화된 비즈니스 프로세스 수준에서는 아직 구현되지 않았다. 다시 말해 이런 변화를 조직 전반에 걸친 업무 프로세스, (이를 측정하기 위한 성과) 지표, 그리고 일관된 실행이라는 차원에서는 설명하기 어렵다.

급진적인 혁신까지는 아닐지라도 AI가 업무 개선을 가져올 가능성이 가장 큰 분야는 아마도 RPA일 것이다. RPA가 AI라고 불릴 만큼 충분한 지능을 갖고 있지 않다고 생각하는 기업도 일부 있지만, 규칙을 기반으로 한 의사 결정 역량 정도는 가지고 있다. 그래서 RPA를 보다 지능적인, 머신러닝 기반의 AI로 가는 발판으로 보는 기업이 많다. 몇몇 기업은 RPA를 업무 개선 프로그램에 통합하고 있다. 이런 기업들은 어떤 업무를 자동화하기 이전에 측정 및 개선 기술을 적용한다. 예를 들어 연금·금융 서비스 기업 보야Voya에서는 자동화 전담 조직Center of Excellence(특정 분야에 전문지식을 제공하고 혁신을 이끄는 부서 – 감수자)이 일반적으로 린 6 시그마Lean Six Sigma (Lean의 낭비 제거와 Six Sigma의 변동성 감소를 결합하여, 프로세스의 속도와 품질을 동시에 개선하려는 접근 방식 – 옮긴이)를 이용하는 지속적 개선 센터Continuous Improvement Center에 포함되어 있다. 보야는 프로세스 분석 및 개선, 이를 위한 RPA 실행, 그리고 자동화된 프로세스의 성능 평가에 이르는 3단계 절차를 갖고 있다.[9] 하지만 진정으로 AI를 통한 혁신을 원하는 기업이라면 이런 작업을 광범위하게 수행해야 하며, 최소한 프로세스 성과의 점진적 개선을 넘어서는 목표를 추구해야 한다.

프로세스 리엔지니어링과 RPA 이외의 AI 형태를 효과적으로 결합한 기업 중 대표적인 곳이 DBS은행이다. 이 은행의 동남아시아 지부는 AI를 활용하여 자금 세탁 방지 분야는 물론 인도와 싱가포르 고객센터 업무를 개선했다. 예컨대 AI를 활용함으로써 잠재적 자금 세탁 방지 사례를 평가하는 데 소요되는 시간을 3분의 1로 줄였다. 고객센터에서는 고객 수가 6배 늘고 금융 거래 건수는 12배 증가했는데도 직원을 늘릴 필요가 없었다.

더 많은 기업이 AI를 활용한 획기적인 비즈니스 프로세스 개선 방법을 고민해야 한다. AI를 활용하는 새로운 기술 '프로세스 마이닝process mining'이 이를 어느 정도 손쉽게 해줄 수 있다. 프로세스 마이닝은 기업의 업무 시스템 데이터를 분석하여 프로세스가 어떻게 수행되고 있는지 파악한 다음, AI를 이용하여 개선 사항을 제안한다. 이처럼 프로세스를 개선하는 데 필요한 많은 세부 작업을 줄여주므로 프로세스 지향 기업들 사이에서 빠르게 인기를 얻고 있다.

AI에 능통한 조직 구성원 비율이 높다

앞으로도 여러 차례 강조하겠지만, AI 올인 기업이 되기 위해서는 기술만큼이나 사람 역시 중요하다. AI 작동 원리를 이해하는 임직원이 많은 기업이라야 많은 사업에 AI를 활용할 수 있다. 스마트한 기업들은 직원 재교육과 역량 강화를 통해 AI 시스템을 개발하고, 해석하고, 개선하고 있다. 이런 교육은 특히 머신러닝을 중심으로 하는 AI 시스템 개발이 점점 자동화되고, 고도의 전문적 훈련을 받지 않은 일반 데이터과학자들이 일부 업무를 수행하게 되면서 중요성이 더욱 부각되고 있다.

임원들 또한 AI 역량 강화 교육을 받아야 한다. AI 및 데이터 분석 부서장들은 다른 관리자들에게 AI 기술의 가치와 목적을 설명하는 데 아직도 많은 시간을 쓰고 있다고 말한다. 경영진은 AI 프로젝트에 재무적 자원과 시간을 투자해야 할 뿐만 아니라 자신의 업무에도 AI를 도입해야 한다. AI는 의사 결정을 자동화할 수 있는데, 이런 결정이 때로는 이전에 인간 상위 관리자가 이미 내린 결정과 중복될 수도 있다. 따라서 임원 집단에 AI 작동 방식과 더불어 AI가 언제 적절한지, AI에 집중하는 것이 자신과 조직 전체에 어떤 의미를 갖는지 교육하는 것이 중요하다.

역량 강화와 재교육 작업은 대부분 기업에서 아직 초기 단계에 머물러 있는데, 모든 직원에게 AI 교육이 필요한 건 아니다. 그러나 반드시 이 교육이 필요한 직원이 일부 있고, 가능하다면 더 많은 직원에게 교육할수록 좋다. 에어버스나 DBS은행 같은 일부 기업은 AI 기술 전수에 특화된 역량 강화 프로그램을 도입했다. 에어버스는 1,000명 이상의 직원에게 AI와 고급 데이터 분석 기술을 가르쳐왔다. DBS은행은 1만 8,000명 이상의 직원에게 데이터를 다루는 기술을 가르쳐 데이터과학자가 아닌 일반 직원들이 데이터 분석 기술을 배워 활용하는 회사로 변모하고 있다. 그 결과 직원 중 약 2,000명이 데이터과학과 비즈니스 인텔리전스business intelligence의 고급 기술 분야에 능숙해졌다. 그 밖에도 7,000명의 직원이 데이터·분석·AI 활용 같은 분야에서 역량 강화를 마친 것으로 확인됐다.

하지만 우리의 AI 설문조사 중 한 항목에 따르면, 조사 대상에 속하는 미국 기업 중에서 현재의 직원을 재교육하여 유지하는 것을 선호한다고 밝힌 곳은 10%에 불과했다. 80%는 '절반 정도를 교체'하거나 '대부분 교체'하는 것을 선호한다고 답했다.[10] 우리는 이런 설문조사 결과가 짧은 생각에서 비롯됐다고 믿으며, 기업들이 그렇게 많은 새로운 인재를 찾아내거나 확보할 여력이 쉽지 않을 것으로 생각한다. 재교육과 업무 역량 강화야말로 명백한 대안적 접근 방식이다.

AI에 장기적으로 투자한다

AI를 통해 기업을 혁신하겠다는 최고 경영진의 결정을 사소하다고 말할 수는 없다. 경영진의 결정은 앞으로 수십 년에 걸쳐 회사에 커다란 영향을 미치고, 궁극적으로 수억 또는 수십억 달러가 투자되기 때문이다. 이 책을 쓰면서 인터뷰한 모든 기업은 그것이 바로 AI 올인에 드는 비용이라고 말했다. 처음에는 이처럼 자원을 투입하는 일이 위험하게 느껴졌을 것이다. 그러나 초기 프로젝트를 통해 얻을 수 있는 이익 유형을 확인하면서 이 기업들은 AI 지향 데이터(AI 모델을 훈련시키고, 개선하는 데 사용되는 데이터 – 감수자), 기술, 인재에 주저 없이 지갑을 열게 됐다.

AI 중심 전략은 의사 결정 대부분에 데이터와 분석을 활용하고, 고객 응대 방식을 개선하며, AI를 제품·서비스에 융합하고, 많은 업무, 심지어 전체 비즈니스 프로세스를 더 자동화되고 지능적인 방식으로 수행하는 것을 의미한다. 많은 기업이 디지털 혁신이라는 산통을 겪고 있지만, AI 기반 혁신은 이보다 훨씬 더 발전된 단계다. 요컨대 AI 기반 혁신은 커다란 도박이며, 대부분 기업은 아직 이를 감당할 용기를 내지 못하고 있다.

물론 기업 리더가 AI 혁신을 강력하게 지지한다면 커다란 도움이 된다. CEO의 적극적인 의지는 기업 내에서 많은 헌신을 촉진하기 때문이다. 그러나 궁극적으로 이것만으로는 충분치 않다. 상위, 중간, 그리고 현장 관리자들까지 그저 입으로만 AI를 통한 사업 운영을 이야기한다면 변화는 더디게 진행될 것이고, 조직은 결국 기존의 낡은 관행으로 되돌아가고 말 것이다. 우리는 몇몇 헌신적인 CEO가 다양한 전략적 모델을 통해 데이터 분석 체계를 구축하고, AI 중심 기업으로 거듭난 위업을 목격하기도 했다. 하지만 이들이 퇴임하고 다음 CEO가 AI를 믿지 않는 사람일 때는 데이터·분석·AI에 관한 관심이 다시 평범한 수준으로 돌아가 버리는 현상도 목격했다.

다음 장에서 리더십과 의지의 중요성에 관해 더 자세히 설명하려 한다. 더불어 포괄적이고 극적인 방식으로 AI를 전략적 동력으로 활용하는 리더들의 사례도 소개한다.

AI가 기업을 추동하는 연료라면, 데이터는 그 AI의 연료다. AI에 진심인 기업은 데이터에 대해서도 진지하게 임한다. 즉 데이터 수집, 통합, 저장은 물론 전체 조직에서 이 데이터에 쉽게 접근할 수 있도록 해야 한다. 이 중 어떤 것도 새로운 과제라고는 할 수 없지만, 기업이 AI를 중요하게 생각한다면 더더욱 중요하다. 2020년 설문조사에서 AI를 활용해 경쟁력을 높이는 최고 전략은 무엇이냐는 질문에 AI 도입 기업들은 'AI를 위한 데이터 인프라의 현대화'를 꼽았다. 그 기업들은 사실상 모두가 AI 이니셔티브와 동시에(또는 그 이전에 이미) 대규모 데이터 관리 프로젝트를 진행해왔다.

AI를 활용한 혁신을 꿈꾸는 기업이라면, 훌륭한 데이터는 물론 고유하거나 독점적인 데이터를 최대한 확보해야 한다. 업계의 모든 경쟁자가 똑같은 데이터를 가지고 있다면, 비슷한 머신러닝 모델을 사용해 비슷한 결과를 얻게 될 것이다. AI를 통한 기업 차별화를 위해서는 충분히 활용되지 않은 기존 데이터 소스를 찾거나 새로운 데이터 유형에 접근해야 한다.

은행과 유통 소매 업체는 이미 방대한 데이터를 축적하고 있다. 여기서 한 걸음 더 나아가 캐나다의 스코샤은행, 미국의 캐피털원, 싱가포르의 DBS은행 등은 데이터를 활용하여 고객과 거래에 대해 더 많이 학습하고, 이 데이터를 고객에게 다시 제공해 고객들이 재무 관리에 활용할 수 있도록 도움을 주고 있다. 미국의 크로거와 캐나다의 로블로 같은 소매 기업들은 판매 시점point-of-sale 데이터, 재고 데이터,

고객 충성도 데이터 등을 경쟁 업체들보다 더 많이 활용하고 있다.

AI를 적극적으로 도입하는 기업 중에서는 데이터에 더 쉽게 접근할 수 있는 새로운 비즈니스 모델을 개발한 곳도 있다. 중국의 핑안은 고객과 공급 업체뿐만 아니라 데이터 분석 모델에까지 접근 권한을 제공하는 매우 의식적인 '생태계' 모델을 구축했다. 에어버스의 항공 데이터 공개 플랫폼 스카이와이즈Skywise는 에어버스 항공기를 운행하는 많은 글로벌 항공사와 장비 제조 업체 간에 데이터를 공유하도록 지원한다. 이 기업들은 플랫폼 비즈니스 모델을 보유한 전자 상거래 스타트업으로부터 여러 참여자가 데이터를 공유하고 축적하는 것이 성장과 기업 가치 제고의 중요한 원동력이라는 사실을 배웠다.

AI에 의존하는 기업은 그저 데이터를 수집하고 주변에 있는 대로 분석하는 데서 그치지 않는다. 이들은 가능한 한 실시간 접근 방식을 이용하여 현대 비즈니스의 속도에 맞춰 데이터 기반 의사 결정을 내릴 수 있다. 그리고 판매 시점에서 실시간으로 고객에게 상품·서비스를 제공하고 사기 거래를 방지한다. 또한 기업이 마주하는 예상치 못한 문제나 변화에도 신속하고 효과적으로 대응한다. 이들은 모델이 업무를 얼마나 잘 수행하는지 모니터링하고, 필요하다면 다시 학습시킨다. 이는 부분적으로는 이런 모델이 최신 기술 스택technology stack(AI 시스템을 지원하는 구조적 프레임워크. 애플리케이션 계층, 모델 계층, 인프라 계층으로 구성됨 – 감수자)이기 때문이기도 하지만, 이 모델들이 데이터 공급망 관리(원시 데이터를 최종 분석 단계까지 변환하고 통합하는 과정 – 감수자) 프로세스를 갖고 있고 데이터를 긴급히 활용할 필요성이 있기 때문이기도 하다. 물론 어떤 기업의 데이터도 완벽하지는 않지만, AI 집약 기업은 대다수 기업보다는 훨씬 더 우수한 데이터 환경을 갖추고 있다.

윤리적이고 신뢰할 수 있는 AI를 위한 프레임워크를 구축한다

AI에 의존하는 기업이라면, AI 시스템이 윤리적이고 신뢰할 수 있는지 확인해야 한다. 그렇지 않다면 AI를 통해 얻는 이익보다 손실이 더 클 수도 있다. 지금까지 AI 윤리에 대한 공식적인 거버넌스 메커니즘과 구조는 많은 AI 제품과 서비스를 보유하면서 고객들에게 자신이 책임감 있는 기업임을 보여주고자 하는 기술 기업들이 감당해야 하는 몫이었다. 기술 기업들은 AI를 비교적 일찍 도입했기 때문에 과거에는 AI의 편향이나 기타 윤리적 위반 사항이 눈에 띌 때마다 즉시 비난의 표적이 되는 경향이 있었다.[11]

그러나 윤리적이고 신뢰할 수 있는 AI 접근 방식을 구축하는 데 그렇게 엄청난 노력이 필요한 건 아니다. 이미 이용 가능한 여러 프레임워크를 통해 일종의 원칙을 만들 수 있다. 5장에서 이를 다루겠다. 물론 원칙을 실천에 옮기는 일이 쉽지만은 않은데, 이 역시 5장에서 다룬다.

AI 시스템이 실제 배포될 때 강력한 기술적·사업적 전문성을 갖춘 소규모 임원 그룹을 구성하여 이런 윤리 기준을 평가할 수도 있다. 실제로 우리는 몇몇 기업이 알고리즘 검토 위원회 같은 그룹을 만들었다는 이야기도 들었다. 하지만 우리는 알고리즘을 넘어서는 차원에서의 검토가 필요하다고 생각한다. 인간 실험체에 대한 학술 또는 의료 연구에서처럼, AI 시스템의 어떤 측면도 윤리 원칙을 위반하지 않도록 보장하는 AI 제도 검토 위원회를 요구하는 윤리 컨설턴트도 있다.[12] 결국 모든 AI 작업은 인간을 대상으로 하기 때문이다.

AI 추진 기업의 가치 창출 방식

표 1-2에는 AI 추진 기업이 다른 기업보다 더 많은 가치를 창출하는 데 사용하는 특정 가치 지렛대value levers(조직이 가치를 창출하거나 최적화하기 위해 사용하는 요소나 전략-옮긴이)가 나열되어 있다. 앞으로도 이 지렛대들에 대해 계속 언급할 텐데, 여기서는 우선 AI 추진 기업은 흔히 여러 지렛대를 (때로는 하나의 활용 사례에서) 동시에 사용하여 비즈니스를 개선한다는 점만 언급하고 넘어가겠다.

개별적인 수준에서 보자면, 이 장 초반에 언급한 DBS의 자금 세탁 방지 활용 사례는 은행에 여러 가치를 안겨줬다. 무엇보다 DBS가 초기에 사기 행위를 파악해서 신속히 대처할 수 있게 한다는 장점, 다시 말해 실행 속도의 장점이 있었다. 트랜잭션transaction(금융 기관이 고객에게 제공하는 예금, 송금, 결제 처리, 현금 관리, 자금 이체 등의 금융 거래-옮긴이) 감시 분석가는 잠재적인 자금 세탁 방지 사례를 더 빠

[표 1-2] AI 올인 기업이 가치를 창출하는 데 사용하는 다양한 지렛대

실행 속도 향상	AI를 활용하여 의사 결정 및 실행의 지연을 최소화함으로써 운영 및 비즈니스의 성과를 빠르게 달성한다.
비용 절감	AI를 활용하여 비즈니스 프로세스·작업·상호작용을 지능적으로 자동화하여 비용을 절감하고, 효율성을 높이고, 환경 지속 가능성을 개선하고, 예측 가능성을 보장한다.
복잡성 이해	AI를 활용하여 점점 더 복잡해지는 데이터 소스에서 패턴을 해독하고, 점을 연결해 선을 만들며, 결과를 예측하여 이해 및 의사 결정을 개선한다.
고객 참여 혁신	AI를 활용하여 고객과 직원이 스마트 시스템(분석된 데이터를 기반으로 지능적으로 행동하는 시스템-감수자)과 상호작용하는 방식을 바꿔 음성, 시각, 텍스트, 촉각을 통한 참여 수단을 확장한다.
혁신 추진	AI를 활용하여 어디에서 경쟁하고 어떻게 이길지에 대한 깊은 통찰력을 생성함으로써 새로운 제품·시장 기회·비즈니스 모델을 창출한다.
신뢰 강화	AI를 활용하여 사기, 낭비, 남용, 사이버 침입과 같은 위험으로부터 브랜드를 보호함으로써 이해당사자를 안심시키고 고객 신뢰를 제고한다.

르게 분석할 수 있으며, 이에 따른 생산성 향상은 비용 절감으로 이어진다. 또한 은행의 더 많은 데이터, 즉 복잡한 데이터를 사용해 사건이 실제로 사기일 가능성이 얼마나 되는지도 판단한다. 물론 이 활용 사례의 전반적인 목적은 고객과 규제 기관이 DBS를 더 신뢰하게 하는 것이다.

물론 더 많은 가치를 성취하면 할수록 좋다. AI를 기반으로 성공하고자 하는 기업은 가능한 한 다양한 가치 지렛대를 활용하고, 개별 활용 사례에서 여러 가치 지렛대를 성취하기 위해 노력해야 한다. 비

용 절감과 같은 일부 지렛대는 상대적으로 측정하기 쉽지만, 쉽게 측정할 수 있는 AI 활용 사례에 매몰되어서는 안 된다. AI 활용의 가장 큰 장점은 비즈니스 모델을 변경하고, 더 많고 복잡한 유형의 데이터를 기반으로 의사 결정을 내리고, 신뢰를 구축하는 데서 발생할 수 있으니 말이다.

AI 올인으로 가는 5단계

지금까지 AI 추진 기업을 구성하는 모든 요소에 관해 알아봤다. 당신은 아마도 당신의 조직이 그중 일부는 가지고 있지만 전체는 가지고 있지 않다거나, 몇몇 속성을 충족하기 위해 나아가고는 있지만 아직 목표에 이르지는 못했다고 느낄지도 모르겠다. 다음의 설명은 당신 조직이 어디에 있는지를 평가하는 데 도움이 될 것이다. 5장에서 AI 역량에 대해 논의하면서 이에 대해 더 자세히 설명하겠다.

- **AI 추진자(5단계)**: 앞서 설명한 모든 구성 요소 또는 대부분 구성 요소가 충분히 구현되고 작동하는 상태. 기업이 AI 역량을 기반으로 구축되고, 러닝 머신이 되어간다.
- **혁신자(4단계)**: 아직 AI 추진 수준은 아니지만, 그 목적지를 향하는 여정에서 비교적 많은 발전을 이뤘고, 일부 속성은 이미 기업 내에 자리를 잡고 있다. 다양하게 배포된 AI가 조직에 실질적인 가치를 창출하고

있다.

- **개척자(3단계):** 여정을 이미 시작했고 어느 정도 나아가긴 했지만, 아직 초기 단계에 머물러 있다. 일부 시스템은 배포돼 상당히 긍정적인 결과가 성취됐다.
- **초보자(2단계):** AI를 실험하는 중이다. 계획은 있지만, 아직 많은 발전이 필요하다. 실제로 배포된 AI 시스템이 거의 또는 아예 없다.
- **저성과자(1단계):** AI 실험을 시작했지만, 실제 배포된 활용 사례는 없고 경제적 성과를 거의 또는 전혀 달성하지 못하고 있다.

이 책에서 언급하는 모든 기업이 AI 추진 기업인 것은 아니다. 혁신 기업 또는 개척자 기업이라도 유용하거나 주목할 만한 실천을 시작했을 때는 사례로 포함하기도 했다.

조직 차원에서
러닝 머신이 되기

AI 올인 기업은 한마디로 조직 전체가 러닝 머신이 된 기업이라고 생각하면 된다. 앞서 말한 AI 추진 기업의 모든 속성을 구현했다고 볼 수 있다. 이런 기업에서는 AI 관련 학습의 많은 측면이 제도화되어 원활히 돌아간다. 이런 기업은 적어도 두 가지 의미에서 조직적 러닝 머신이라고 할 수 있다. 첫째, AI 연구와 배포를 통해 지속적으로 학습한다. 둘째, 빠른 실험과 시행착오 프로세스를 채택하여 무엇이 효과적이고 무엇이 그렇지 않은지를 구분하며 교훈을 얻는다. 그들은 우리 동료 존 헤이글John Hagel과 존 실리 브라운John Seely Brown이 말하는 '확장 가능한 학습scalable learning'을 성취해왔다.[13] 세계 최고 수준의 AI 추진 기업이 되기 위해서는 실험과 학습 모두가 중요하다.

보험으로 시작하여 지금은 다양한 금융 서비스 관련 영역으로도 진출한 중국 기업 핑안(3장 참조)을 예로 들어보겠다. 핑안은 대규모 연구 그룹을 보유하고 있으며, 컴퓨터과학과 관련 분야에서 재능 있는 박사 학위 소지자 다수를 고용하고 있다. 회사의 창립자 피터 마밍저Peter Ma Mingzhe는 예술품 수집가이기도 해서 수석 과학자 징샤오Jing Xiao에게 회사의 광범위한 고객 네트워크와 파트너들을 위해서 AI 시스템이 미술과 음악을 만들 수 있다면 좋겠다고 제안했다. 징샤오는 소규모 팀을 꾸려 이미 존재하는 수준 높은 사례를 기반으로 머신러닝 시스템을 훈련하여 그림, 음악, 시를 창작할 수 있게 했다.

실험은 성공적이었고 이 팀의 AI 시스템이 수준 높은 미술, 음악, 시를 만들어냈다. 이 시스템은 2019 세계 AI 학회에서 소개되어 언론의 긍정적인 평가를 받았다.[14] 이 중에서 음악 작곡 시스템은 국제적인 상을 받기도 했다. 한 인터뷰에서 징샤오는 예술 AI 시스템을 핑안그룹의 다른 생태계와 연결하는 비즈니스 모델을 연구하고 있다고 말했다. 예를 들어 AI로 만든 음악을 온라인 명상이나 그 밖의 건강 관련 서비스에 이용하는 식이다. 그의 팀은 예컨대 주식 거래와 같은 일에서 참여자의 주관적인 감정이나 느낌을 활용하는 방식과 관련된 AI 시스템 개발 방법에 대해서도 학습했다.

AI 추진 기업이 조직 차원의 러닝 머신이 되는 또 다른 방법은 머신러닝(특히 기업에서 가장 일반적인 지도 학습 형태의 머신러닝)과 직접적인 관계를 맺는 것이다. 머신러닝 기술은 결과가 이미 알려진 과거 데이터를 통해 훈련된 모델을 기반으로 하여 알려지지 않은 결과를 예측한다. 약간 혼란스럽게 들릴 수도 있지만, 조직 차원의 러닝 머신인 기업은 머신러닝을 통해 지속적으로 학습한다. 현대 AI 역량의 핵심은 학습을 대규모로 빠르게 생산하면서 경제적으로 만드는 것이다.

AI 추진 기업은 모델을 모니터링하여 (흔히 'MLOps'라는 기술을 이용하여) 모델의 예측 성공률을 이해하려 한다. 모델이 정확한 예측을 못 하면, 새로운 데이터를 사용하여 모델을 재훈련함으로써 예측을 개선한다. 이런 방식의 꾸준한 훈련은 지속적인 학습과 더불어 새로운 데이터에 적합한 더 가치 있는 모델을 창출한다. 다시 말해서, 세상이 바뀌면 기업의 예측 모델도 그와 함께 바뀐다.

진정한 러닝 머신 기업은 다양한 모델, 특히 중요한 모델에 이런 작업을 수행한다. 이는 기업이 자사 모델을 모니터링하고 개선할 가치가 있는 중요한 비즈니스 자산이라고 믿고, 모델의 정확도는 시간이 지남에 따라 변할 수 있음을 인식하며, 모델 운영 프로세스를 촉진하는 데 기술을 사용할 수 있다는 사실을 알고 있음을 의미한다. 이것이 바로 AI 추진 기업이 성취하고자 하는 역량이다.

물론 조직적 러닝 머신은 다른 유형의 AI로부터도 지속적으로 배울 수 있다. 예를 들어 DBS은행은 (처음에는 인도의 디지뱅크에서) 대기 시간 없이 연중무휴로 고품질 고객서비스를 제공하는 수단으로 챗봇을 도입했다. 2016년 서비스 장애를 검토하는 과정에서 경영진은 고객관리팀에 고객 여정customer journey을 더 주도면밀히 모니터링하고 문제가 발생하기 전에 감지하라는 과제를 줬다.

이 일을 계기로 팀은 인도의 디지뱅크에 새로운 고객과학 프로그램을 고안하여 모든 고객의 여정을 실시간으로 모니터링할 수 있게 됐다. 예컨대 고객이 모바일 앱 사용에 어려움을 겪는다는 징후를 사전에 파악하고 문제가 발생할 때 개입할 수 있는 기능을 개발했으며, 고객에게 여정을 진행하는 방식에 대한 옵션을 제공했다. 이 학습은 성공적이어서 인도와 싱가포르 본사 모두에 챗봇 학습이 적용됐다.

마지막으로 '조직적 러닝 머신'이라는 말은 해당 기업이 일관성 있고, 믿을 만하며, 지칠 줄 모르는 성격을 지녔다는 사실을 분명히 보여준다. 이 기업들은 마치 성능이 뛰어난 기계처럼 중단 없이 AI를 이용해 혁신에 박차를 가한다. 이들은 조직 전체에서 여러 번에 걸쳐 다시 사용될 수 있는 특성 저장소feature store(머신러닝 모델에 사용되는 명확하게 정의된 변수 저장소)와 알고리즘 라이브러리 같은 AI 인프라에 투자한다. 또 많은 직원이 AI를 지속적으로 학습할 수 있게 한다. 이들은 AI를 일시적인 유행이 아니라 자사를 시장에서 지극히 효율적이고 효과적인 기업으로 만들 수 있는 매우 강력한 도구라고 생각한다.

물론 기술만으로 그 기업이 조직적 러닝 머신이 되지는 않는다. 조직적 러닝 머신이 되기 위해서는 조직 DNA, AI와 데이터 기반 의사 결정을 지지하는 기업 문화, 지속적인 실험과 혁신의 태도, 그리고 이를 추구하는 직원과 고객과 비즈니스 파트너들이 한마음으로 결합해야만 한다. 그리고 이런 일을 가능하게 하는 것은 데이터나 알고리즘 또는 고성능 서버가 아니라 바로 인간이다. 앞으로도 우리는 AI 중심 기업이 되기 위해서는 기술 역량만큼이나 인간이라는 차원이 중요하다는 사실을 몇 번이고 강조할 것이다. 이것이 바로 다음 장의 주제다.

결론적으로 일부 조직이 이런 역량을 모두 보유하고 있다는 것은 대단히 반가운 일이다. 그들과 이야기하고 그들에 대한 글을 쓰는 것만으로도 영광스러운 일이다. 하지만 더 많은 조직이 그랬으면 좋겠다. 부디 이 책을 통해 AI 활용 측면에서 뛰어난 기업의 사례들을 접하고 자기 조직을 '올인'까지는 아니더라도 그 방향으로 이끌고자 하는 사람들이 많아지길 바란다.

2장

인간 측면

: AI 추진에서 성패를 가르는 리더십과 역량 강화

ALL IN
ON AI

다양한 요소, 심지어 기술이나 데이터와 관련 없는 요소도 조직의 AI 역량과 성공에 영향을 미친다. 리더십, 조직 문화, 태도, 기술 등은 인간적 속성으로 기업의 다른 모든 요소 이상으로 중요하다. 어떤 기업이 머신러닝을 활용하는 AI 추진 기업이 될 수 있을 것이냐를 예측할 때, 이런 속성들은 우리 모델에서 상당히 커다란 영향력을 행사한다.

AI 분야의 많은 리더가 인간과 관련된 요소들의 중요성을 인정한다. 예를 들어 우리는 매사추세츠주 케임브리지의 생물학 연구 기관인 브로드연구소Broad Institute의 연구 센터 책임자들을 인터뷰했다. 연구소는 2억 5,000만 달러의 보조금을 받아 머신러닝과 생물학 사이의 관계를 파악하는 연구를 진행하고 있다. 연구소 안에 새롭게 설립된 에릭 앤드 웬디 슈미트 센터Eric and Wendy Schmidt Center의 공동 소장들에게 목적을 달성하는 데 가장 커다란 장애물이 무엇이냐고 물었더니, 두 사람 모두 문화를 꼽았다. 이들은 생물학자와 AI 전문가(일반적으로 컴퓨터과학자)는 지적 도전 과제에 접근하는 방식에서 사용하는 언어와 직관이 매우 다르다고 말했다. 따라서 이 두 집단 사이의 매끄러운 연결이야말로 센터가 성공을 거두는 데 핵심 과제라고 했다.

이토록 중요한 문화적 문제의 해결 방안을 묻자, 센터 책임자들은 현재는 잠정적인 전략을 연구하는 단계에 있다고 대답했다(센터가 설립된 지 얼마 되지 않았을 때 일이다). 그런 전략 중에서 가장 먼저 추진된 일로는 두 분야 연구자들이 함께 모여 AI와 생물학의 접점에서 발생하는 기회와 이런 기회를 추구하는 접근 방식에 대해 심층적으로 논의할 수 있는 행사를 여는 것이었다. 물론 이들은 AI와 생물학의 협업 자체보다 이를 효과적으로 관리하고 추진하기 위한 변화관리 과학 분야의 발전이 더 더디다는 사실을 알고 있었다.

이런 인적 요소의 문제들을 적극적으로 관리하지 않고서는 실질적인 발전을 기대하기가 힘들다. 아마도 많은 기업, 심지어 막대한 기술 예산을 보유한 엔터프라이즈 기업조차 아무리 시간이 흘러도 데이터 기반 기업이 되지 못하는 이유가 바로 이 문제 때문일 것이다. 심지어 최근 미국 엔터프라이즈 기업을 대상으로 한 설문조사 결과를 보면, 데이터 기반 기업 문화를 보유하고 있다고 응답한 비율이 오히려 줄어들었다.[1] 이 장 후반부에서는 AI 우선 기업들이 이런 문제를 해결하기 위해 취하는 몇 가지 개입 사례를 설명하려 한다.

조직이 AI를 광범위하게 활용하는 방향으로 발전하는 데 중요한 요소는 지원과 열정적인 리더십이다. 이 장은 자신의 기업을 AI 여정으로 이끌고 가며 길잡이 역할을 효과적으로 수행하고 있는 한 CEO의 이야기로 시작하려 한다.

어떤 AI 리더의 초상

DBS은행그룹 CEO 피유시 굽타는 거의 40년 동안 보수적인 성향으로 잘 알려진 은행 업계에 종사해왔다. 그는 한때 '지독히 느린 은행Damn Bloody Slow'이라는 비아냥을 받던 DBS를 은행 업무와 고객서비스 분야 최고의 은행으로 탈바꿈시켰을 뿐만 아니라, AI 도입에도 대단히 적극적인 태도를 보여왔다. 그의 성취는 새로운 기술을 효과적으로 도입하는 데 최고 경영진이 얼마나 커다란 영향을 미칠 수 있는지를 잘 보여준다.

굽타는 2009년 CEO로 취임했다. 당시 DBS는 싱가포르의 은행 중 고객서비스 분야에서 최하위를 기록하고 있었다. 하지만 현재는 이 분야 최고 중 하나로 손꼽히는 은행으로, 기업 인수와 유기적 성장을 통해 아시아 전역으로 영향력을 확대해나가고 있다. 이미 동남아시아 최대 은행인 DBS는 중국과 인도에서도 존재감을 키워가고 있다. 세계적인 상도 여러 번 받았다. 그중에는 〈유로머니Euromoney〉 선정 세계 최고 은행, 〈더 뱅커The Banker〉 선정 올해의 글로벌 은행,

〈글로벌 파이낸스Global Finance〉 선정 세계 최고 은행 등이 있다. 〈유로머니〉는 디지털뱅킹 부문에서 DBS를 두 번씩이나 세계 최고 은행으로 선정하기도 했다.

DBS에서 일하기 전 굽타는 씨티그룹Citigroup 동남아시아·태평양 지역 CEO를 역임했다. 전 씨티그룹 CEO 존 리드John Reed의 제자로, 운영과 기술이라는 측면에서 보자면 은행에서 잔뼈가 굵은 사람이다. 리드는 아마도 은행 산업에서 정보와 기술의 중요성을 가장 먼저 깨달은 세계적 은행가일 것이다. 일찍이 정보에 초점을 두고 씨티의 백오피스와 소비자 관련 사업을 혁신한 인물이니 말이다. 굽타는 씨티 아시아 지역에서 트랜잭션 서비스를 책임졌다. 그러다가 닷컴 기업을 창업하며 경로에서 잠시 이탈하기도 했다. 닷컴 기업이 오래가지 않아 망하기는 했지만, 어쨌든 굽타의 혁신에 대한 욕망과 실패를 두려워하지 않는 용기를 보여주는 사례다.

실제로 굽타는 자신이 DBS를 위해 처음으로 시도한 AI 관련 노력은, 유익하긴 했지만 실패였다고 말한다. 그는 그 시도가 조직을 위한 '신호 도구signaling tool'였다고 설명한다. 2013년 굽타는 싱가포르의 주요 공공 연구 및 개발 조직 A*STAR와 더불어 DBS를 위한 AI 연구소 설립에 서명했다. DBS와 A*STAR 양쪽에서 파견된 데이터과학자들이 3년간 AI 활용 사례를 공동 연구한다는 계약이었다. 두 조직은 6개 프로젝트에서 협업했는데, 하나도 성공하지 못했다. 하지만 굽타와 DBS는 이 실패에서 많은 것을 배웠다.

이 초기 프로젝트들이 보여주듯이 굽타의 AI 전략 중 하나는 가능한 한 빨리 이 기술을 도입하고 실험하자는 것이었다. DBS은행의 주요 성과 지표중 하나는 매년 수천 건에 달하는 실험이었고, 이 중 많은 부분이 AI와 관련된 것이었다. 굽타는 6개월마다 이틀씩 실험 결과를 공개하는 시간으로 정해놓고, 직원들이 AI 배포 방안을 더 깊이 생각하도록 장려했다.

굽타는 또 사업단위와 기능에 유연성을 부여하여 데이터과학자에 준하는 인재를 고용해 실험할 수 있도록 예산을 지원했다. 그는 이런 실험의 긍정적인 결과로 인적자원팀을 예로 들었다. 인적자원팀 팀장은 기술적 배경이 전혀 없는 사람이었지만, 작고 유연한 구조의 개발팀을 만들어 AI 활용 사례를 만들고 시범 운영할 수 있게 했다. 이 팀은 직업 지능 마에스트로Job Intelligence Maestro, JIM라는 활용 사례를 개발하여 은행의 채용 담당자들이 많은 인원을 보다 효율적으로 채용할 수 있도록 지원했다. 또한 이탈 예측 모델도 개발해 직원의 교육, 수입 데이터, 휴가 패턴 등을 기반으로 직원들의 이탈 가능성에 대한 통찰을 제공했다.

데이터가 AI의 연료라는 사실은 이미 잘 알려져 있다. 많은 기업이 적극적인 AI 이니셔티브에 발맞춰 데이터 환경을 크게 바꾸고 있다. 하지만 대기업 CEO가 앞장서서 직접 데이터 혁신을 주도하는 것은 상당히 드문 일이다. 굽타는 씨티은행에서 처음부터 데이터 센터 구축에 참여해 데이터 아키텍처에 대한 지식을 얻었기에 혁신을 주도할 관심과 능력을 갖추게 됐다고 말한다.

DBS의 데이터 혁신은 엄청난 일이었다. 다른 기업들과 마찬가지로 DBS 역시 많은 데이터를 전통적인 데이터 웨어하우스에서 데이터 레이크data lake(다양한 형태의 대규모 데이터를 원시 상태로 저장할 수 있는 중앙 저장소-옮긴이)로 옮겼다. 후자가 훨씬 싸고, 덜 정형화된 데이터에 더 적합하기 때문이다. 그리고 DBS는 메타데이터를 위한 새로운 구조를 만들고, 8,000만 건의 불완전한 데이터 기록을 정리하고, 데이터 액세스 허용 범위와 고객 데이터 수집 유형에 대한 새로운 프로토콜을 개발하고, 데이터 추세를 더 명확하게 보여주는 시각화 도구를 도입했다.

굽타는 데이터를 어디에 저장하고 어디에서 처리해야 하느냐는 문제를 놓고 계속해서 고민했다. 은행은 지난 몇 년 사이에 대체로 프라이빗 클라우드로 옮겨갔지만, 모든 데이터를 조직 내부에 저장하기에는 양이 너무 많았다. 지금 DBS는 혼합형 클라우드hybrid cloud(공개형 클라우드와 폐쇄형 클라우드의 장점을 결합하여 더 높은 유연성, 비용 효율성, 보안성을 달성할 수 있게 하는 클라우드 컴퓨팅 전략-옮긴이) 접근 방식을 채택하고 있다. 복잡한 작업이긴 하지만 팀의 계속되는 실험과 반복에 필요한 기반은 마련됐다.

굽타의 리더십하에 DBS는 데이터에 새로운 거버넌스 체계도 구축했다. 예를 들어 책임 있는 데이터 사용 위원회Responsible Data Use Committee는 고객 데이터를 수집하고 사용하는 방식이 적절한지를 검토한다. 법적인 기준을 넘어 고객의 수용 여부까지 고려하며, 퓨어PURE라는 기준을 따른다. 이 용어는 '데이터 수집에는 나름의 목적이 있고Purposeful, 예상치 못한 것을 요구하지 않으며Unsurprising, 고객을 존중하고Respectful, 고객에게 설명할 수 있어야 한다Explainable’의 첫 글자를 따서 만들었다.

DBS은행의 AI 기반 혁신에서 굽타가 방점을 두는 또 다른 분야는 인재 양성이다. 여기서 인재란 전문 데이터과학자와 은행 전체에 걸친 잠재적 ‘시민 데이터과학자citizen data scientist(데이터과학의 전문가는 아니지만 데이터 분석 도구와 기법을 활용하여 데이터 기반의 인사이트를 도출하고 비즈니스 문제를 해결하는 일반적인 비즈니스 사용자-옮긴이)’ 둘 다를 의미한다. 그는 DBS가 현재 데이터과학자, 데이터 분석가, 데이터 엔지니어 등 약 1,000명에 달하는 데이터·분석 인력을 고용하고 있다고 자랑스럽게 말한다. 이 중 일부가 중앙 그룹에 속해 있고 대다수는 기업 전체의 다양한 부서에 배치되어 있다.

몇 년 동안 DBS는 해커톤hackathon을 이용하여 고위 관리자들에게 디지털 혁신에 대해 생각하고 행동할 계기를 제공해왔다. 좀 더 최근 들어 굽타는 직원들에게 활력을 불어넣고 AI에 대한 두려움을 없앨 방법을 모색하고 있다. 직원 중 한 명이 아마존웹서비스Amazon Web Service, AWS의 딥레이서 리그DeepRacer League 시뮬레이션에 적극적으로 참여하자는 아이디어를 내놓았다. 딥레이서 리그는 일종의 자율주행 자동차 게임으로, 기계를 가르치는 동시에 머신러닝 모델을 설계하고 구현하며, 강화 학습 알고리즘 사용 방식을 배울 수 있다. DBS는 2020년에 이 접근 방식을 이용하여 3,000명에 달하는 직원을 교육했다. 굽타 자신도 경기에 참여했으며, “제가 100위 안에 들어서 기뻤습니다”라고 말했다. DBS 직원들은 훌륭한 성과를 거뒀고,

그중 한 명은 AWS 딥레이서 리그 F1 프로암ProAm에서 우승을 거두기도 했다.

굽타는 DBS의 AI 역량을 구축하는 데 지속적인 노력을 쏟고 있다. 그는 결국 이 기술이 은행 업계에서 필수적인 요소가 될 것이라고 말한다. 다른 은행들은 대체로 외부에서 AI 역량을 도입하지만, 그는 AI 활용 사례를 내부적으로 구축하는 데 몰두하고 있다. "우리는 디지털 네이티브 기업과 같은 정도의 역량을 갖춰야 합니다. 그래야 계속해서 혁신하고 경쟁할 수 있습니다."

굽타는 DBS 직원들이 AI를 받아들이고, AI가 일자리를 빼앗아 갈 수도 있다는 두려움을 갖지 않게 하려고 애쓰고 있다. 실제로 지금까지 AI 때문에 DBS에서 해고된 사람은 없다. 다만 역량을 강화하거나 새로운 기술을 배워 업무를 바꾼 직원은 일부 있다. DBS는 (강력한 챗봇을 사용하는 고객센터 등) 특정 분야에서 AI를 통해 상당한 효율성을 창출하면서 지속적인 성장을 견인할 수 있었다. 굽타는 직원들이 AI에 가치를 더할 수 있도록 기술을 향상시키는 데 전념하고 있지만, 미래에 AI가 얼마나 유능해질지는 누구도 알 수 없다고 말한다.

AI 리더십의 교훈

굽타의 사례를 통해 AI 리더십에 대해 무엇을 배울 수 있을까? 굽타는 다른 리더와 조직도 참고할 가치가 있는 몇 가지 특성을 보여준다.

첫째, 정보 기술에 친숙한 것은 큰 도움이 된다. 굽타처럼 아무런 배경지식이 없던 CEO라도 AI와 관련 IT 인프라에 대해 충분히 배운다면 성공적인 리더가 될 수 있다. 물론 많은 노력이 필요한 일이다.

둘째, 다양한 측면에 걸친 노력이 필요하다. 리더가 참여하는 특정 이니셔티브는 회사마다 다르겠지만 고위 경영진은 AI 기술에 특별한 관심을 표시하고, 데이터 기반 의사 결정 문화를 확립하며, 사업 전체에서 혁신을 유도하고, 직원들이 새로운 기술을 받아들이도록 동기를 부여해야 한다.

셋째, 리더는 AI 혁신을 이끌어나갈 힘을 갖춰야 한다. AI 연구는 비용이 제법 많이 들고, 개발과 실제 배포에도 막대한 비용이 든다. 리더는 이를 모두 가능케 할 정도로 충분히 투자해야 한다. 굽타는 AI 도입 초기 단계부터 실험에 지갑을 열고, 그 돈이 어떻게 쓰였는지 재무적 타당성financial justification을 요구하지 않았다. 그는 "초기 단계에 ROIReturn on Investment를 따지다 보면 실험 자체가 무산돼버릴 수 있습니다"라고 주장한다. 최근 들어서 그는 사업단위와 부서별로 KPI를 도입하여 AI 프로젝트에 따른 절감 또는 수익을 문서화하도록 요구했다. DBS는 이번 회계연도에 AI를 통한 수익 5,000만 싱가포르 달러를 목표로 하고 있으며, 굽타는 이 목표가 달성되리라고 확신하고 있다.

마지막으로, 고위 AI 리더가 AI 중심 혁신의 특정 영역에 개인적으로 참여하는 것 역시 도움이 된다. 예를 들어 데이터는 항상 중요한 문제지만, 굽타처럼 데이터를 잘 이해하는 CEO는 그리 많지 않다. 특히 중요한 AI 활용 사례를 개발하는 데 AI 리더가 개인적으로 참여할 수도 있다.

예를 들어 (전 세계에서 가장 큰 규모를 자랑하는) 모건스탠리 자산관리 사업부는 AI 기반 시스템을 구축하여 고객들에게 투자 아이디어를 제안한다. 이 기업의 당시 최고운영책임자는 짐 로즌솔Jim Rosenthal이었고, 자산관리 사업부는 앤디 세이퍼스타인Andy Saperstein(현재는 모건스탠리의 공동 사장)이 맡고 있었다. 로즌솔은 이미 10년 전부터 최근 넷플릭스Netflix에서 이용하는 것과 같은 추천 엔진을 염두에 두고 있었다. 그리고 모건스탠리에서 퇴직하기까지 이 아이디어 개발을 추진하고 감독했다. 세이퍼스타인은 그의 아이디어를 강력하게 지지하고, 거기에 고객 참여engagement를 위한 의사소통 개발 플랫폼 기능을 더한 넥스트 베스트 액션Next-Best-Action, NBA이라는 시스템 개발을 주도했다. 모건스탠리의 현 최고분석책임자 제프 맥밀런Jeff McMillan은 그 두 사람의 장기적인 도움 없이는 시스템이 만들어질 수 없었으리라고 말했다.

우리가 확인한 AI 추진 기업 중에서도 뛰어난 AI 리더를 여럿 볼 수 있었다. 각 리더는 자기 사업 환경과 특별한 니즈에 따라 나름대로 독특한 속성을 가지고 있었다. 예를 들어 평안 창립자 마밍저는 경제학과 은행 분야 박사 학위 소지자로, 회사의 여러 금융 서비스 관련 사업부문에서 AI의 새로운 활용 사례를 발굴하는 데 적극적인 역할을 하고 있다.

갈렌 G. 웨스턴Galen G. Weston은 캐나다 대형 유통 업체 로블로의 회장이자 CEO다. AI 리더들이 흔히 그렇듯, 웨스턴 역시 기술과 그 기술의 유통 사업 재편 방식에 지적 호기심을 보인다. 웨스턴 가문은 로블로의 최대 주주로 135년에 달하는 기업의 역사 내내 회사를 소유해왔으며, 독특한 장기적 관점을 가진 사람으로 알려져 있다. 최근 로블로 사장직에서 은퇴한 세라 데이비스Sarah Davis는 자신을 '매우 수학적인 사람'이라고 언급하기도 했다.[2]

웨스턴은 캐나다 대형 약국 체인 쇼퍼스드럭마트Shoppers Drug Mart와 한 의료 기록 회사를 인수했다. 그는 특히 데이터·분석·AI를 통한 캐나다 국민의 건강 증진이라는 문제에 관심을 두고 있다. 로블로는 이미 캐나다에서 가장 규모가 큰 의료 서비스 소프트웨어 플랫폼을 보유하고 있으며, 이 플랫폼을 통해 매장에서 판매되는 5만 5,000개 제품에 대한 영양 정보와 건강 제품 추천 서비스를 제공하고 있다. 웨스턴은 한 콘퍼런스에서 '개인화된 건강'이야말로 매일 아침 활기차게 일어나게 하는 원동력이라고 말했다.

최고의 AI 리더 중 일부는 본질적으로 기술 전문가다. 앞서 소개한 DBS의 굽타는 이런 특성을 강하게 보여주는 인물이다. CCC인텔리전트솔루션스는 자동차보험 충돌 손해 사정을 위한 데이터와 AI 기반 이미지 분석 분야를 선도하는 중견 기업으로, CEO 기데시 라마머시Githesh Ramamurthy는 이 회사의 전임 최고기술책임자였다. 기술 전문가로서 그는 기술 발전에 관한 장기적인 판단을 바탕으로 여러 번에 걸쳐 회사를 중요한 방향으로 이끌 수 있었다. 이런 판단에는 다음과 같은 것들이 포함되어 있었다.

- 광범위한 생태계에 걸쳐 데이터를 저장하고 처리하기 위해 클라우드로 조기 전환하리라는 것
- 차량 소유자가 스마트폰으로 촬영한 사진을 기반으로 충돌 손상을 조사하고, 궁극적으로 평가하게 되리라는 것
- 머지않아 자율주행과 반자율주행 자동차 보험은 사고로 인한 손해 및 책임을 평가하기 위해 차량 내 텔레매틱스telematics(자동차 등의 이동 수단에 장착된 센서와 통신 장치를 통해 데이터를 수집하고 전송하는 기술 – 옮긴이)와 AI 시스템으로부터 상당한 데이터를 필요로 하리라는 것

AI 리더십에는 기업의 미래 사업을 예측하고 이를 성취하기 위해 행동하는 용기도 포함된다. 7장에서는 딜로이트가 AI 추진 기업으로 발전하는 과정을 설명한다. 딜로이트는 세계 최대 프로페셔널 서비스 기업으로, 과거에는 전문 인력에 집중해 왔다. 하지만 오늘날 딜로이트의 비즈니스 글로벌 전략 서비스 부문 수석 이사 제이슨 기르자다스Jason Girzadas는 모든 사업부문을 살펴보고, 미래 사업 및 경제 환경과의 적합성을 평가하는 책임을 맡고 있다. 그는 AI가 조직의 미래에 중요한 역할을 할 것으로 판단하고 딜로이트 파트너들에게 감사, 세무, 컨설팅, 리스크 자문 비즈니스 프로세스에 투자하도록 설득했다. 이런 프로세스에서 인간과 AI 시스템은 서로 밀접하게 협력

한다. 딜로이트는 스스로 완전한 AI 혁신 기업이라고 주장하지는 않지만, 훌륭한 출발을 했다는 점은 분명하다.

AI 리더십은 여러 가지 형태로 나타난다. 그중 한 가지 공통점이 있다면 이 분야의 리더들은 AI가 일반적으로 할 수 있는 일, 회사를 위해 특별히 할 수 있는 일, 그리고 전략·비즈니스 모델·프로세스·직원에게 미치는 영향을 잘 파악하고 있다는 것이다. 사실은 이런 이해가 선행돼야만 효과적인 리더십을 계획할 수 있다. AI 리더십의 그 외 많은 영역에서는 지금까지 리더로서 쌓아온 기술, 직관, 상황 평가 능력에 의지할 수 있다.

성공적인 문화의 씨앗을 뿌리기

레거시 기업이 AI를 활용하여 혁신을 이루고자 할 때 가장 커다란 도전은 데이터 기반 의사 결정과 행동을 강조하고, AI가 기업을 혁신할 잠재력을 가지고 있다는 사실을 열렬히 지지하는 문화를 구축하는 일이다. 이런 문화가 자리 잡지 못한다면, 조직 전체에 AI 옹호자가 아무리 많아도 훌륭한 활용 사례를 만드는 데 필요한 자원을 확보할 수 없다. 그러면 AI 부서 리더들은 훌륭한 인재를 고용할 수 없고, AI 활용 사례가 구축되더라도 기업이 효과적으로 활용하지 못한다. 요컨대, 올바른 문화가 없다면 아무리 훌륭한 AI 기술이라도 아무런 가치를 제공할 수 없다.

이런 문화의 일부는 AI 실험 및 프로젝트 추진과 함께 구축될 수 있다. 어느 정도 수준의 공식 교육이 필요할 때도 있다. 많은 기업이 데이터 리터러시data literacy 또는 데이터 유창성data fluency 프로그램을 출범했다. 이 프로그램에서는 다수 직원(또는 전체 직원)에게 데이터 유형, 데이터 분석, AI 프로그램에서 데이터를 이용하는 방법, 데이터를 이용한 의사 결정에서 최적의 유형, 그리고 데이터와 데이터 이해 방식이 조직의 성공에 어떻게 기여할 수 있는지를 가르친다. 이런 노력은 기업 전체 차원에서 직원 모두에게 분석과 AI 도구의 제안·개발·구현을 자기 업무라고 생각하게 함으로써 AI 활용을 통한 성공의 씨앗을 심는 일이다.

AI 문화의 씨앗을 뿌리는 선구적인 프로그램에는 여러 구성 요소가 담겨 있다. 일반적으로 데이터·분석·AI의 핵심적인 측면에 대한 개념 학습이 필요한 것은 사실이다. 하지만 시뮬레이션이나 사례 연구 토론 같은 경험적인 학습이 도움이 된다는 사람도 많으므로, 이런 학습도 필요할 것이다. 초기 교육이 완료되면 조직 대부분은 주요 과제를 지속적으로 심화하고, 주제의 새로운 측면들을 계속해서 다루는 지속 학습으로 더 많은 이익을 도모할 수 있다.

특정 프로젝트에서 변화 관리는 일반적으로 이해관계자 식별, AI 시스템의 목표와 성과 기대치에 대한 명확한 이해, 프로젝트 진행 상황에 관한 빈번한 의사소통, 프로토타입 시연을 통한 피드백 얻기, 새로운 시스템을 사용하게 될 인력의 재교육과 역량 강화 같은 활동이 포함된다. 데이터과학자와 AI 전문가는 대체로 이런 활동보다는 모델 구축이나 프로그래밍에 더 관심이 있기에 이들이 변화 관리 활동에도 적절한 관심을 쏟을 수 있도록 AI 프로젝트나 프로덕트 매니저PM를 배치하는 기업도 많다.

조사 데이터에 따르면 이런 유형의 개입이 중요하다. 설문조사 결과를 보자면 변화 관리에 많은 투자를 하는 조직은 그렇지 않은 기업에 비해 AI 이니셔티브가 기대치를 능가할 가능성이 1.6배 더 크고, 원하는 목표를 달성할 가능성은 1.5배 이상 크다.[3] 딜로이트는 조직 변화와 관련하여 자체적인 사고의 리더십thought leadership과 조언을 따른다. 딜로이트는 2021년부터 딜로이트 AI 아카데미를 세워 AI 인재를 육성하고 있다. 이 아카데미의 목표는 자사 전문가들에게 AI 교육을 제공하는 데서 그치지 않고 더 폭넓은 경제 전반에서 AI 인재를 양성하는 것이다.

AI 복음 전파와 문화 혁신은 데이터 분석 및 AI 분야 리더가 AI 기술과 더불어 성공하기 위해서라면 마땅히 수행해야 하는 가장 중요한 역할일 것이다. 디즈니의 데이터 분석 및 AI 조직은 심지어 '에반젤리틱스evangelytics(복음 전파evangelism와 분석analytics의 합성어 – 감수자)'라는 용어까지 사용한다. 회사 내 다양한 부서에 비즈니스 도구로서 데이터 분석과 AI 활용이 갖는 장점을 전달하고 설득해야 한다는 의미다. 만일 당신의 회사가 너무도 운이 좋아 데이터와 AI에 관해 복음을 전파할 필요가 없다면(그럴 가능성은 작지만), AI 시스템을 구현하는 데 전적으로 집중할 수 있을 것이다.

AI 그룹의 리더들이 AI 시스템을 판별하고 실험하고 구현하면서 취할 수 있는 단계들은 비교적 새로운 여타 기술들에서 볼 수 있는 단계와 크게 다르지 않다. 우선 초기 도입 기업들을 활용하고 관심이 많은 분야로 진출해야 한다. 예를 들어 몬트리올은행에서 최근까지 AI 전담 조직AI Center of Excellence 책임자였던 렌 장Ren Zhang은 처음에는 데이터가 많은 사업부문의 AI 활용 사례에 집중했다.[4] 이 은행의 디지털 부서는 고객의 방대한 클릭스트림clickstream 데이터를 보유하고 있지만, AI와 분석이 있어야만 이 데이터를 이해하고 고객 응대에 대한 개인 맞춤화가 가능하다고 할 수 있다. 또 은행의 금융범죄 부서는 고객과 직원의 행동에 관한 데이터를 보유하고 있으며, 최신 AI 도구를 사용하여 범죄 행위를 파악하고 억지하는 데 항상 관심이 있다. 렌 장은 비교적 보수적인 성향을 보이는 사업부문에는 AI 역량을 별로 투여하지 않았다. 예를 들어 상업은행commercial bank은 소비자은행consumer bank보다는 고객 수가 적고, 자동화된 프로세스나 상호작용보다는 개인적인 접촉을 선호한다. 신용 리스크 부서의 관리자들은 데이터와 분석을 이용한 더 나은 신용 결정을 원하지만, 이 사업 영역은 많은 규제를 받는다.

AI 프로젝트 리더는 비즈니스 리더의 지원을 얻고 활용해야 한다. 그래야 필요한 자원을 확보하고 회사의 나머지 사람들에게 경영진이 AI 프로젝트를 지지한다고 설득할 수 있다. 이상적으로 말하자면, 이런 작업은 대규모 AI 이니셔티브를 시작하기 전에 이루어져야 한다. 예를 들어 비핀 고팔Vipin Gopal이 일라이릴리의 최고 데이터분석책임자 자리를 제안받은 후, 맨 처음 한 일이 조직 전체에 걸친 비즈니스 리더를 면담하는 것이었다. 이 면담을 통해 그는 활용 사례를 위해 집중해야 할 세 가지 영역을 제안했다. 그는 활용 사례마다 해당 영역의 리더와 비용·편익을 논의했고, 전체 고위 경영진 앞에서 아이디어를 발표했다. 프로젝트는 모두 승인됐으며 성공적으로 진행되고 있다. 일부 프로젝트는 이미 부분적인 실행을 통해 상당한 성과를 내고 있다. 물론 AI에 대한 접근 방식이 더 공격적일수록 이해관계자들의 확고한 지지를 확보하는 것이 중요하다.

조직에 AI 문화를 확립하기 위해서는 긍정적인 결과를 공유하고 성공 사례를 자주 홍보해야 한다. 앞서 언급한 DBS의 피유시 굽타는 성공적이거나 유망한 AI 실험 사례를 소개하는 행사를 1년에 몇 번씩이나 열었다. 일라이릴리의 고팔 역시 이런 유형의 행사를 개최하고 있다. 결과를 홍보하려는 목적도 있지만, 회사 전체에 데이터·AI 중심 커뮤니티를 구축하기 위해서이기도 하다. 특히 커뮤니티에 참여하는 직원들이 여러 부서에 흩어져 있다면, 최소한 1년에 한 번은 함께 모이게 하는 것이 중요하다. 이런 행사들은 커뮤니티 구축과 더불어 새로운 AI 관련 스킬과 기술을 학습하는 데도 초점을 맞출 수 있다.

회사 내에서 AI 활동을 주도하는 사람들이라면 단기적인 가치와 장기적인 혁신의 잠재력을 결합하여 AI에 대한 긍정적 시각을 유지하는 것이 중요하다. 우리의 조사를 포함해 여러 기관의 설문조사에 따르면, AI가 자신들의 사업과 업계에 혁신적인 영향을 미칠 것으로 믿는 관리자가 많은 것으로 드러났다. 예컨대 AI를 도입한 전 세계 기업의 관리자를 대상으로 한 2020년 설문조사에서 AI가 3년 이내에 자기 조직을 빠르게 혁신할 것으로 본다는 응답자가 75%에 달했다.[5]

이런 기대치를 충족하기 위해 AI 개발자들은 훌륭한 활용 사례를 만들고 전파해야 한다. 하지만 앞서 논의한 것처럼, 오늘날의 AI는 비교적 좁은 범위에서만 작동하는 수준이라 혼자서는 단일 작업이나 단계만 처리할 수 있지 전체적인 업무 처리, 더 나아가 전체 비즈니스 프로세스 처리는 일반적으로 불가능하다. 따라서 AI 조직의 리더들은 작은 성공 사례를 홍보하고, 이런 성공 사례가 실현하게 될 혁신적 변화라는 맥락에서 그 사례들을 설명해야 한다.

예를 들어 우리와 함께 작업했던 한 AI 중심 건강보험 회사에서는 머신러닝 앱을 사용하여 PDF 파일에서 회원 데이터를 추출했다. 이는 대단치 않은 성과처럼 보일 수도 있지만 AI 책임자는 이해관계자들에게 고객 상호작용의 혁신으로 가는 한 단계라고 설명했다. 실제로 그랬다. PDF에서 데이터를 추출할 수 있게 되면서 고객센터 직원들은 해당 데이터를 활용하여 회원의 건강보험 설계 세부 사항을 빠르게 확인하고, 질문에 훨씬 더 쉽게 답변할 수 있었다. 또한 궁극적으로는 고객센터에 전화할 필요성을 줄이고 대화형 AI 시스템으로 발전해나갈 징검다리가 되는 작업이기도 했다. AI 책임자는 이 시스템을 이야기하면서 단기적인 성과와 장기적인 계획 모두를 강조했다.

AI와 미래 일자리에 대한
직원 교육

AI 문제의 인간 측면에서 논리적으로 가장 어려운 문제는 직원들이 AI 역량을 키우게 함과 동시에 AI가 미래에 그들의 업무에 미칠 영향을 제대로 인식하게 하는 것이다. 이 교육은 여러 가지 이유로 어렵다. 대기업에는 많은 직원이 있고, 앞으로 몇 년에 걸쳐 AI 때문에 일자리에 어떤 변화가 일어날지 예측하기 힘들기 때문이다. 또한 직원들은 저마다 다양한 목표와 관심사를 가지고 있기에 획일적인 교육 프로그램은 성공하기 어렵다.

(여전히 AI에 올인하지 않는) 일부 기업은 이런 문제들을 내세워 직원 AI 교육에 소극적이다.[6] 예를 들어 한 대형 방위산업체 인적자원 부서의 리더는 세 가지 주장으로 자기의 접근 방식을 정당화했다.

1. 회사에는 단기적으로 경쟁하는 우선순위가 많다. AI처럼 장기적이고 영향이 불확실한 것에 투자할 가치가 있을까?

2. 일자리 변화와 자동화는 전문가들의 예측보다 훨씬 느리게 진행되고 있다. 그러므로 변화가 일어나더라도 비교적 잘 적응할 수 있다. 실제로 업무가 바뀌더라도, 해고보다는 업무 보강이나 새로운 기술을 습득하게 하면 된다. 이런 변화는 달성하기가 덜 어렵고 계획하기가 더 쉽다.

3. 예측에는 불확실성이 너무 많아서 틀릴 가능성이 크다. 그렇다면 회

사는 어차피 실시간으로 조정해야 할 것이다.

　이런 주장은 합리적으로 보이지만 우리의 생각은 다르다. 우리는 AI로 인한 일자리 변화의 일부를 예측하거나, 적어도 직원들을 잘 훈련해서 일반적인 일자리 변화에 대비하게 할 수 있다고 믿는다. 그리고 대규모 자동화보다는 업무 보강 쪽으로 진행될 가능성이 더 크겠지만, 업무 보강 역시 결국에는 일자리 변화를 가져올 것이고, 노동자는 이에 대비해야만 한다. 우리가 2018년에 시행한 AI 도입 기업 설문조사에서 응답자 82%는 3년 안에 직원들의 일자리가 어느 정도 또는 상당히 변하리라고 예측했다.[7] 서로 경쟁하는 우선순위 따윈 잊고, 지금 당장 직원들에게 AI와 그 영향에 관해 교육해야 한다고 우리는 믿는다. 이런 교육은 시간이 꽤 걸리므로, 지금 우리에게 낭비할 수 있는 시간이란 거의 남아 있지 않다. 이는 일부 AI 중심 기업이 지금의 행동을 정당화하기 위해 사용하는 것과 같은 아이디어다.

　물론 노동자들에 대한 재교육 또는 역량 강화를 원하는 기업 중에는 특정한 기술이 미래 일자리에 필요할지 모르지만, 그 기술은 필연적으로 디지털 지향적일 것이라고 확신하는 기업도 일부 있다. 예를 들어 아마존은 급속하게 디지털화되고 있는 (아마존 내외부를 막론한) 구직 시장에서 직원들이 성공에 필요한 기술을 확보하는 데 도움을 주기 위해 재교육 비용으로 7억 달러를 투자하겠다고 약속했다. 이 회사는 주로 물류 센터, 운송 네트워크, 본사의 기술과 무관한 직무 부문에서 일하고 있는 3분의 1의 직원에게 교육의 초점을 두고 있다. (자동화에 더 취약한) 물류 센터 노동자에게는 IT 지원 기술자 일자리를 위한 교육을, 기술과 무관한 직무의 노동자들에게는 소프트웨어 엔지니어링 기술 교육을 제공한다.[8]

마찬가지로, 싱가포르 DBS은행의 리더들도 직원들에게 디지털 커뮤니케이션, 디지털 비즈니스 모델, 디지털 기술, 데이터 기반 사고를 포함한 일곱 가지 디지털 기술 교육을 제공했다. 디지파이DigiFY라는 이름의 이 프로그램은 많은 은행 직원의 역량 강화를 목표로 한다. 한편 딜로이트는 자사의 전문가들을 기술에 능통하게 만드는 데 집중하고 있다. AI 지향 기업 환경에서는 사실상 모든 직원이 기술이 어떻게 작동하는지, 자신의 업무에 어떻게 적용할 수 있는지 이해할 필요가 있다고 보기 때문이다. 세 기업 모두는 미래 일자리에 어떤 변화가 일어나든 간에 직원과 고용주가 디지털 기술에 숙련되어 있다면 훨씬 더 나은 결과를 얻을 수 있으리라고 믿는다.

때로는 이런 신기술이 새로운 역할을 낳기도 한다. DBS는 '트랜슬레이터translators'라는 집단을 만들었는데, 숫자 지향적이긴 하지만 데이터과학자는 아니며 비즈니스 이해관계자와 AI 개발자 간의 중재 역할을 할 수 있는 사람들을 가리킨다.[9] 이 역할은 중요하며, 상당히 많이 논의되었지만 아직 널리 확산되지는 않았다. DBS는 심지어 모든 AI 프로젝트를 데이터과학자 두 명당 한 명의 트랜슬레이터로 구성하기로 했다. 은행 최고분석책임자 굽타는 이 두 가지 역할이 서로 힘을 합칠 때 데이터과학자는 더 실험적인 모델링을 하고, 트랜슬레이터는 실제 비즈니스 문제를 더 구체적으로 해결할 수 있다고 말했다.

일반 직원들에게 데이터과학 기술을 가르치는 것은 이 전략의 변형된 형태라고 할 수 있다. 이런 교육을 위해서는 해당 분야의 온라인 강좌 제공 업체와 협력하는 경우가 많다. 예를 들어 에너지 분야의 거대 기업 셸은 2019년 계획했던 AI 관련 프로젝트를 모두 완성하는 데 필요한 데이터과학자가 터무니없이 부족하다는 걸 깨닫고 유다시티Udacity와 파트너십을 맺었다. 셸은 IT 배경을 가진 사람들을 위한 시범 프로그램을 만들어본 다음, 본격적으로 석유엔지니어·화학자·데이터과학자·지구물리학자 등을 대상으로 하는 더 큰 규모의 프로그램을 시작했다. AI 나노 과정nanodegree(유디시티에서 기업의 요구에 맞춰 6개월 내외로 제공하는 학습 과정 – 옮긴이)을 이수하는 데는 일반적으로 주당 10~15시간을 투자하여 4~6개월이 소요된다. 이 글을 쓰고 있는 현재 500명이 넘는 셸 직원이 나노 과정을 마쳤거나 등록한 상태이며, 1,000명의 직원이 데이터 리터러시와 디지털 리터러시 과정을 이수했다.

에어버스 역시 유다시티와 파트너십을 맺고 1,000명이 넘는 직원에게 데이터과학과 분석을 가르쳤다. 에어버스는 직원과 관리자 모두에게 일주일에 반나절은 교육에 투자하라고 요구한다. 관리자는 직원들이 작업하게 될 데이터과학 분야의 파일럿 프로젝트를 파악하고, 이후 직원들의 진행 상황을 모니터링한다. 에어버스는 이 훈련 프로그램에 여러 장점이 있다고 믿는다. 이 프로그램은 AI와 더불어 일할 수 있는 직원의 수를 늘렸을 뿐 아니라 중앙 데이터과학 그룹이 함께 일할 수 있을 정도로 데이터과학과 AI에 관심이 많은 커뮤니티도 조성했다. 이 훈련 프로그램은 또 회사 전체에 모범적인 AI 활용 사례를 배포하는 수단이며, 관리자와 그들의 사업이 AI와 친숙해지게 하는 방법이기도 하다.

일부 조직은 미래 일자리의 성격과 그에 필요한 기술을 예측해보려고 노력한다. 물론 정확한 예측은 어렵거나 아예 불가능하다. 예측을 할 수 있다고 해도 일자리마다 상당한 차이가 있을 것이다. 그렇지만 이런 기업들은 조직 내 모든 업무, AI에 가장 많은 영향을 받을 가능성이 큰 업무, 미래 전략과 밀접하게 연결된 업무들의 미래를 예측하고 있다.

예를 들어 AI 도입에 적극적인 미국의 한 대형 은행은 AI 관련 업무 변화에 대비하는 재교육에 3억 5,000만 달러를 투자한다고 발표했다. 이 은행은 업무 변화에 효과적으로 대응하기 위해 미래를 예측하고, 구체적이고 세분화된 접근을 하고 있다.[10] 특히 MIT를 비롯한 유수 기관의 연구원들과 공동 연구하여 '머신러닝 적합성Suitalbility for Machine Learning, SML' 평가를 기반으로, 어떤 기술과 일자리가 AI로 대체될 가능성이 가장 큰지 파악하고 있다.[11] SML 분석은 은행이 해당 업무의 변화를 계획하고, 노동자가 변경된 업무에서 성공하거나 새로운 일로 전환하고자 할 때 필요한 기술을 습득하도록 지원하는데 도움이 될 것이다.

일부 기업은 전략이나 제품을 기반으로 특정 업무를 예측한다. 유럽에서는 마이크로 전자 회사 컨소시엄인 유로 팩트 포 스킬즈Euro

Pact for Skills가 현재와 미래의 전자 부품 및 시스템 분야 직원들을 위해 20억 유로를 투자하여 교육하고 있다. 제너럴모터스General Motors는 직원들에게 전기 자동차와 자율주행 자동차 제조 기술을 가르치고 있다. 버라이즌Verizon은 5G 무선 기술을 확장하기 위해 데이터과학자와 마케터를 고용하여 교육하고 있다. 그리고 독일 소프트웨어 기업 SAP는 클라우드 컴퓨팅, AI 개발, 블록체인, 사물인터넷 분야에서 직원 역량을 제고하고 있다.

직원 재교육을 위해 산업별 추세와 방향을 예측하는 것은 일반적인 비즈니스에 비해 쉽지만, 이 예측 역시 틀릴 수 있다. 유니레버는 현재와 미래를 위해 AI에 의존하고 있는 기업으로, 임직원들에게 미래 업무를 대비시키면서 조금은 다른 접근 방식을 취하고 있다. 유니레버는 어떤 업무가 변화할지 예측하려고 노력하기보다는 직원들이 자신의 경력 경로career path를 더 많이 가질 수 있도록 돕는다. 직원들이 부과된 변화에 반응하기를 기다리는 대신, 업무와 경력에서 원하는 변화를 직접 만들어갈 수 있도록 권한을 부여한다. 유니레버는 대안적인 경력 개발을 설명하여 이 과정을 촉진한다. 회사는 직원들이 목표 일자리를 선택하고 그것을 얻는 데 필요한 기술을 이해하도록 지원한다. 그런 다음 그 기술을 습득할 수 있도록 회사 내외부의 다양한 교육 옵션을 제공한다.

마찬가지로 일찍이 제조 앱에 AI를 도입한 GE디지털GE Digital의 인기 있는 인적자원 도구 중 하나는 직원들에게 현재 하는 업무에서 자연스럽게 이어질 수 있는 다음 업무를 보여주는 것이다.[12] 직원들은 사적으로 이 도구를 통해 자신이 밟을 수 있는 경로, 습득해야 하는 기술, 심지어 공개된 자리까지 확인할 수 있다. 이를 통해 직원들은 자신에게 더 많은 기회가 주어져 있으며, 회사 안에서 자기 자리에 대한 통제력은 자기 자신에게 있다고 더 많이 생각하게 된다.

AI 및 관련 문제에 대한 모든 유형의 교육이 나름대로 효과가 있겠지만 참여자, 특히 관리자들의 흥미를 끌 때 가장 큰 효과를 발휘한다. 몇몇 기업은 고위 관리자들을 위해 AI 관련 프로젝트를 적극적으로 조사하고 개발 프로그램을 만들기도 했다. 예를 들어 DBS는 해커톤을 만들었는데, 이 이벤트의 목표는 어떤 프로그램을 작성하는 것보다는 AI 지향 제품이나 서비스를 구성하는 모든 요소에 대해 더 많이 생각해보게 하는 것이다. TD은행TD Bank의 자산관리 부서 역시 이와 유사한 웰스ACTWealthACT(기술을 통한 변화 가속화Accelerate Change through Technology)라는 프로그램을 만들었다. 이 프로그램에는 실리콘밸리·보스턴·몬트리올 같은 테크놀로지 센터를 방문하는 것과 고객 인터뷰, 신제품 개발 등이 포함되어 있다.[13]

AI 추진 기업은 AI가 단순한 기술에 그치지 않는다는 메시지를 확실하게 받아들이고 있다. 이 기업들은 리더들의 적극적인 주도하에 데이터 기반 문화를 구축하며, AI 여정에 적극적으로 참여할 수 있도록 직원들을 교육하고 있다. 이들 대부분은 AI 기술 자체는 쉽다고 본다. 사람과 조직을 동원하여 AI를 탐색하고 구축하고 활용하게 하는 것이 문제라는 얘기다. 하지만 AI를 적극적으로 도입하는 기업들은 대체로 이 문제를 성공적으로 해결함으로써 AI를 경쟁 우위를 가져다주는 무기이자 비즈니스 혁신 도구로 진지하게 받아들이려는 다른 조직에 모범 사례가 되어준다.

3장

비즈니스 전략

: AI를 비즈니스에 어떻게 통합할 것인가

ALL IN
ON AI

당신의 조직에 AI 전략 비전이 없다면, 앞으로 다가올 기술 혁신의 물결에 대비가 되어 있지 않다는 의미다. (…) 당신은 앞으로 닥칠 기술 변화의 파도에서 당신의 기업이 어떤 역할을 할지, 그리고 업계 선두 기업이 되기 위해 AI를 사업에 어떻게 통합할지 결정해야 한다.

— 엔비디아Nvidia의 AI 시스템 메가트론Megatron이 쓴 글

사람들은 흔히 AI를 데이터과학자와 기술 전문가의 전유물이라고 생각한다. 그리고 이들이 AI 모델을 훈련시키고 배포하는 데 필요하다고 생각한다. 하지만 AI를 통한 혁신을 꾀하는 조직이라면 또 다른 집단의 참여와 또 다른 유형의 대화가 필요하다. 기업들은 다음과 같은 질문을 더 많이 던져야 한다.

"AI가 어떻게 우리 사업을 개선할 수 있을까?"

"우리의 성장에 도움이 되는 새로운 제품을 만들기 위해 AI로 무엇을 할 수 있을까?"

"AI로 어떻게 수익을 창출할 수 있을까?"

AI 추진 기업에서 제기되는 이런 질문은 고위 관리자, 전략 부서, 심지어 전략 컨설턴트들 사이에서도 오가야 하는 전략적 대화다.

물론 이런 대화가 쉽진 않을 것이다. 전략적 대화를 위해서는 사업 상황과 전략적 가능성에 관한 지식과 더불어 AI가 이런 상황이나 가능성을 어떻게 해결하거나 혁신할 수 있는가에 대한 지식도 필요하기 때문이다. 사실 바로 이런 이유로 '대화'라는 표현이 적절하다. 한 개인이 모든 아이디어를 보유할 수는 없으므로, 토론과 검토를 통해 여러 사람의 아이디어가 한데 모이고 담금질되어야 한다.

조직이 AI를 통해 달성하려는 세 가지 주요 전략적 모델이 있다. 모든 AI 전략은 이 전략이 성취하고자 하는 모델이라는 맥락에서 고려해야 한다. 이 전략적 모델은 다음과 같다.

- **새로운 것의 창출**: 새로운 사업 및 시장, 새로운 제품 및 서비스, 새로운 비즈니스 모델 및 생태계 창출하기
- **운영 혁신**: 기존 전략을 획기적으로 더 효율적이고 효과적으로 만들기
- **고객 행동 유도**: AI를 활용하여 고객의 사교 활동, 건강 유지, 재무 관리, 차량 운전 등 중요한 행동에 영향 미치기

이 장에서는 AI가 비즈니스 전략에 어떤 영향을 미치는지 여러 측면에서 다루고, 이를 실제로 적용하고 있는 기업들을 구체적으로 살펴보려 한다. 앞으로 다루게 될 AI 중심 기업은 다음과 같다.

- 새로운 사업 및 시장: 로블로
- 새로운 제품 및 서비스: 토요타, 모건스탠리
- 새로운 비즈니스 모델 및 생태계: 핑안, 에어버스, 셸, 솜포, 앤섬
- 운영 혁신: 크로거
- 고객 행동 유도: FICO, 매뉴라이프, 프로그레시브, 웰 등

이 중 몇몇 기업은 AI를 활용하여 한 번에 한 가지 이상의 전략적 모델을 추구한다. 하지만 우리는 그들이 성취하고자 하는 주요 모델에 초점을 맞출 것이다.

전략 모델 1: 새로운 것의 창출

AI 올인 기업에서 AI는 새로운 사업 방식을 창출하는 여러 방법을 제공한다. 여기에는 새로운 사업 및 시장, 새로운 제품 및 서비스, 그리고 (아마도 AI가 제시하는 가장 흥미로운 기회라고 할 수 있는) 새로운 비즈니스 모델 및 생태계가 포함된다. 새로운 것을 창출하는 각 접근

방식을 설명하고, 이 접근 방식을 채택한 기업들의 상세하고 다양한 사례를 보여주고자 한다.

새로운 사업 및 시장

AI 올인 기업들은 AI를 기존 사업을 지원하는 데만이 아니라 새로운 사업을 창출하거나 새로운 시장에 진출하는 데도 활용한다. 이들은 AI를 활용하여 기존 강점을 바탕으로 새로운 유형의 제품과 서비스를 제공하거나, 기존 제품을 더 효율적이고 효과적인 방식으로 제공한다. 이는 물론 좋은 아이디어지만, 해마다 실시하는 〈기업의 AI 현황〉 설문조사 결과 대부분 기업이 AI를 기존 비즈니스 프로세스를 개선하는 데 그치는 것으로 나타났다. 2021년 조사 결과에 따르면 성과가 저조한 조직(초보 기업과 저성과 기업)일수록 효율성이나 비용 절감 목표에 더 집중하는 경향을 보이고, 성과가 우수한 조직(혁신 기업과 개척자 기업)은 고객 만족도 향상, 새로운 제품 및 서비스 창출, 새로운 시장 진출과 같은 성장 지향적 목표를 더욱 강조한다.

최근 〈MIT 슬론 매니지먼트 리뷰〉는 AI에 대한 혁신적인 전략적 사고가 얼마나 중요한지 근거를 제시했다. 이에 따르면, AI를 주로 새로운 형태의 기업 가치를 탐색하고 창출하는 데 이용하는 기업은 AI를 주로 기존 프로세스 개선에 이용하는 기업에 비해 AI 활용 경쟁력이 2.7배 더 높았다.[1]

로블로는 의료 산업 분야에서 AI를 활용해 성장을 촉진하고 있다. 캐나다 최대 식료품 체인점이며, 소비자 대상 식품 매장으로 잘 알려진 로블로는 최근 의료 분야에 적극적으로 진출했다. 2013년에는 캐나다 최대 약국 체인점 쇼퍼스드럭마트를 인수했으며, 2017년에는 전자 의료 기록 제공 업체 QHR도 인수했다. 2020년에는 원격 의료 제공 업체 메이플Maple에 소수지분 투자를 했다. 현재 로블로는 2,000개가 넘는 의료 서비스 제공 시설과 150개가 넘는 진료소를 보유하고 있다.

이 기업의 리더들은 '의료의 미래는 디지털이다'라는 말을 입에 달고 살며, 이런 디지털 지향 전략은 PC 헬스 앱(PC는 President's Choice의 줄임말로 로블로의 수익성 높은 고급 유통 상품 브랜드)에 대한 집중적인 관심으로 나타난다. PC 헬스는 거의 국유화된 캐나다의 기존 의료 서비스를 대체하려는 게 아니다. 오히려 캐나다 사람들이 의료 시스템을 효과적으로 이용할 수 있도록 돕고, 의료 서비스에 대한 '올바른 입구'의 역할을 하고자 한다. 로블로는 또 캐나다 최대 로열티 프로그램을 제공하므로, PC 헬스 이용자는 건강 지향 활동을 통해 이 로열티 포인트를 획득할 수 있다. 로블로는 앞으로 웨어러블 및 가정 의료 장비에서 추출한 데이터와 PC 헬스를 결합해서 건강한 행동을 로열티 포인트로 보상하려는 계획을 세우고 있다.

PC 헬스의 AI 상당 부분은 캐나다 스타트업 리그League가 파트너십을 통해 제공한다. 리그는 특정한 건강 목표를 설정하고 그에 맞는 맞춤형 건강 권장 사항과 프로그램을 제공하며, 고용주 및 보험 회사와도 협력한다. AI를 활용한 맞춤형 권장 사항을 제공하는 데 더해 리그와 로블로는 약사, 간호사, 의사를 동원하여 인간의 전문적인 의료 상담도 제공한다.

로블로는 탄탄한 의료 분야 데이터 자산을 보유하고 있다. 전자 의료 기록, 약국 처방 데이터, 심지어 광범위한 의료 영상 데이터까지 축적했다. 게다가 고객들이 식품 매장에서 구매하는 음식 정보까지도 확보하고 있다. 지금까지의 긍정적 경험을 고려해볼 때, 앞으로도 로블로는 AI를 기반으로 새로운 의료 서비스를 지속적으로 제공할 것으로 보인다.

새로운 제품 및 서비스

AI의 또 다른 전략적 활용 방안으로는 새로운 제품 및 서비스 창출이나 기존 제품의 획기적 개선을 들 수 있다. 이는 AI를 많은 제품에 활용하고 있는 실리콘밸리 기업들 사이에서는 이미 익숙한 추세다. 예를 들어 구글에서는 검색, 이메일, 지도, 홈, 번역 등 다양한 제품에 AI가 내장되어 있다. 디지털 조직이 자기 제품에 AI를 더하는 것은 너무도 자연스러운 일이다. 문제는 레거시 기업들이 어떻게 유의미한 방식으로 자기 제품과 서비스에 AI를 추가하느냐다.

새로운 제품에서의 AI: 자율주행차

AI를 물리적 제품에 추가하는 예 중에서 가장 눈에 띄는 것이 자율주행 차량이다. 안타깝지만 완전 자율주행 운전이라는 개념에는 아직 몇 가지 문제가 있다. 사실 자동차 산업은 완전 자율주행 자동차라는 주제에서 조용히 한 걸음 물러서고 있다. 자율주행은 차량 공유와 밀접하게 연결되어 있는데, 2020년대 초반 팬데믹 시대에 접어들면서 차량 공유에 대한 고객들의 관심이 크게 줄었다.[2] 몇몇 자율주행 차량 제조 업체는 로보택시와 개인 차량에서 자율주행 기능을 활용할 수 있다고 주장했지만, 이 분야의 활용은 여러 번 중단되거나 지연됐다. 자율주행 트럭 스타트업 스타스키로보틱스Starsky Robotics는 아예 사업을 종료하기도 했다. 〈자동차와 운전자Car and Driver〉는 최근 기사에서 '자율주행차는 개발하는 데 생각보다 훨씬 더 오랜 시간이 걸리고 있다'라고 언급했다.[3]

업계에서는 자율주행차 개발이 이제 80% 완료됐지만, 나머지 20%를 완료하는 데 지금까지 80% 완료에 필요했던 만큼의 (약 40년이라는) 시간이 필요할 것으로 본다. 자율주행차는 일부 엄격하게 제한된 환경에서는 제법 활발하게 운영되고 있다. 예를 들어 피닉스같이 따뜻하고 건조한 도시의 보행자가 없는 지오펜스geofence(전자 시스템을 사용하여 특정 지역이나 장소에 대한 가상의 울타리나 영역을 설정하는 것 - 옮긴이) 구역에서는 구글 웨이모 로보택시가 정해진 일련의 도로를 바쁘게 오간다. 하지만 이런 제한된 환경에서만 운행되는 자율주행차로는 업계 발전에 한계가 있다.

토요타의 스마트 차량 전략은 흥미롭다. 토요타는 자율주행차 개발 업체, 심지어 일반적인 AI 기반 기업 목록에서 먼저 떠오르는 이름은 아니다. 그러나 토요타는 수년간 토요타연구소Toyota Research Institute, TRI를 통해 인간의 운전을 더욱 스마트하고 안전하게 하는 AI 중심 프로젝트 가디언Guardian을 추진해왔다. TRI의 CEO 길 프랫Gill

Pratt은 몇 년간 계속해서 안전을 강조해왔다. 2017년 MIT 자율주행차 콘퍼런스에서 프랫이 연설한 이후, 토머스는 이렇게 썼다.

> 프랫은 자동차 사고로 인한 사망이 미국 성인 전체 사망 건수로 보면 1% 미만에 불과하지만, 10대 사망에서는 무려 35%를 차지한다고 지적했다. 이에 토요타는 (아마도 운전 실력이 형편없는 운전자들을 포함해) 10대의 치명적인 운전 실수를 방지하기 위한 '보호자' 모드를 갖춘 차량을 개발하고 있다. 토요타는 또 지속적인 도움이 필요한 노인 운전자를 위해 '쇼퍼Chauffeur (운전기사 서비스)' 모드 역시 개발하고 있는데, 이는 빠르게 고령화되고 있는 일본에서 특히 중요한 기능이다.[4]

프랫과 TRI는 지금도 여전히 가디언과 쇼퍼 프로젝트를 진행 중이다. 구체적인 진척 상황을 파악하기는 어렵지만, 연구소 채용 정보에는 다음과 같은 업무 내용이 포함되어 있다.

> AI, 자율주행, 로봇공학, 재료과학의 발전을 통해 인간 삶의 질 향상 추구를 사명으로 하는 TRI에서 직원을 채용합니다. 저희는 '모두를 위한 모빌리티' 세상을 구축하여 나이나 장애 여부와 관계없이 모든 사람이 기술과 조화롭게 살면서, 더 나은 삶을 누릴 수 있도록 노력하고 있습니다. 저희는 AI 혁신을 통해 다음과 같은 목표를 달성할 것입니다.

> • 운전자의 행동과 상관없이 사고를 일으킬 수 없는 차량 개발

- 사람들이 새로운 수준의 독립성, 접근성, 모빌리티를 누릴 수 있게 하는 차량과 로봇 기술 개발
- 최첨단 모빌리티 기술의 신속한 시장 출시
- 배터리와 수소 연료 전지를 더 작고 가볍고 저렴하며 더 강력하게 만들 신소재 발견 (주목하라. TRI의 이 연구에서도 AI를 광범위하게 활용하고 있다.)
- 인간 중심 AI 시스템을 개발하여 인간 의사 결정을 (대체가 아니라) 보완하여, 의사 결정의 질을 높이고 (예컨대 인지적 편향 완화) 그리고/또는 더 빠른 혁신 사이클 촉진[5]

2019년 세계 가전 전시회Consumer Electronics Show, CES에서 토요타는 가디언 시스템에 관한 몇 가지 구체적인 정보를 공개했다. 보도 자료에 따르면 '블렌디드 엔벌로프 제어Blended Envelope Control' 접근 방식을 사용해 안전 향상을 도모한다고 한다.[6] 세부적인 내용은 아직 알 수 없지만, 운전자가 자동차 컴퓨터에 어떤 사항을 입력하더라도 컴퓨터가 위험하다고 판단하면 그 내용을 무시할 수 있는 드라이브 바이 와이어drive-by-wire, 즉 디지털 제어 상황으로 보인다. 토요타는 이 접근 방식이 현대 전투기 작동 방식과 유사하다고 밝혔다.

운전자가 자기 의도를 거부하는 자동차에 어떻게 반응할지 예측하기란 아직 섣부른 일이다. 일부 운전자는 자신의 의도를 거부하는 지능과 제어 따위 원치 않을 수도 있다. 하지만 대부분 운전자는 가까운 거리에서 물체를 감지하면 저절로 작동하는 자동 브레이크

시스템이나, 차선을 변경할 때마다 경고해주는 진동 스티어링 휠에 대해서는 그다지 부정적인 반응을 보이지 않는 것 같다. 그렇다면 사람들은 적극적인 가디언 시스템을 이런 운전자 보강 기능의 확장으로 받아들일 수도 있다.

물론 이 모든 것은 그저 전략에 불과하다. 실제로 어떻게 구현되느냐가 궁극적으로 가디언 접근 방식의 성공 여부에 큰 영향을 미칠 것이다. 그리고 만일을 위해 토요타와 TRI는 쇼퍼 시스템까지 개발하고 있다. 최근에는 주로 가디언에 초점을 맞추고 있지만, 완전 자율 차량 접근 방식인 쇼퍼도 등한시하진 않는다. 프랫에 따르면 안전 기능은 '2020년대'에는 출시되는데, 이 기능은 곧 완전 자율주행이 구현될 것이라는 예측보다 훨씬 더 현실적으로 보인다. 토요타는 또한 2022년 모델 일부에 도입되는 팀메이트Teammate라는 첨단 운전자 보조 시스템 브랜드도 보유하고 있다. 이 시스템은 반자율 크루즈 컨트롤과 주차 기능을 제공한다.

왜 이런 전략이 토요타에 도움이 되는지 몇 가지 이유를 들 수 있다. 토요타는 (토요타 프로덕션 시스템을 사용해) 매년 꾸준히 발전하는, 신뢰도 높은 차량 생산으로 유명하다. 토요타의 차량 지능vehicle intelligence에 대한 접근 방식은 회사 문화와 잘 어울린다. 또 안전 중심적인 기업 문화는 완전 자율주행보다 훨씬 빨리 경제적 이익을 가져올 가능성이 크다. 자동차 제조 업체와 벤처캐피털 기업들은 완전 자율주행 프로젝트에 160억 달러 이상을 투자하고 있지만, 이 모든 투자에 대해 단기적으로 수익을 거두는 건 불가능해 보인다. 하지만 안전을 중시하는 부모나 연로한 운전자라면 가디언 기능 때문에라도 토요타를 구매할 수도 있다. AI 기반 자동 주행이나 개선된 운전자 안전 기능 추가는 모두 장기적인 전략이 틀림없다. 그러나 차량에 AI 를 통합하려는 가디언 접근 방식이 완전 자율주행보다는 훨씬 더 유력한 단기 투자로 보인다.

에어버스 역시 수년 동안 항공기의 활주와 이착륙 등 과거 오토파일럿 조종 시스템automatic pilot systems of aircraft에 포함되지 않았던 활동을 포함하여 비행기와 헬리콥터의 시각적 항법 기능을 개발해왔다. 에어버스는 다양한 유형의 자율 항공 여행을 구현했지만, 이런 AI 도구로 인간 조종사를 대체할 의도는 없다. 오히려 조종사 지원과 안전 제고에 중점을 두고 있다.

새로운 서비스 분야의 AI: 금융자산관리

AI는 서비스를 차별화하고 가치를 더하는 데도 사용할 수 있다. 이는 대체로 기존 서비스와 유사한 서비스를 더욱 다양하면서도 지능적인 방식으로 제공한다는 의미다. 앞서도 언급했듯이, 10년도 더 전에 당시 모건스탠리 최고운영책임자였던 짐 로즌솔은 넷플릭스와 같은 추천 엔진을 사용하여 차별화된 자산관리 서비스를 제공하자는 아이디어를 제시했다. 모건스탠리는 (관리하는 자산 규모를 기준으로 UBS와 크레디트 스위스Credit Suisse에 이어) 세계 3위 자산관리 기업이며, 전통적으로 인간 금융 컨설턴트를 활용해 고객에게 자문을 제공하는 데 중점을 두어왔다.[7]

로즌솔이 추천 엔진이라는 아이디어를 내놓은 이후, 모건스탠리는 NBA 시스템을 개발해왔다. 고객에게 제시할 재무적 통찰을 금융 컨설턴트에게 제공하는 시스템이다. 회사는 다양한 AI 기술을 시도한 다음 머신러닝을 결정해 특정 클라이언트에게 맞는 투자, 주요 투자 및 운영 결정, 관련성relavance을 파악했다. 2017년 시스템이 처음 도입됐을 때, 이 시스템의 유일한 관심사는 개인 맞춤형 투자 상품 개발이었다. 지금도 금융 컨설턴트는 NBA 시스템을 이용하여 고객 맞춤형 투자 아이디어를 파악하고 있다. 다만, 이전에는 대략 45분이 걸렸던 작업을 불과 몇 초 만에 끝낼 수 있다는 점이 다르다. 이제 평균적인 금융 컨설턴트 한 명이 200명 정도의 고객을 상대해야 하는 상황이므로 수작업 방식은 불가능하다.

NBA 시스템으로는 하루에 한 명의 고객당 20개 정도의 아이디어를 추천하여 전송할 수 있지만, 실제 전송할지 말지는 금융 컨설턴트가 결정한다. 예를 들어 특정 채권을 보유한 고객에게 해당 채권 등급이 하락했음을 알리고 대안을 추천할 수 있다. 또 고객 계좌에 자금이 추가됐을 때 컨설턴트가 확인했음을 알리고, 그 금액에 대한 투자 아이디어를 논의하기 위해 금융 컨설턴트에게 연락하라는 내용을 전송할 수도 있다. 뮤추얼 펀드나 ETF 운용자가 변경되면 시스템은 해당 펀드의 유지 여부를 논의하기 위해 고객에게 연락하라고 제안할 수 있다. 연말이 가까워지면 고객에게 절세 계획을 제안할 수도 있다. 이처럼 NBA 시스템은 고객의 포트폴리오를 더욱 능동적으로 관리되는 포트폴리오로 전환하는 데 사용된다.

모건스탠리의 NBA 시스템은 또 블랙록BlackRock과 그들의 알라 딘웰스Aladdin Wealth 리스크 관리 플랫폼과의 파트너십을 기반으로 포트폴리오 내 리스크 수준과 문제에 대해 조언한다. 이 시스템은 고객 포트폴리오를 지속적으로 검토하여 다양한 유형의 리스크를 파악한다. 알라딘이 높은 수준의 리스크를 발견하면, 고객에게 이를 알리고 금융 컨설턴트와 논의하도록 권장한다.

2017년 이래 모건스탠리는 NBA 시스템의 고객 참여와 커뮤니케이션 측면에도 초점을 맞춰왔다. 자금관리 사업부의 경영팀은 금융 컨설턴트의 첫 번째 성공 비결이 고객과의 빈번한 소통이라는 결론을 내렸다. 고객 커뮤니케이션 플랫폼을 포함하는 NBA 시스템은 이런 소통 프로세스에도 도움이 된다. 회사 최고분석책임자 제프 맥밀런은 한 인터뷰에서 "우리는 고객이 관심 있어 하는 주제를 파악하는 매우 정교한 머신러닝 알고리즘을 보유하고 있습니다. 하지만 결국 금융 자문은 사람을 기반으로 하는 게임입니다. 시스템이 하는 일이란 고객에게 컨설턴트가 곁에 있으며 고객을 위해 노력하고 있다는 것을 상기시키는 것뿐이죠. 하지만 대체로 그 정도면 충분합니다"라고 말했다.

시스템을 이용할지 말지는 개인적인 선택 사항이다. 따라서 모든 금융 컨설턴트가 시스템을 이용하지는 않기에 자산관리 규모 또는 기타 재무 지표가 NBA 시스템이나 커뮤니케이션 플랫폼에 연결되어 있진 않다. 그러나 맥밀런은 시스템을 활용하는 컨설턴트가 (관련 투자 아이디어를 훨씬 더 빨리 얻을 수 있으므로) 훨씬 더 효율적이며,

이들에게서 고객 참여가 더 활발하다고 말했다. 이 시스템은 코로나 19 팬데믹 기간에 특히 유용했다. 금융 컨설턴트들은 록다운이 시작되고 처음 두 달 동안 고객에게 1,100만 건이 넘는 메시지를 보냈다. 컨설턴트가 직접 대면할 길은 막혔지만 온라인으로 고객과 소통할 수 있었다.

다른 고급 자산관리 기업들은 AI가 예술품이나 상품, 사모펀드 같은 대체 투자를 포함하는 고객 포트폴리오는 관리할 수 없다고 말하기도 한다. 그러나 맥밀런은 그럴싸한 핑계에 불과하다고 일축했다.

이런 도구는 대중 부유층mass affluent 영역에만 적합하고 초고액 자산가에게는 적합하지 않다는 인식이 있습니다. 엄청나게 부유한 고객 집단의 수가 너무 적다 보니 이런 인식을 가진 사람들은 시스템을 활용해 충분히 신뢰할 만한 추천을 할 수 없다고 주장합니다. 하지만 개별화된 고객 행동과 특성을 기반으로 특정 기회를 창출할 수 있습니다. 머신러닝을 위한 데이터가 충분하지 않다면, 비즈니스 규칙business rules이나 테스트 및 통제test-and-control(제품, 서비스, 프로세스 등의 품질을 보장하기 위해 테스트와 통제를 함께 사용하는 방법 - 옮긴이) 접근 방식을 사용하여 어떤 것이 올바른 반응을 생성하는지 확인할 수 있습니다.

맥밀런은 이를 시스템이라기보다는 경쟁 업체들이 모방하기 어려운 사업 운영 방식이라고 언급했다. 그는 시스템과 프로세스 관리에서 부서 간 협력 방식을 도입한 것과 더불어 장기적인 전망으로 오랜 시간 그런 아이디어를 고수해온 임원들을 칭찬했다. 그리고 지금은 은퇴한 로즌솔은 물론 전 자산관리 부문 책임자이자 현재 모건스탠리 공동 사장인 앤디 세이퍼스타인에게도 공을 돌렸다. 우리는 맥밀런 역시 NBA 시스템을 구현하는 데 적지 않은 노력을 했으므로 거기에 걸맞은 찬사를 받아야 한다고 생각한다.

새로운 비즈니스 모델 및 생태계

AI를 활용한 새로운 전략과 비즈니스 모델이 등장한 지 20년 정도가 지났지만, 이런 전략과 모델의 혜택을 누리는 곳은 대부분 디지털 네이티브 기업이다. 물론 AI는 이런 기업들에 훌륭한 결과를 안겨줬다. 디지털 네이티브 기업들의 (구매자와 판매자 간의 관계를 관리하는) 다면 플랫폼은 빠르게 성장하고 있으며, 수익성도 대단히 높다. 컨설턴트 배리 리버트Barry Libert의 비즈니스 모델 유형 연구에 따르면, 다면 플랫폼은 모든 비즈니스 모델 중에서 가장 높은 가치 평가를 받고 있으며 일부 기존 비즈니스 모델 연간 매출 배수revenue multiple의 4배 이상이다.[8]

AI는 플랫폼 비즈니스 모델이 작동하는 데 중요한 역할을 한다. 데이터는 플랫폼의 모든 참여자로부터 수집되고, 머신러닝은 고객이 원하는 제품이나 서비스와 연결되는 데 도움을 준다. AI는 고객 맞춤 서비스를 제공할 수 있다. 그리고 플랫폼을 이용하는 수백만 명의 고객은 지능형 에이전트intelligent agent(스스로 생각하고 행동하며 주변 환경과 상호작용하는 지능형 시스템 – 옮긴이)나 챗봇 같은 대단히 효율적인 고객서비스를 필요로 한다. 그러므로 페이스북, 에어비앤비Airbnb, 아마존, 구글, 우버Uber, 알리바바, 텐센트 등 주요 플랫폼 기업들이 AI를 사업에 적용하는 데 세계에서 가장 뛰어나다는 사실도 전혀 놀랍지 않다.

그러나 전통 산업의 AI 추진 기업들도 AI로 뒷받침되는 플랫폼 기반 비즈니스 모델을 개발하기 시작했다. 그들은 성장하고, 데이터를 수집하고, 새로운 고객을 유치하고 서비스를 제공하기 위해 새로운 사업을 추가하고 새로운 비즈니스 생태계를 구축하고 있다.[9] 그들에게 AI는 고객 마찰을 줄이는 주요 수단이 된다. 2021년 설문조사에 따르면, AI 선두 기업들은 생태계 접근 방식을 취하고 있다. 이 조사에 따르면 다양한 생태계를 보유한 조직일수록 경쟁사와 차별화되는 방식으로 AI를 사용할 가능성이 1.4배 더 컸다. 게다가 이 조사에서 가장 높은 성과를 기록한 두 AI 사용자 그룹인 혁신가와 개척자는 둘 이상의 생태계 관계를 보유할 가능성이 훨씬 더 컸다(상위 2개 그룹은 83%, 하위 2개 그룹은 70%와 59%). 다양한 생태계를 보유한 조직은 또한 AI에 대해 혁신적인 비전을 갖고, 기업 전체에 걸친 AI 전략을 보유하며, AI를 이용해 전략적 차별화를 이룰 가능성이 훨씬 더 컸다. 이 설문조사는 개발이 완성된 플랫폼만을 대상으로 하지 않았지만, 생태계 창출은 완성된 플랫폼을 향한 첫 번째 단계다.

AI 기반 생태계에서 주목할 만한 사례를 하나만 꼽으라면 단연 중국의 핑안이다. 핑안은 1988년 보험 회사로 시작했지만, 현재는 통합 금융 서비스 플랫폼에서 상품과 서비스를 제공하는 첨단 소비 금융 서비스 기업이다. 핑안의 사업에는 금융 서비스, 의료 서비스, 자동차 서비스, 스마트 시티 서비스 등이 포함되어 있다.

예를 들어 의료 분야에서 핑안의 의료 생태계는 정부, 환자, 의료 서비스 제공자, 건강보험 회사, 기술을 연결한다. 의료 서비스에서 핑안은 AI 관련 서비스를 통해 의사가 2,000가지가 넘는 질병을 진단하고 치료할 수 있도록 지원한다. 2021년 9월 현재 이 생태계는 4억 명에 달하는 사용자에게 의료 서비스를 제공했으며, 2,000명의 사내 의료팀과 4만 6,500명 이상의 외부 의사를 활용해 12억 건에 달하는 누적 상담을 제공했다. 핑안은 18만 9,000개의 약국, 4,000개의 병원, 8만 3,000개의 의료 기관과 파트너십을 맺고 있다. 이런 수치를 통해 우리는 중국 인구의 엄청난 규모를 다시금 체감하는 동시에 디지털 플랫폼 사업 모델을 이용하면 얼마나 빠른 확장이 가능한지도 알 수 있다.

핑안 의료 생태계의 주요 가치는 사업 성장과 효과적인 의료 서비스를 제공하는 것이지만, AI 모델을 가르치는 데 필요한 지식을 축적하는 것도 빼놓을 수 없다. 적절한 허가와 인증을 활용해 핑안 의료 생태계는 돈을 지불하는 사람으로부터 청구·지급 데이터, 의료 서비스 제공자로부터는 치료 데이터, 약국으로부터 처방 데이터, 환자로부터 증상 데이터, 그 밖의 다른 생태계 구성원으로부터는 또 다른 유형의 데이터를 축적할 수 있다. 2020년 현재 핑안은 3만 개 이상의 질병 데이터와 10억 건 이상의 의료 상담 기록 데이터를 보유하고 있다. 전체적으로 볼 때 핑안의 비즈니스 모델은 핑안 수석 과학자 징샤오의 말마따나 '데이터의 깊은 바다'를 기반으로 만들어진다.

핑안은 또 스마트 시티 생태계의 일부인 핑안 스마트 의료 부서를 통해 방사선 이미지 분석 서비스를 제공한다. 핑안의 이미지 판독 시스템 덕에 의사와 의료 컨설턴트의 진단 시간이 15분에서 15초로 단축됐다. 또 이 시스템을 통해 핑안은 더 많은 레이블이 달린 이미지를 수집하여 이미지 분석 머신러닝 모델을 개선하는 데 이용하고 있다.

다른 생태계에서도 이와 유사한 시너지 효과와 성장을 볼 수 있다. 그리고 의료와 스마트 시티 관계는 '생태계의 생태계'를 개발하려는 핑안 전략에서 하나의 사례에 불과하다. 예를 들어 핑안은 2020년 3,700만 신규 고객 중 36%를 자사 생태계를 통해 획득했다. 2021년 6월 기준으로는 2억 2,300만 명 이상의 핑안 개인 고객 중 62%에 가까운 사람들이 의료 생태계 서비스를 이용했다. 평균적으로 이런 고객은 다른 고객보다 더 많은 계좌와 자산을 보유하고 있다. 핑안은 라이프 스타일 금융 서비스와 의료 서비스 생태계 간의 연결을 더욱 공고히 하는 방안을 추구하고 있다.

새롭게 등장하는 생태계: 에어버스, 셸, 솜포

평안보다는 초기 단계의 생태계와 플랫폼을 추구하는 AI 추진 기업도 몇몇 확인할 수 있었다. 이 기업들은 아직 사업이나 수익 모델을 모색하는 단계지만, 데이터 공유와 통합적인 접근 방식을 추구하며 데이터 분석을 위한 AI 활용 사례를 개발하고 있다.

예를 들어 에어버스는 2017년 스카이와이즈를 출시했다. 이 개방형 데이터 플랫폼은 팔란티어테크놀로지스Palantir Technologies와 협력하여 만들었다. 이 플랫폼은 모든 주요 항공 업체가 운영 성과와 사업 결과를 개선하고 자체 디지털 혁신을 지원하기 위해 사용하는 표준 플랫폼을 지향한다. 현재 상업용 항공기는 항공기 주변 4만 개 이상의 운영 매개변수를 측정하여, 하루에 30기가바이트 이상의 데이터를 생산할 수 있다. 2021년까지 스카이와이즈는 140개가 넘는 항공사와 9,500대 이상의 연결 항공기를 보유했다.

스카이와이즈 출시 이후 에어버스의 분석·AI 전문가들은 이용 가능한 모든 데이터를 활용하는 일련의 추가 앱을 개발했다. 스카이와이즈 헬스 모니터링Skywise Health Monitoring, 스카이와이즈 예지 정비Skywise Predictive Maintenance, 스카이와이즈 신뢰성Skywise Reliability 등이 그 예다. 이 앱들의 목적은 항공 기단 효율fleet performance(여러 대의 항공기 집합체의 전반적인 성능 – 감수자)을 개선하고, 궁극적으로는 계획되지 않은 정비를 없애는 것이다.

헬스 모니터링은 항공기의 모든 데이터를 실시간으로 통합하여, 장비 이벤트를 분석하고 우선순위를 지정하여 더 빠른 의사 결정을 할 수 있게 한다. 또한 필요한 부품을 어디에서 찾아야 하는지까지도 지원할 수 있다. 다른 많은 산업에서도 흔히 사용되는 예지 정비는 미리 정해진 간격으로 항공기 부품 서비스를 제공하는 대신, 데이터와 머신러닝을 사용하여 서비스가 언제 필요할지를 예측한다. 신뢰성은 장비에 대한 상세한 분석을 제공하며 항공기 전체에 어떤 기술적인 문제가 있는지를 파악하고, 우선순위를 설정할 수 있다. 에어버스는 또한 항공기의 위치와 관련된 데이터를 수집하고, 이 데이터를 항공사들에 제공하여 그들이 전 세계에 걸쳐 자사뿐 아니라 다른 회사의 항공기 위치도 실시간으로 추적할 수 있게 한다.

에어버스는 방위·우주 부문에서는 원아틀라스 위성 이미지 및 분석 서비스를 통해 훨씬 더 개방적인 생태계를 구축했다. 에어버스 위성이 영상을 촬영하면 사용자는 (에어버스와 파트너가 개발한) 딥러닝 모델을 이용해 물체를 탐지·분류하고, 시간 경과에 따른 변화를 식별할 수 있다. 이 지형 공간 분석은 대단히 정확해서 토지 이용과 변화 감지부터 경제활동 분석과 모니터링에 이르기까지 광범위하게 사용되고 있다. 더 나아가 이런 기능은 국방, 지도 제작, 농업, 임업, 석유·가스 같은 분야에서 각각을 중점으로 하는 서비스를 개발하는 데 기반이 되기도 한다. 이런 서비스 중에는 스탈링Starling(산림 벌채 감시)이나 오션파인더Ocean Finder(해양 감시)와 같이 에어버스가 완전히 독자적으로 제작한 것도 있고, 산업 심층 전문 파트너deep industry expertise partners와 함께 개발한 것도 있다. 예를 들어 프렐리전스Preligens는 전 세계 수백 개에 달하는 민감한 장소들을 자동으로 모니터링하고, 자동 감지 보고서를 생성하는 방위 사이트 모니터링 서비스다. 오비탈인사이트포어스모니터Orbital Insight for Earth Monitor는 인프라와 토지 이용 변화를 거의 실시간으로 감지하고, 자동차·트럭·항공기를 식별하고 집계한다. 포어스인텔리전스4Earth Intelligence는 공기질을 분석하고 육상·해양 서식지의 지도를 작성한다. 시너자이즈Sinergise와 유로데이터큐브Euro Data Cube는 유럽 경제와 사회에 미친 코로나19의 영향을 측정한다. 에어버스의 그룹 차원에서 AI 계획과 전략을 이끌고 있는 로마릭 레돈Romaric Redon은 인터뷰에서 "원아틀라스 우주 영상으로 할 수 있는 일은 에어버스가 단독으로 할 수 있는 일의 차원을 훨씬 넘어설 정도로 다양합니다. 그래서 저희는 올바른 빌딩 블록building block(구조를 구성하는 기본 요소-감수자)을 갖춘 개방적인 생태계를 구축하여 훌륭한 파트너들이 추가적인 앱을 개발할 수 있도록 지원하는 접근 방식을 취하고 있습니다"라고 말했다.

몇 개의 생태계를 조성해온 또 다른 AI 지향 기업으로 솜포를 꼽을 수 있다. 일본에 기반을 둔 대형 보험사이자 노인 돌봄 기업인 솜포 역시 팔란티어와 파트너십을 맺고, AI에 막대한 투자를 하고 있다. 솜포는 데이터와 AI를 이용하여 안전·건강·복지 분야에서 사회 혁신을 이루는 것을 전략적 목표로 한다. 이런 목표를 위해 솜포는 최근 무려 5개에 달하는 생태계를 구축했다.

- 모빌리티(자동차보험은 오랫동안 솜포의 중점 사업이었다.)
- 간호 서비스(솜포는 일본에서 가장 큰 양로원을 보유하고 운영하고 있다.)

- 건강한 노화(일본의 인구 상황을 고려할 때 중요한 문제다.)
- 회복 탄력성 서비스(기업과 정부에 제공하는 서비스다.)
- 농업(솜포 국제 지사는 농작물보험과 기상보험을 제공한다.)

이런 생태계를 총괄하는 솜포 최고디지털책임자 나라사키 고이치栖﨑浩一는 각 영역에서 경쟁사와 파트너를 모두 포함하는 생태계 참여 기업 전체의 데이터 통합을 위해 팔란티어 접근 방식을 사용할 계획이라고 말했다. 솜포는 AI 활용 사례를 개발하여 데이터를 분석하고 가치를 더할 것이다. 이미 2015년부터 AI를 추구해왔으며 모빌리티와 간호 서비스 분야에서 많은 활용 사례를 보유하고 있다. 또 일본 딥러닝 스타트업 아베자Abeja 와 AI 기반 '회복 탄력성 플랫폼'을 보유한 미국 스타트업 원컨선One Concern 같은 스타트업에 대한 투자를 통한 AI 지원을 기대하고 있다. 또 솜포라이트보텍스SOMPO Light Vortex 라는 새로운 디지털 자회사를 설립하여, 다른 기업에 디지털 및 AI 활용 사례를 판매하고 있다.

셸 역시 AI에 기반을 둔 에너지 산업 혁신에 초점을 맞추고 새로운 생태계를 구축하고 있다.[10] '오픈 AI 에너지 이니셔티브Open AI Energy Initiative '라고 불리는 이 프로그램은 AI를 통한 에너지 산업 및 기타 대형 산업 조직의 효율성 제고를 목표로 하며, 특히 신뢰성 솔루션에 중점을 둔다. 현재까지 이 생태계의 기술 파트너는 산업용 AI 활용 사례에 중점을 둔 소프트웨어 및 서비스 공급 업체인 C3.AI, 클라우드 서비스를 통합할 마이크로소프트, 그리고 선구적인 에너지 기술 및 유전 시추 서비스 기업 베이커휴즈Baker Hughes다.

초기 파트너와 이후의 생태계 구성원 모두는 나름의 AI 활용 사례와 역량을 이 이니셔티브에 제공할 것이다. 하지만 일방적으로 제공하기보다는 물물교환을 하는 방식이다. 참여의 핵심은 공정 가치교환fair value exchange을 통한 AI 제공이다. 이니셔티브에서 승인된 모든 활용 사례는 C3.AI 플랫폼에서 실행되며, 궁극적으로는 셸의 디지털 혁신 및 컴퓨테이셔널 과학 책임자 댄 지번스Dan Jeavons가 말하는 것처럼 '프로세스 산업을 위한 앱 스토어'와 유사한 모습이 될 것이다. 지번스는 또 이 생태계가 데이터 공유도 계획하고 있다고 말했다. 그는 "운영자가 수년에 걸쳐 축적한 풍부한 데이터 자산은 몇몇 중요한 디지털 문제를 해결하는 데 중요합니다"라며, 이 이니셔티브는 '개방형 표준open standard에 기반한 표준화된 데이터 모델'을 가지고 있다고 했다.[11]

오픈 AI 에너지 이니셔티브가 회원 기업들에 어떤 상업적 영향을 미칠지는 아직 명확하지 않다. 이 프로그램은 다른 몇몇 AI 기반 생태계의 비즈니스 프로세스와 비교할 때 상대적으로 좁은 영역에서 유지되고 있다. 이 프로그램을 유지하는 협업 수준이라면 독점 금지 문제가 제기되지는 않을 것 같다. 이니셔티브가 점차 확대되면서 에너지 기업들이 지속 가능한 에너지원으로 전환하고, 유전과 천연가스 개발을 최적화하며, 파이프라인과 유정 누출을 줄이는 방법 등의 문제들까지 포괄하고 있다.

건강을 위한 디지털 플랫폼: 앤섬

플랫폼 기반 비즈니스 모델이라는 아이디어를 받아들인 또 다른 AI 추진 기업으로 이번에는 앤섬을 살펴보자. 앤섬은 지역 사회 개선에 앞장서는 주요 의료 기업으로서 4,500만 명 이상의 고객을 확보하고 있다. 앤섬은 수년 동안 디지털·AI 기반 전략을 실천해왔으며, 일부 경쟁 업체처럼 의료 서비스 자체를 제공하기보다는 AI를 활용한 디지털 방식으로 고객을 의료 서비스 제공자나 필요한 서비스와 연결하는 데 주력해왔다.

앤섬의 CEO 게일 부드로Gail Boudreaux는 이 전략을 공개적으로 언급해왔다. 2021년 투자자 콘퍼런스에서 그녀는 다음과 같이 말했다.

우리가 속해 있던 전통적인 보험 회사는 건강을 위한 디지털 플랫폼으로 바뀌고 있습니다. (…) 이 플랫폼 전략은 데이터를 기반으로 하며 예측 분석, AI, 머신러닝, 가치 사슬 전반의 협업을 통해 고객, 의료 서비스 제공자, 고용주, 지역 사회에 사전 예방적이고 개인에 맞춘 솔루션을 제공합니다. 이런 디지털 역량을 활용하여 우리는 앤섬의 제약, 행동 치료, 임상 및 복합 치료 자산과 알고리즘이라는 폭넓은 포트폴리오를 기반으로 통합적인 개인 건강 솔루션을 제공할 것입니다. 우리의 디지털 플랫폼과 다양한 자산은 앤섬의 내적 성장을 지원하고 가속할 뿐만 아니라 외부 고객과 파트너들의 늘어나는 니즈를 충족하기 위해 더더욱 노력할 것입니다.

앤섬이 디지털 건강 플랫폼으로 전환하는 일은 장기적인 여정이지만, 이미 일부 AI 기반 기능을 제공하고 있다. 앤섬은 블랙스톤Blackstone · K헬스K Health와 파트너십을 맺고 하이드로젠헬스Hydrogen Health라는 회사를 설립하여 회원들에게 유사한 증상을 가진 다른 사람들의 진단과 치료 방식에 대한 정보를 제공하는 휴대전화용 증상 검사 앱을 만들었다. 이 앱은 회원들에게 의사와 상담을 해야 할지 어떨지에 대한 의견을 제시하기도 한다. 필요하다면 저렴한 비용으로 원격 진료 상담을 제공하며, 필요하지 않다면 자가 치료 옵션이나 추가 정보를 제공한다. 2021년 현재, 증상 검사 앱의 이용 건수는 5만 2,000건 이상이다.

앤섬은 사람들이 더 건강하게 살 수 있도록 도움을 주는 추가적인 전략 모델을 추구하고 있다. 이를 위해 개인 맞춤 추천과 대화형 AI를 기반으로 앤섬의 스마트폰 앱에 통합되어 건강 상담 서비스를 제공하는 스타트업 라크Lark와 파트너십을 맺었다. 이 앱은 당뇨병, 심혈관 질환, 당뇨병 전 단계, 금연, 스트레스, 불안, 체중 관리 등을 위한 권장 사항이 담긴 문자 메시지를 보낸다. 그리고 앤섬 회원들의 청구 데이터와 더불어 혈압계, 체중계, 혈당 측정기 같은 의료 기기에 연결되어 얻는 데이터를 안전하게 이용하여 원격 모니터링을 한다. 필요하다면 라크는 인간 건강 코치health coach와 실시간으로 통화할 수 있도록 기회를 마련한다. 200만 명이 넘는 환자가 라크의 추천을 받고 있으며, 연구에 따르면 생활 습관 개선이 혈당 감소나 당뇨병 예방과 같은 다양한 임상 영역에서 인상적인 결과를 가져올 수 있

다고 한다.[12]

거래 vs. 생태계 기반 AI 개발

(평안은 예외로 하고) 생태계 대부분에서는 실제 AI 활용 사례 개발보다는 생태계 내 조직 간 거래가 더 빈번히 목격된다. 그리고 초기에는 조직 간 경계를 넘어 데이터를 통합하는 것이 중요한 문제이기도 하다. 이런 생태계와 관련 사업 모델을 성공적으로 구축하기 위해 참여 기업들은 다음과 같은 노력을 기울여야 한다.

- 내부적으로 탄탄한 AI 활용 사례 개발 역량 구축
- 문제 해결에 적용할 수 있는 AI 역량을 지닌 외부 공급 업체와의 파트너십
- 전통적인 경쟁자 관계인 생태계 구성원 간의 협력과 경쟁 문제 해결
- 새로운 비즈니스 모델에서 발생하는 재무적 성과를 어떻게 배분할지 결정

요컨대 더 많은 거래와 개발이 이루어져야 한다는 얘기다. 거래나 개발과 같은 활동의 불확실성과 더불어 규제 개입이나 제약과 같은 외부 영향의 가능성을 생각해보면, 이런 생태계가 시간이 지나면서 어떻게 전개될지 파악하기란 쉽지 않다. 하지만 평안의 비즈니스 모델 성공 사례를 보더라도, 가까운 미래의 세계 경제에서 AI 기반 생태계는 중요한 역할을 할 가능성이 크다.

전략 모델 2:
운영 혁신

새로운 전략, 새로운 시장, 새로운 비즈니스 모델을 촉진하는 것 외에 기업 운영을 혁신하여 기존의 전략과 잘 정의된 전략을 더욱 성공적으로 만드는 데도 AI를 사용할 수 있다. 공급망 관리자가 제품을 제때 출시하고, 마케팅 담당이 고객에게 구매를 성공적으로 유도하며, 영업 사원이 구매 의지가 넘치는 고객을 방문하고, 인적자원 관리자가 적합한 인재를 고용하는 기업을 만들고 싶다면 AI의 도움을 받아 이 모든 목표를 달성할 수 있다.

크로거를 더 효율적이고 효과적으로 만들기

데이터과학·인사이트·미디어를 담당하는 크로거의 자회사 84.51°는 이런 전략을 실천에 옮기고 있다. 2017년, 이 거대 식료품 체인은 변화하는 비즈니스 환경에서 효과적인 경쟁을 위한 포지션을 확보하기 위해 '리스톡 크로거Restock Kroger' 전략을 발표했다. 이 전략을 구성하는 주요 요소 넷 중 두 가지는 분석과 AI에 크게 의존한다. 이 전략을 설명하는 기사에서 데이터·분석·AI를 통한 개인 맞춤화, 그리고 84.51°가 주목을 받았는데 특히 운영 혁신이라는 목표와 관련해서 관심을 모았다.

식품·식료품 고객 경험 재정의는 다음과 같다. 크로거는 (인하우스 에

이전시) '84.51°'를 통해 고객 데이터와 개인 맞춤화 전문 지식을 더 많은 사업 영역에 적용하고, 자체 브랜드 포트폴리오의 급격한 성장을 바탕으로' 디지털 및 전자상거래 활동을 '가속화'할 것이다.

- **데이터 및 개인 맞춤화**: 구매 데이터를 이용하여 '고객을 위한 다양한 경험을 창출한다.' 크로거는 이미 매년 30억 건이 넘는 개인 맞춤 추천을 제공하고 있다.
- **디지털**: 콘텐츠 목표에는 기능적인 정보뿐만 아니라 레시피와 제품 관련 콘텐츠를 통해 '영감과 개인화된 발견'을 제공하는 것도 포함된다.
- **매장 공간 최적화**: 크로거는 '고객과학customer science(고객 데이터를 분석하고 이해하여 비즈니스 전략을 수립하고 개인화된 경험을 제공하는 데 사용하는 학문적 접근 방식 – 옮긴이)을 활용하여 매장 배치 결정을 내릴 것이며, 이를 통해 배치를 혁신하고 상품 구성을 최적화하며 재고 상황을 개선할 것'이다.
- **자체 브랜드**: 크로거는 '가장 인기 있는 브랜드를 성장시키는 투자를 지속할 것'이다. 자체 브랜드 제품 판매는 2011년에서 2017년 사이 37% 증가하여 205억 달러에 이르렀다.
- **스마트 가격 책정**: 회사는 2001년 이후 40억 달러 이상을 투자해온, '가격 때문에 고객을 잃지 않기 위한' 투자를 계속할 것이다.[13]

자체 브랜드를 제외한 모든 목표는 데이터·분석·AI 집약적이다. 두 번째 전략 플랫폼인 '고객 가치 창출을 위한 파트너십 확대'에서도 회사의 사물인터넷 센서IoT sensor, 비디오 분석 및 머신러닝 네트워크 확장과 함께 로봇공학·AI를 통한 보완적 혁신(상호 보완적 기능을 가진 솔루션을 통해 가치를 더 높이는 것-감수자)을 통해 고객 경험을 혁신한다고 언급했다.

앞서 생태계를 논의했지만, 크로거는 이 용어를 자사와 가공식품 공급 업체 간의 데이터 기반 관계를 설명하는 데 사용한다. 다시 말하지만, 회사 전략 이니셔티브의 전부 또는 대부분은 84.51°의 데이터·분석·AI 역량에 의지하고 있다. 크로거의 새로운 전략을 발표한 동일한 기사에서는 당시 리더였던(현 최고 마케팅 및 판매 책임자) 스튜어트 에이킨Stuart Aitken의 발언을 인용할 정도로 데이터·분석·AI에 대해 눈에 띄게 언급했다.

한편, 크로거의 사내 분석 및 마케팅 기업 84.51°는 교차 채널 미디어 솔루션인 '크로거 프리시전 마케팅Kroger Precision Marketing'을 발표했다. 이 프로그램은 이 기업의 개인 맞춤화된 커뮤니케이션 프로그램 확산을 목표로 한다.

회사는 보도자료에서 이 프로그램이 크로거의 (2,800개 매장과 35개 주에 걸친) 6,000만 가구의 구매 데이터를 활용하여 '확장된 디지털 생태계를 넘나드는 전체적인 캠페인'을 만들고 실행할 것이라고 밝혔다. (…) "이 플랫폼은 리스톡 크로거 플랜의 두 부분, 즉 '식품·식료품 고객 경험 재정의'와 '고객 가치 창출을 위한 파트너십 확대'를 지원합니다"라고 84.51° CEO 스튜어트 에이킨은 말했다. "이 플랫폼을 통한 개인 맞춤화 제고와 대체 수익 창출이 저희 초점 영역입니다."

　　회사의 전략을 설명하는 기사에서 해당 역량을 제공하는 부서와 그 이니셔티브 몇 가지가 두드러지게 언급된 것만 보더라도, 데이터와 AI가 기업의 전략에 얼마나 중요한 역할을 하는지 알 수 있다. 기사에 등장하는 투자자 콘퍼런스 프레젠테이션에서는 '데이터와 과학이 모델을 견인한다'가 가장 눈에 띄는 주제이며, '데이터를 통해 고객을 이해한다'라는 말이 어떤 의미인지 상세히 설명됐다.[14]

　　2021년 크로거는 '신선함으로 이끌고, 디지털로 가속화한다'라는 새로운 전략을 발표했다.[15] 크로거는 투자자 프레젠테이션에서 다시 한번 고객 맞춤형 상품 제공을 '경쟁력 해자competitive moat'라고 말하며, 2020년 한 해만 해도 주당 110억 건에 달하는 개인 맞춤 추천을 제공했다고 발표했다. AI 없이는 불가능한 작업이다. 또 디지털 풀필먼트digital fulfillment(고객의 온라인 주문에 맞춰 물류 센터에서 상품을 찾고 포장하고 배송하는 모든 프로세스 – 옮긴이) 부분에서는 영국 공급 업체 오카도Ocado와 손잡고 최초의 로봇 기반 고객 풀필먼트 센터customer fulfillment center(고객 주문, 제품 보관, 재고 관리, 상품 배송을 통합 관리하는 물류 센터 – 옮긴이) 개점을 발표했다. 이 센터는 앞으로 계속 문을 열 예정인 20개 센터 중 첫 번째. 오카도는 전 세계 여러 유통 업체와 파트너십을 맺고 있으며, 자사에 소액 투자를 한 미국 크로거와는 독점 파트너십을 맺고 있다. 오카도는 다음과 같이 다양한 AI 프로그램을 이용하고 있다고 밝혔다.

- 하루 2,000만 건의 수요 예측을 통해 재고 부족과 식품 쓰레기를 줄인다.
- 최적의 신선도를 위해 식품이 물류 센터에 도착해야 하는 시기를 예측한다.
- 유통 기한이 임박한 식품을 찾아 할인 또는 기부한다.
- 개인에게 정밀하게 특화된 맞춤형 디지털 주문 경험을 제공한다.
- 창고 내 로봇이 충돌하지 않고 효율적으로 작업할 수 있게 하는 AI 기반 '항공 교통 관제 시스템'을 구축한다.
- 포장 로봇을 위한 컴퓨터 비전과 계획 시스템을 구축한다.
- 배송 차량의 적재량과 시간을 최적화한다.[16]

분명 크로거는 AI에 의지해 사업 전략을 실천하고 있다. 이런 전략 중 일부는 AI가 없다면 아예 불가능하며, 일부 전략은 AI를 통해 더 나아지고 더 적은 비용으로 더 빠르게 수행되고 있다. 이 유통 업체는 AI를 활용하여 기존 사업을 개선하는 데 주력하고 있지만, AI 기술과 데이터를 활용하여 (예를 들자면 크로거 프리시전 마케팅과 같은) 새로운 사업에도 진출하는 동시에 새로운 생태계도 구축하고 있다.

전략 모델 3:
고객 행동 유도

AI의 최신 전략 목표 중 하나가 바로 고객 행동 유도다. 이 전략 모델은 구글, 페이스북, 틱톡TikTok과 같은 소셜 미디어 제공 업체에서 AI가 놀라운 상업적 성과는 물론 사용자 행동 변화를 가져오면서 주목받기 시작했다. 이런 기업들은 고객의 구매, 사람들 간의 교류, 정보의 소비와 공유, 기타 행동을 (의도한 것은 물론이고 의도하지 않은 것까지 포함하여) 엄청나게 성공적으로 변화시키고 있다. 이 기업들은 의도적으로 불러일으킨 행동 변화 덕에 재무적으로 엄청난 성공을 거두고 빠르게 성장할 수 있었다. 그러나 정치적·사회적 양극화, 허위 정보 공유, 주의력 분산, 사이버 괴롭힘, 불안감, 우울증 등을 포함한 의도하지 않은 행동은 법을 제정하는 사람들을 비롯해 많은 이들이 주목하고 있다. 수많은 연구자가 설명하듯이, 이런 기업들이 이용하는 AI 알고리즘은 고객의 긍정적·부정적 행동 모두와 밀접하게 관련되어 있다.[17]

우리는 이런 디지털 기업이나 이들이 고객에게 유도하는 긍정적 또는 부정적 행동 자체에 초점을 두지 않는다. 다만 몇몇 기업은 디지털 플랫폼, 상세한 데이터, AI 알고리즘이 다른 유형의 행동 변화를 낳을 수 있다는 데 주목했다. 대체로 이런 접근 방식은 아직 초기 단계에 머물러 있지만, 레거시 기업과 스타트업 모두 AI를 활용하여 고객 행동을 바꾸려고 노력하고 있다.

따지고 보면, 이런 행동 유도 접근 방식 자체에는 새롭다고 말할 게 그리 없다. 이 접근 방식은 1958년에 최초의 신용 점수를 만든 FICO가 처음 선보였다. 하지만 정작 도입은 지지부진했다. 최초의 신용 공급자 행동 점수 시스템은 1975년 웰스파고Wells Fargo를 위해 개발됐다. 신용 점수는 머신러닝 최초의 상업적 앱 중 하나였다. 이 앱은 대출·상환 데이터의 통계 분석을 사용하여 대출 상환과 상관관계가 있는 요인을 파악한 다음, 결과 모델을 사용하여 신용 이력이 있는 각 소비자의 점수를 매겼다.

FICO가 고객들을 모니터링하며 개선하고자 했던 지표는 지불 책임성financial responsibility, 즉 청구서를 제때 결제하고, 신용카드를 과도하게 사용하지 않으며, 결제 잔액을 높게 유지하지 않는 등의 행동을 종합한 것이다. FICO는 수억 명에 달하는 사람들의 신용 점수를 계산해줬을 뿐만 아니라 금융 서비스 기관에 이 점수를 채택하여 대출 결정에 활용하라고 설득하고, 사람들에게는 자신의 신용 점수가 어떻게 계산되고 어떻게 개선할 수 있는지까지 알려주는 대단한 일을 해왔다.

머신러닝으로 생성된 신용 점수는 이제 다른 여러 유형의 점수와 결합된다. 6장에서 자세히 소개하는 프로그레시브보험은 스냅샷Snapshot 프로그램의 통신 데이터를 기반으로 운전 점수를 계산한다(소비자에게는 A, B, C 등 문자 등급으로 변환해서 제공한다).[18] FICO도 지금은 안전 운전 점수까지 제공하고 있다. 앞서 앤섬과의 파트너십을 이야기하며 라크를 언급했는데, 라크는 건강 상태에 관한 다양한 점수를 제시한다. 7장에서는 웰이라는 스타트업을 예로 살펴볼 텐데, 웰은 다양한 건강 상태 점수와 더불어 환자가 처방된 약이나 치료를 얼마나 잘 따르는가를 요약하는 점수까지 개발했다. 매뉴라이프와 그 자회사 존핸콕John Hancock, 그리고 전 세계 다양한 생명보험 회사는 머신러닝을 이용하여 고객 행동을 모니터링하고 변화를 도모하여 고객 건강을 개선하고자 한다. (신용 점수를 제외한) 이 모든 점수는 비교적 초기 단계에 머물러 있지만, 관련 행동을 개선할 잠재력을 보여준다. 이 같은 점수를 내리려면 방대한 데이터와 각 고객의 점수를 매기는 프로세스에 의존해야 하기 때문에 머신러닝 없이는 애초에 불가능하다.

전략적인 AI를 위한 프로세스

새로운 전략, 비즈니스 모델, 고객 행동 유도를 가능하게 하는 AI 기술을 명령만 내리면 되는 하향식으로 관리할 수 있다는 아이디어는 정말 비합리적이다. AI같이 혁신적이고 중요한 자원은 본래 조직에 전략적인 자원일 수밖에 없다. 따라서 최고 경영진과 전략 그룹 모두는 이 기술을 비즈니스에서 어떻게 활용할지에 초점을 맞춰야 한다. 전략가들은 AI 활용 사례의 우선순위를 비롯해 제품, 프로세스, 회사 내 관계에 미치는 영향과 관련된 결정에 도움을 주어야 한다.

AI와 전략은 두 가지 주요한 방식으로 연결되어야 한다. 첫 번째는 이 장에서 논의한 대로 AI가 비즈니스 전략에 영향을 미치거나 전략 수립을 가능케 하는 방식이다. AI가 제품과 서비스를 개선하고, 비즈니스 모델을 강화하며, 고객 채널을 혁신하고, 공급망을 최적화하는 데 도움이 될 수 있다면 AI는 당연히 전략적 고려 사항의 일부가 되어야 한다.

두 번째 전략적 초점은 AI 자체에 대한 전략을 개발하는 것이다. 기업은 AI를 이용하고 관리하는 방식과 관련해 중요한 결정을 해야 한다. 여기에는 AI 역량을 구축하거나 구매하는 방식, 주요 인재를 확보하는 소스, AI가 수행해야 하는 프로젝트의 종류, 그리고 AI 이니셔티브와 디지털 플랫폼과 프로세스의 관련 방식 등 중요한 결정 사항이 많다. 이 모든 결정이 전략을 형성하는 동시에 전략에 의해 형성되므로, 당연히 전략적 수준에서 논의되어야 한다.

딜로이트의 2021년 〈기업의 AI 현황〉 설문조사는 전략의 특정 측면은 AI 리더의 전형적인 특징에서 비롯된다는 결과를 시사한다. 이 설문조사 참여자 중 AI 분야에서 가장 앞서 있는 참여자들은 자신들에게 AI 전략이 있으며, AI 활용이 경쟁사와 차별화되게 해줬고, 최고 경영진이 AI를 통해 운영을 어떻게 변화시킬 것인지에 대해 확고한 비전을 갖고 있으며, 그들의 AI 이니셔티브가 앞으로 5년 동안 경쟁력을 유지하는 데 중요하다는 데 더 높은 비율로 동의하는 경향을 보였다(그림 3-1).

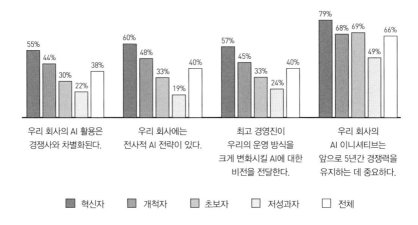

[그림 3-1] 선도적인 AI 전략 사례
전략에 대한 진술에 '완전히 동의' 또는 '매우 중요함'을 선택한 응답자 비율

- 혁신자 ■ 개척자 ■ 초보자 □ 저성과자 □ 전체

자료: 딜로이트 인사이트, 2021년 〈기업의 AI 현황〉 설문조사 보고서 4판, https://www2.deloitte.com/content/dam/insights/articles/US144384_CIR-State-of-AI-4th-edition/DI_CIR-State-of-AI-4th-edition.pdf.

AI가 전략적 결정에 적절한 영향을 미치기 위해서는 몇 가지 전제 조건이 필요하다.

- 최고 경영진을 대상으로 하는 AI 교육이 필요하다. 전략 프로세스에 AI를 통합하기 위해서는 전략 기획에 참여하는 최고 경영진이 다양한 AI 기술과 이들의 적절한 활용 사례를 충분히 파악하고 있어야 한다. AI 중심 전략은 비즈니스 이니셔티브와 AI 역량을 '매칭'하는 프로세스이므로, 참여자는 두 분야 모두를 잘 알아야 한다. 전략 부서 또는 AI 센터는 공식 또는 비공식 교육 프로그램을 후원하여 비즈니스 전략의 AI 관련 분야에 대한 광범위한 참여와 헌신을 유도할 수 있다.

- 전략 프로세스 내에서 AI와 기타 기술의 활성화 효과를 전략적 대안의 고려 사항에 포함해야 한다. 이는 전략 기획 방법론의 변경을 요구할 수도 있다. 예를 들어 기업은 "머신러닝을 이용하여 고객 행동을 더 잘 예측할 수 있다면, 마케팅 프로그램에서 무엇을 달성할 수 있을까? 상담원을 통해 고객서비스를 어떻게 혁신할 수 있을까?"라고 질문할 수 있다. AI를 효과적으로 활용하는 전략적 이니셔티브라면 당연히 AI 역량을 포함하는 아이디어 창출ideation 프로세스가 있어야 한다.
- AI는 아이디어를 넘어 필요한 AI 작업을 수행하는 시스템을 실제로 배포하는 경우에만 회사의 제품과 프로세스에 포함될 수 있다. 전략과 AI 개발·배포 주기를 연결하는 것은 전략적 AI 시스템을 구축하는 데 필수적이다. 전략가들은 AI 프로젝트의 우선순위 결정에 영향을 미치고, AI 프로젝트 진행 상황을 모니터링할 수 있어야 한다.

이 장에서 우리는 AI와 전략 간의 다섯 가지 다른 연결 고리를 살펴봤다. 즉 새로운 사업 및 시장, 새로운 제품 및 서비스, 새로운 비즈니스 모델 및 생태계, 새로운 고객 행동, 운영 전략 실행이다. 핑안, 크로거, 앤섬 같은 일부 대기업은 실제로 세 가지 또는 네 가지에 걸친 전략 모델을 가질 수도 있다. 하지만 AI 추진 기업에서 중요한 것은 AI가 조직의 성과 개선이나 성장에 중요한 역할을 담당한다는 점이다. 그렇지 않다면 AI가 실제로 변화를 만들어내고 있다고 말하기 곤란하다. AI와 관련 기술은 조직 개선에 도움이 될 수 있지만 때로는 장애가 될 수도 있다. 이것이 바로 4장의 주제다.

4장

기술과 데이터

: AI 도입과 활용에서 필수적인 전제 조건

ALL IN
ON AI

지금까지 기술에 대한 언급이라곤 거의 없는 상태에서 AI 중심 기업의 조직 및 리더십 측면을 설명해왔다는 데 주목하라. AI 분야에서 인간 측면은 가장 중요하고 차별화를 만들어내면서, 대체로 가장 어려운 요소다. 하지만 기업은 AI 기술을 광범위하게 활용하지 않고는 AI 분야에서 훌륭한 성과를 달성할 수 없으며, 상당한 양으로 축적된 데이터 없이는 사실상 아무것도 할 수 없다. 적어도 우리가 살펴본 모든 AI 올인 기업은 그랬다. 이 장에서는 이런 기업들의 기술 환경을 살펴보려 한다.

기술 자체를 위한 기술 도입은 결코 좋은 생각이라고 할 수 없지만, 우리가 설명할 AI 추진 조직들은 AI 기술 이니셔티브에 대한 명확한 비즈니스 목표를 보유하고 있다. 여기에는 다음과 같은 것들이 포함된다.

- 광범위한 AI 도구함을 만들어 다양한 AI 활용 사례 지원
- AutoML 같은 도구를 사용하여 더 빠르고 좋은 응용 시스템 구축
- 광범위한 AI 배포 달성
- 모델 훈련과 기타 목적을 위한 데이터 관리·개선
- 기존 앱과 복잡한 기술 아키텍처 처리
- AI를 위한 고성능 컴퓨팅 인프라 구축 또는 조달
- AI를 활용한 IT 운영 개선

이 같은 목표들을 추구해온 AI 중심 기업의 구체적인 사례를 통해 각 목표를 설명하고, 목표를 달성하기 위해 이들이 어떤 기술을 도입했는지 소개하겠다.

도구함에 있는 모든 도구 사용하기

AI 분야에서 경쟁하는 기업들은 다양한 AI 기술이 존재한다는 사실을 알고 있으며, 대체로 모든 기술을 활용하려 한다. 서로 다른 기술은 다양한 활용 사례에 유용하며, 광범위하고 심층적으로 AI를 도입한 기업일수록 활용 사례와 거기에 응용하는 기술의 폭이 넓다. 예를

들어 DBS은행은 약 150개에 달하는 다양한 AI 프로젝트에서 광범위한 기술을 이용하고 있다.

금융 범죄 예방은 모든 은행에 중요한 문제다. DBS는 고급 분석과 머신러닝 분야에 투자함으로써 이 문제를 개선하고자 한다. 규칙 기반 시스템rule-based system(미리 정의된 규칙이나 조건을 기반으로 작동하는 컴퓨터 시스템으로, 명확하게 규정된 논리적 규칙들을 사용하여 입력 데이터를 처리하고 그 결과에 따라 특정 행동을 수행한다-옮긴이)은 낡아빠졌다고 간주되는 경우가 많지만 사기 및 자금 세탁 방지 시스템에서는 일반적으로 사용되며, DBS도 바로 이 목적으로 여전히 이 시스템을 이용하고 있다. 하지만 이런 시스템의 흔한 단점 중 하나는 너무나 많은 위양성false positives을 생성한다는 것이다. DBS에서는 이 비율이 무려 98%에 달할 때도 있었다.

그래서 DBS의 거래 감시 그룹은 은행 데이터를 더 많이 사용하고, 의심스러운 사례 목록을 우선하여 처리하는 머신러닝 모델을 만들었다. 사례마다 리스크 점수를 부여하고, 리스크가 가장 낮은 사례는 데이터를 비활성화 상태로 만들어 저장해두고 리스크 패턴에서의 변화만 모니터링한다. 거래 감시 그룹은 또 네트워크 연결 분석 역량을 개발하여 그래프 데이터베이스(그래프 이론을 활용하여 데이터의 관계를 표현하는 데이터베이스-감수자)를 통해 잠재적 사기꾼들 간의 관계를 분석하고, 머신러닝을 이용하여 의심스러운 네트워크를 탐지한다. 또 범용 소스 기술을 이용하여 조직을 위한 새로운 데이터 흐름 플랫폼을 개발하기도 했다.

DBS는 신용 의사 결정을 위한 신경망 네트워크, 이미지와 음성 인식을 위한 딥러닝 모델, 현금자동입출금기ATM의 파손이나 현금 부족 예측을 위한 전통적인 머신러닝 모델 등 다양한 유형의 머신러닝을 이용한다. 신용 모델에 대한 딥러닝 알고리즘은 대체로 은행 규제 기관의 승인을 받지 못했지만, DBS는 규제 기관과 협력하여 이 정밀한 알고리즘을 은행 의사 결정에 적용하기 위해 노력하고 있다.

이 모든 AI 기술에는 지원 인프라가 필요한데, DBS는 이 인프라에도 상당한 투자를 해왔다. DBS는 데이터 아키텍처를 혁신하고 ADAAdvancing DBS with AI라는 이름의 새로운 데이터 플랫폼을 만들었다. 여기에는 데이터 적재data ingestion, 보안, 저장, 거버넌스, 시각화, AI·분석 모델 관리를 위한 다양한 기능이 포함돼 있다. 이 플랫폼은 새로운 AI 모델 생성과 지속적인 유지·보수를 통해 가능한 한 많은 셀프서비스self-service(사용자들이 별도의 전문가나 관리자의 도움 없이 스스로 필요한 작업을 수행할 수 있게 하는 기능이나 시스템으로, 사용자가 직접 새로운 AI 모델을 생성하고 유지·보수할 능력을 제공하는 것 -옮긴이) 실현을 목표로 한다. DBS는 또 많은 AI·분석 시스템을 혼합형 클라우드로 이전하여 더 신속히 처리할 수 있게 했다.

물론 서로 다른 AI 중심 조직은 활용 사례를 구축하고 비즈니스 목표를 달성하는 데 서로 다른 기술이 필요할 것이다. 그러나 아무리 대기업이라도 단 하나의 AI 방법이나 기술만으로는 성공할 가능성이 크지 않다.

더 빠르고 더 나은
AI 활용 사례 구축하기

AI를 미래로 나아가기 위한 열쇠로 상정한 조직이라면 모든 일이 더 빨리 진행되기를 원할 것이다. 구체적으로 말하자면, 더 많은 데이터 과학자가 더 빠르게 새로운 AI 알고리즘을 개발하기를 원할 것이다. 다행스럽게도 (전문가와 아마추어 모두를 포함해) 데이터과학자들이 훌륭한 머신러닝 성능을 발휘하면서 과거 데이터를 기반으로 미래를 예측할 수 있는 새로운 모델을 구축할 수 있도록 기술이 더더욱 발전하고 있다.

혹시 기본적인 접근 방식에 익숙하지 않은 이들을 위해 말하자면, 머신러닝이 정확히 그런 작업을 한다. 앞서 언급한 것처럼 비즈니스에서 가장 흔한 머신러닝 유형이라고 할 수 있는 지도 학습은 훈련 데이터 세트의 데이터 대부분을 활용하여 모델을 훈련하고, 해당 데이터 세트의 나머지 데이터를 이용하여 모델을 테스트한 다음, 이 모델을 사용하여 훈련 데이터 세트에 포함되지 않았고, 그 결과를 미리 알 수 없는 새로운 데이터에 대한 예측이나 분류를 수행한다. 일반적으로 잘 개발된 모델은 예측 성능이 뛰어나지만, 개발과 배포에는 많은 인력과 노력이 필요하다. 개발과 배포 작업을 잘 수행하기 위해서는 일반적으로 특성 공학feature engineering(데이터 분석에서 그대로 사용하기에는 어려운 데이터의 특성을 추출하여 모델에 적합한 형식으로 변환하는 것-감수자)이 필요하다. 또한 다양한 모델을 해석하기 위한 시간과 더불어 모델을 다른 시스템에 통합하고 배포하기 위한 코드 작성이나 API Application Programming Interface(둘 이상의 프로그램이나 구성 요소가 서로 통신할 수 있게 하는 메커니즘 – 감수자)를 구현하는 데도 시간이 필요하다. 일반적으로 결과 변수가 없는 유사한 사례를 모으고 분류하는 데 사용되는 비지도 학습은 기업에서는 덜 흔하지만, 인기가 점점 높아지고 있다.

하지만 이제 이 모든 단계를 자동화된 머신러닝, 즉 AutoML을 통해 수행할 수 있다(심지어 비지도 학습에도 AutoML 버전이 있다). 크로거의 자회사 84.51°는 AutoML을 사용하여 비교적 소수의 인적 개입을 통해서도 매우 많은 모델의 구축·배포가 가능한 '머신러닝 머신'을 개발하고 있다. 84.51° 웹사이트는 유통 모기업과 그 생태계의 파트너를 위해서 데이터과학의 엄청난 규모와 연구 범위를 암시하는 몇몇 유의미한 수치적 사실을 제공하고 있다.

- 1,500개 이상의 일반 소비재 기업, 에이전시, 출판사, 비즈니스 관련 파트너
- 미국 가정의 거의 절반
- 2021년 19억 건의 맞춤형 제안 제공
- 35페타바이트petabyte 이상의 1차 구매자 데이터와 20억 건 이상의 연간 거래 활용
- 20억 개의 고객 장바구니 분석

3장에서 우리는 크로거가 전략적 이니셔티브 추진을 위해 AI와 머신러닝에 얼마나 의지하고 있는지 살펴봤다. 84.51°가 자랑하는 데이터과학의 폭과 깊이를 보면 최고의 AI 기술, 도구, 방법을 사용하는 것이 얼마나 중요한지도 알 수 있다.

84.51°의 머신러닝에 대한 현재의 접근 방식은 '내재화된 머신러닝Embedded Maching Learning, EML'이라는 이니셔티브에서 비롯됐다. 이 계획은 2015년에 시작됐으며 데이터과학 관리자 스콧 크로퍼드Scott Crawford가 주도했다. 현재 그룹의 대표인 마일런 마하데반Milen Mahadevan은 조직 내 프로세스와 제품 자동화를 지지하는 사람이다. 머신러닝 내재화와 폭넓은 AutoML 사용은 즉석 모델링ad hoc modeling(특정 문제를 해결하거나 특정 상황에 맞추기 위해 즉석에서 또는 특별한 목적을 위해 만든 모델 – 옮긴이) 및 데이터 세분화에서 벗어나 효율성과 정확도를 향상시켜 가치를 창출하는 자동화 프로세스로 나아가는 논리적 진화라고 할 수 있다. 84.51°는 AutoML 도구와 프로세스를 도입했지만, 이는 재설계된 머신러닝 프로세스와 문화라는 넓은 맥락에서 이루어졌다.

AutoML 기술은 기업의 머신러닝 역량을 향상시키는 데 다양한 기능과 잠재적 이점을 제공했다. 84.51°의 머신러닝은 다른 많은 조직에서처럼 단일 훈련 데이터 세트와 이를 기반으로 하는 모델에 기반을 둔 정적 프로세스가 아니다. 오히려 모델들은 최신 데이터를 기반으로 자주 재훈련된다. 예를 들어 상품 주문 및 재고 관리 프로세스의 기반이 되는 판매 예측은 매일 밤 최신 데이터를 기반으로 모델을 개선한다. 당시 84.51°의 최고과학책임자였던 폴 헬만Paul Helman 과 그의 팀은 이런 적응적 추정adaptive estimation(시간이 지남에 따라 데이터의 특성이 변화할 때 모델 매개변수나 시스템의 특성을 동적으로 조정하여 추정하는 방법–옮긴이)이 포함된 접근 방식을 개발했다. 쇼핑 선호도와 같이 복잡하고 변화하는 인간 행동에 대한 효율적 모델링이 중요하다고 판단했기 때문이다.

EML은 AutoML을 도입한 데서 그치지 않고, 기업이 머신러닝을 더 효과적으로 이용하고 내재화할 수 있도록 지원하고, 역량을 강화하며, 참여를 촉진하는 것을 공식적인 목표로 삼았다. 여기서 '지원'은 머신러닝을 효율적으로 이용하고 내재화할 수 있도록 서버, 소프트웨어, 데이터 연결과 같은 인프라를 제공하는 것을 의미한다. 그리고 '역량 강화'는 최적의 머신러닝 도구 세트를 파악하고, 분석가와 데이터과학자가 이런 도구를 사용할 수 있도록 교육하는 것을 의미한다. 84.51°는 50개 이상의 도구를 평가한 다음 R·파이썬Python·줄리아Julia를 선호 머신러닝 언어로 선택하고, 데이터로봇DataRobot(딜로이트의 협력 업체이자 토머스가 자문을 제공하는 기업)을 주요 AutoML 소프트웨어 공급 업체로 선정했다. 마지막으로, '참여'는 몇 가지 개념 증명, 코드 공유·예제(공유를 용이하게 하는 코드 저장소인 깃허브Github를 통해), 컨설팅을 통해 장점들을 시연하고 공유함으로써 내부 클라이언트가 도구를 사용하도록 동기를 부여하는 것을 의미한다.

EML 이니셔티브의 또 다른 부분은 머신러닝 이용을 위한 표준 방법론을 개발하는 것이었다. 84.51°는 '8PML84.51° Process for Machine

Learning(84.51° 머신러닝 프로세스)'로 불리는 방법론을 자체 개발했는데, 공급 업체가 아닌 조직에서는 보기 드문 경우다. 크로퍼드는 이 프로세스가 공개적으로 이용할 수 있는 여러 데이터 마이닝 프로세스에서 많은 영향을 받았지만, 84.51°의 고유한 활용 사례와 환경에 더 적합하도록 맞춤화됐다고 말한다. 8PML은 솔루션 엔지니어링solution engineering(고객의 요구 사항을 충족하는 맞춤형 솔루션을 설계하고 구현하는 과정 – 옮긴이), 모델 개발, 모델 배포라는 세 가지 주요 구성 요소로 이루어져 있다.

솔루션 엔지니어링

필요한 훈련 데이터를 모은 후에는 대부분 기업에서 모델을 개발하는 데 집중하지만, 84.51°는 초점을 더 넓혀보고자 했다. 84.51°의 리더들은 배포되지 않은 모델은 경제적 가치를 제공하지 못하며, 잘못 정의된 분석 문제들은 이익보다는 오히려 해를 끼칠 수 있다는 사실을 알고 있었다.

그래서 8PML은 분석 프레임을 설정하고 프로젝트의 사업 목표를 명확히 하며 이용 가능한 자원들과 비교하는 솔루션 엔지니어링 단계에서 시작했다. 예를 들어 프로젝트의 사업 목표가 매우 많은 모델을 정기적으로 업데이트하고 빠르게 배포하는 것인데, 이 목표를 달성하기 위해 필요한 예산과 인력이 부족할 수 있다. 과거에는 솔루션 엔지니어링을 위해서는 제한된 자원 내에서 처리하기 위해 문제를 재설계해야 할 때도 있었다. AutoML 기술은 이런 제약을 상당히 완화할 수 있다. 솔루션 엔지니어링은 여전히 필요하지만, 솔루션의 지평이 확장됐다.

모델 개발

방법론 모델 개발 단계에서는 데이터를 분석하고, 변수나 특성을 가공하고, 훈련 데이터에 가장 적합한 모델을 식별한다. AutoML은 데이터로봇을 이용해 이 단계의 진행 속도를 높여 데이터과학자의 생산성을 끌어올린다. 이를 통해 데이터과학자들은 더 많은 모델을 만들거나, 같은 프로세스의 다른 고부가가치 영역(예컨대 솔루션 엔지니어링, 피처 엔지니어링 등)에 더 큰 노력을 기울일 수 있다. 또 이 기술을 이용하면 숙련도가 낮은 데이터과학 실무자라도 고품질 모델을 생성할 수 있다. 특정 분석에 어떤 알고리즘이 적합한지에 관한 상세한 지식은 더 이상 필수적이지 않다. AutoML이 이 기능을 대신 수행하기 때문이다.

문제에 알고리즘을 매칭하는 일은 예전에는 전문 데이터과학자들의 업무였다. 그래서 데이터과학자들이 AutoML을 신뢰하지 않거나 AutoML로는 효과적인 모델을 만들 수 없다고 믿는 것이 드문 일이 아니었다. 84.51°에서도 처음에는 힘들게 습득한 알고리즘과 방법에 대한 깊이 있는 지식이 가치를 잃을 수도 있다는 우려가 일부 숙련된 데이터과학자로부터 제기됐다. 하지만 회사 리더들은 새로운 도구가 사람들이 더 효율적으로 작업할 수 있도록 힘이 되어줄 것이라고 강조했다. 시간이 지남에 따라 리더들의 말이 사실로 판명되면서 이제는 경험이 풍부한 데이터과학자들에게서도 데이터로봇 도구를 사용하는 데 대한 거부감은 거의 찾아볼 수 없게 됐다.

84.51°에서 AutoML의 초기 목표는 전문 데이터과학자의 생산성 향상이었다. 하지만 이 부서에서는 머신러닝을 사용하고 적용할 수 있는 사람들의 수를 늘리기 위해 자동화된 도구도 사용했다. 84.51°는 데이터과학 기능을 강화하여 모델링과 분석 분야에서 빠르게 팽창하는 수요를 충족하고 복잡한 비즈니스 문제를 해결하기 위해 노력해왔다. 어떤 회사든 우수한 데이터과학자를 찾기란 힘든 일이므로, 84.51°는 AutoML을 이용하여 기존 데이터과학 교육을 받지 않은 사람도 머신러닝 모델을 만들 수 있도록 지원한다.

현재 84.51°는 머신러닝 경험은 많지 않더라도 결과를 전달하고 프레젠테이션하는 데 능숙하고 비즈니스 통찰력이 뛰어난 '인사이트 전문가'를 정기적으로 고용한다. 이제는 이들 역시 AutoML의 도움을 받아 활용 사례 식별이나 탐색적 분석exploratory analysis(데이터를 조사하고 이해하기 위해 다양한 기법을 사용하여 패턴, 관계, 이상치outliers 등을 발견하는 초기 데이터 분석 단계─옮긴이)과 같은 전통적인 모델 개발에 속하는 상당히 많은 활동을 수행할 수 있다. 통계·머신러닝 경험이 더 풍부한 데이터과학자들은 더 깊은 전문 지식을 요구하는 머신러닝에 집중할 수 있으며, 경험이 적은 사람들을 교육하고 컨설팅하는 데도 더 많은 시간을 할애할 수 있다.

모델 배포

84.51° 머신러닝 접근 방식의 세 번째이자 마지막 구성 요소는 모델 배포다. 이 단계에서는 선택된 모델이 운영 시스템과 프로세스에 배포된다. 크로거의 머신러닝 앱 규모를 고려할 때(예컨대 판매 예측 앱은 2,500개 이상의 매장에서 각 품목에 대해 이후 14일간의 판매를 예측한다), 이 단계야말로 가장 중요하다고 할 수 있다. 하지만 크로퍼드가 지적하듯 배포(또는 그의 말에 따르면 '실제 운영 적용productionalization')와 관련된 문제는 흔히 과소평가된다.

> 84.51°에서 머신러닝 활용을 촉진하는 지금의 역할을 맡기 전, 저는 미국 최대 보험 회사 중 한 곳과 세계 최대 은행 중 한 곳에서 모델을 만들고 배포하는 일을 했습니다. 제가 경험한 모든 곳에서 느꼈던 공통점은 실제 운영 적용이야말로 머신러닝 프로젝트에서 가장 어려운 단계라는 점입니다. 실제 배포에 요구되는 기준은 종종 적용할 솔루션에 도전적인 과제가 됩니다. 예를 들어 실제 운영 적용을 위해서는 코드가 특정 프로그래밍 언어(예컨대 C++, SQL, 자바Java 등)로 작성되어야 하는 동시에 엄격한 지연 시간 수준을 충족해야 할 수도 있습니다.

AutoML 도구는 모델에 삽입되는 코드 또는 API를 생성하여 배포 프로세스에 도움을 줄 수 있다. 예를 들어 84.51°는 대체로 데이터로봇의 자바 코드 출력 기능을 사용하여 데이터 전처리와 모델 점수화model scoring(머신러닝 모델을 평가하고 최적의 모델을 선택하여 예측을 수행하는 과정 – 감수자)를 지원한다.

오늘날 많은 기업이 AutoML과 관련 도구들을 실험하고 있지만 84.51°와 크로거는 이런 AI 접근 방식의 수준을 한 단계 끌어올렸다. 기업에 내재화된 머신러닝 이니셔티브, AutoML 도구 표준화, 그리고 3단계 머신러닝 방법론은 모두 머신러닝 머신을 만드는 데 도움이 되고 있다. 모델은 잘 관리되는 제조 기업에서 물리적 제품을 만드는 것과 같은 방식으로 프레임화되고 개발되고 배포된다. 앞으로도 이렇게 제조 공장 같은 머신러닝 접근 방식을 채택한 여러 사례를 만나겠지만, 84.51°는 이 접근 방식을 실천에 옮기고 있다.

확장하기

AI를 보유한 많은 조직의 주요 과제 중 하나는 운영 및 성과에 실질적인 변화를 가져올 수 있을 만큼 적절한 규모에 도달하는 것이다. 기술은 기업들이 이런 목표를 달성하는 데 도움이 될 수는 있지만, 앞서 설명한 다른 AI 목표와 마찬가지로 완벽한 해답은 이 기술과 새로운 프로세스, 그리고 새롭게 참여하는 사람들 같은 여러 변화를 결합하는 것에서 찾을 수 있다.

2021년 설문조사의 주제는 이런 확장된 AI 운영 문제였고, 우리는 여러 질문을 던졌다. 혁신 기업과 개척자 기업으로 분류된 상위 성과 조직은 하위 성과 조직(초보 기업, 저성과 기업)보다 AI 확장과 지속적인 관리를 쉽게 하는 몇 가지 다른 AI 운영 프랙티스를 도입했다는 데 동의할 확률이 25% 정도 더 높았다. 여기에는 AI 모델을 위한 문서화된 프로세스 또는 수명 주기 life cycle(어떤 개념, 제품 또는 프로세스가 존재하고 소멸하는 과정 전체를 의미하며 AI 모델의 수명 주기는 모델의 개발, 훈련, 평가, 배포, 유지·보수와 관련된 단계를 포함한다−옮긴이), MLOps를 이용한 생산 환경의 모델 관리와 지속적인 효과 유지, 새로운 팀 구조와 워크플로를 통한 AI 관리, (제품 관리자, 데이터 엔지니어, 머신러닝 엔지니어를 포함한) 새로운 업무 역할을 통한 AI 발전 극대화(그림 4-1) 등이 포함된다.

셸은 AI 규모의 필요성은 물론 이를 빠르게 성취한 능력까지 보여주는 사례다. 셸은 AI를 통해 여러 가지 사업 목표를 추구하고 있다. 지표면 아래의 상황을 더 빨리 파악하고, 새로운 유전과 기존 유전의 생산량을 극대화하거나 회복하고, 기존 설비 운용을 더욱 효과적이고 에너지 효율적으로 만들며, 전기 자동차의 충전을 최적화하고 재생에너지를 전기 시스템에 통합하는 등의 방법을 통해 고객에게 저탄소 솔루션을 제공하는 것 등이 그 예다.

특히 유지·보수 프로세스는 상당한 규모가 필요하다. 셸은 이미 모든 시설에서 관리해야 하는 설비만도 수십만 개에 이르기 때문이다. 셸의 디지털 혁신 및 컴퓨테이셔널 과학 책임자인 댄 지번스는 해당 영역에서 규모를 달성하기 위해 다양한 기술과 접근 방식을 사용해야 했다. 그중 한 가지 방식이 예지 정비였다. 예지 정비란 표준 간격으로 유지·보수를 수행하거나 장비가 고장 날 때까지 기다리는

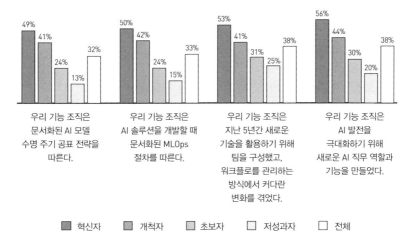

[그림 4-1] 성과 높은 AI 운영 프랙티스
운영에 관한 진술에 '완전히 동의한다'를 선택한 응답자 비율

49% 41% 24% 13% 32%

우리 기능 조직은
문서화된 AI 모델
수명 주기 공표 전략을
따른다.

50% 42% 24% 15% 33%

우리 기능 조직은
AI 솔루션을 개발할 때
문서화된 MLOps
절차를 따른다.

53% 41% 31% 25% 38%

우리 기능 조직은
지난 5년간 새로운
기술을 활용하기 위해
팀을 구성했고,
워크플로를 관리하는
방식에서 커다란
변화를 겪었다.

56% 44% 30% 20% 38%

우리 기능 조직은
AI 발전을
극대화하기 위해
새로운 AI 직무 역할과
기능을 만들었다.

■ 혁신자   ■ 개척자   ■ 초보자   □ 저성과자   □ 전체

자료: 딜로이트 인사이트, 2021년 〈기업의 AI 현황〉 설문조사 보고서 4판, https://www2.
deloitte.com/content/dam/insights/articles/US144384_CIR-State-of-AI-4th-edition/DI_
CIR-State-of-AI-4th-edition.pdf.

게 아닌, 장비 성능이 저하되거나 고장 날 시기를 예측하는 기술을
말한다. 셸 임원들은 예지 정비가 장비를 더욱 안정적으로 만들어줄
뿐만 아니라 유지·보수의 효율성을 높이고 프로세스의 안전성을 높
이는 데도 도움이 된다고 확신하고 있다.

지번스는 일반적으로 모니터링이 필요한 각 구성 요소에 지도
학습을 이용하는 예지 정비 모델의 AI 요구 사항은 중앙 집중화된 데
이터과학자 그룹이 처리할 수 있는 수준을 뛰어넘을 것으로 생각했
다. 그래서 셸은 이미 공장과 장비에서 AI 기술을 이용하고 있는 엔
지니어들을 채용하여 이들이 셀프서비스 방식으로 예지 정비 모델을

꾸준히 개발하고 해석하고 유지·보수할 수 있도록 훈련하기로 했다.

2013년 내부 핵심 인력 30명으로 시작한 셸의 AI 커뮤니티는 현재 5,000명 이상이 외부 핵심 인력으로 활동하고 있으며, 계속 늘어나고 있다. 이들 중 상당수는 예지 정비 모델을 만들고 감독하는 엔지니어다. 셸은 유다시티와 파트너십을 맺고 AI 방법과 기술에 대한 온라인 교육을 만들었다. 압축기, 계기, 펌프, 제어 밸브와 같은 장비에서 수집한 데이터는 중앙 데이터 플랫폼에 모이며, 현재까지 '1조 9,000억 행의 데이터'가 수집됐다고 지번스는 말한다. 셸은 마이크로소프트와 파트너십을 맺어 마이크로소프트의 클라우드 서비스인 애저Azure를 사용하여 데이터를 처리하고, 데이터브릭스Data-bricks의 데이터 레이크 소프트웨어인 델타 레이크Delta Lake를 사용하여 데이터를 저장하고 있다.

엔지니어들은 맞춤 제작된 AutoML 도구를 이용하여 모델을 구축할 수 있으며, 선택된 모델을 검증하는 기술 교육도 받았다. 이들은 또 해당 모델이 운영 환경에 적용된 이후에도 지속적으로 관리하고, MLOps 도구를 이용하여 여전히 예측 기능이 우수한지 확인할 수 있다. 지번스는 이를 산업 분야에서 '세계 최대 규모 중 하나인' MLOps 앱이라고 이야기한다. 둘 다 3장에서 설명했듯이, 셸이 C3.AI 및 베이커휴즈와 함께 개발한 생태계의 일부다.

AI 기반 예지 정비 모델을 통해 매일 1만 개 이상의 장비가 모니터링되고 데이터가 평가되고 있으며, 이런 장비의 수치는 매주 수백 개 단위로 증가하고 있다. 지번스는 이 작업을 수행하는 엔지니어들이 대체로 머신러닝을 배우는 과정을 즐기며 장비에 대한 지식이 풍부하기에 모델을 해석하고 그에 따른 조치를 취하는 데 적합하다고 말했다.

셸은 모델을 개발하고 관리하는 사람들의 다양성과 회사 전체적인 자산 공유라는 목표를 고려하여 AI와 시스템 개발에도 유사한 프로세스를 도입했다. 또한 마이크로소프트와 파트너십을 맺고 개발 도구와 이용 방법을 제공했다. 여기에는 데브옵스DevOps(개발, IT 운영, 품질 관리, 사이버 보안을 통합하는 방법론 및 도구 세트), 애저 보드Azure Boards(팀 간 개발 작업 계획, 추적, 논의를 위한 대시보드), 애저 파이프라인Azure Pipelines(시스템 개발과 배포 자동화를 위한 도구 및 프로세스 세트)과 깃허브가 포함됐다. 이런 도구들을 광범위하게 사용해서 셸은 코드와 알고리즘을 공유하고, 신속하고 성공적으로 배포할 수 있었다.

예지 정비 이외의 분야에서도 셸은 AI 참여 확대, 공통 프로세스 적용, 외부 공급자와의 파트너십 같은 접근 방식을 취하고 있다. 물론 다른 기술들도 사용한다. 예를 들어 파이프라인 유지·보수에서 셸은 드론에 장착된 카메라로 파이프 사진을 촬영한 다음, 딥러닝 모델을 이용하여 잠재적인 유지·보수 문제를 감지한다. AI 이미지 인식의 정확도는 인간 검사관과 비슷한 수준이지만, 시간은 훨씬 짧게 걸린다. 일부 셸 시설에서 파이프 전부를 인간이 검사하는 데는 무려 6년이 걸렸지만, 드론과 AI 시스템을 활용하면 며칠 만에 끝낼 수 있다. 그런 다음 (때때로 원격 현장에서) 인간 검사관이 딥러닝 이미지 인식 모델이 내린 판단을 확인하고, 우선순위를 지정할 수 있다. 따라서 시설에 필요한 현장 검사관의 수는 줄어들며, 이들은 더욱 발전된 검증 작업을 수행할 수 있다. 처음에는 검사관들에게 드론·AI 접근 방식의 정확성을 믿게 하고 새로운 프로세스를 채택하게 하는 데 약간의 설득이 필요했지만, 이제는 모두 동참하고 있다.

셸은 또 지표면 아래의 탐사 프로세스에서도 AI를 활용해 변화를 추구하고 있다. 셸은 지표면 아래 데이터가 여러 사일로silo에 분산되어 분석이 쉽지 않다는 사실을 깨닫고, 이 데이터를 하나로 통합한 유니버스를 만들었다. 그러면서 셸 임원들은 곧 지표면 아래 탐사 분야의 많은 협력 기업 역시 이 데이터에 접근할 필요가 있다는 현실 또한 빠르게 깨달았다.

3장에서 언급했듯이, 셸과 비즈니스 파트너들은 데이터와 알고리즘을 공유하는 생태계를 구축했다. 개방형 지하 데이터 유니버스Open Subsurface Data Universe, OSDU 생태계는 만들어진 지는 몇 년 되지 않지만, 이미 상당한 규모를 자랑하고 있다. 에너지 기업, 기술 공급 업체, 컨설턴트, 학계 연구자들을 포함하여 160개 이상의 기업이 이 생태계를 구성하고 있다. 이 생태계의 주요 초점은 조직 간 데이터 교환이지만 여기서 더 나아가 모델, 활용 사례, 플랫폼, 교육 자료를 공유하는 매개체이기도 하다. 이 생태계는 지진, 유정, 저류층, 생산 데이터를 공유하며 각 유형에 대한 표준도 보유하고 있다.

그 밖의 AI 추진 조직들은 상황에 따라 AI 확장에 대해 서로 다른 접근 방식을 가지고 있으며, 모두가 기술에 좌우되지도 않는다.

예를 들어 유니레버의 가장 커다란 과제는 회사가 사업을 영위하는 100개 이상의 국가에 걸쳐 AI 활용 사례를 확장하는 것이다. 유니레버는 공급망, 정밀 마케팅, 가격 책정, 프로모션 분야에서 고급 분석과 AI의 새로운 역량을 펼쳐 보이면서 각 나라의 리더(적어도 대규모 시장의 리더)와 협력하여 모델을 맞춤화하고 그 지역의 시스템 및 프로세스와 통합하려고 한다.

예를 들어 인도에서는 힌두스탄 유니레버가 10가구 중 9가구에 제품을 판매하고 있지만, 많은 소비자가 전국적으로 수백만 개에 달하는 소규모 지역 식료품점에서 제품을 구매한다. 과거에 유니레버 매장들의 제품 구색은 본사에서 배송한 제품들을 기준으로 결정됐다. 그러나 이제는 유니레버의 데이터과학자들이 과거 판매 실적, 지역 소비 패턴, 매장 근처 생활 수준, 심지어 경쟁사 제품까지 포함하여 성장 중인 제품 범주를 기반으로 매장 구색을 맞춤화하는 수천 개 모델을 개발했다.

이런 모델과 세분화 수준은 지역 식료품점이 활발히 운영되는 인도에는 적합하지만 대형 식료품 체인(미국의 크로거)이나 쇼핑 클럽(미국의 코스트코Costco, 샘스클럽Sam's Club), 하이퍼마켓(프랑스의 까르푸Carrefour), 편의점(일본의 세븐일레븐) 등 주요 소매 업체 유형이 다른 나라에서는 접근 방식도 달라질 수밖에 없다. 유니레버의 데이터·분석·AI 부문을 이끄는 앤디 힐Andy Hill은 "우리에게 확장은 모델 개발의 문제가 아니라 전 세계적인 변화 관리와 배포에 관한 문제"라고 말했다.

훈련 및 모든 것을 위한
데이터 관리

데이터야말로 머신러닝 성공의 선구 조건이며, 좋은 데이터를 충분히 확보하지 않고는 정확한 예측이 가능한 모델을 만들 수 없다. AI에 관심이 많은 조직은 어느 시점에서는 반드시 데이터를 다룰 수밖에 없다. 데이터의 구조화 또는 재구성, 공통 플랫폼에 올리기는 물론이고 데이터 품질, 중복 데이터, 회사 곳곳에 고립되어 있는 데이터와 같은 성가신 문제들을 해결해야 한다. 조직 대부분에서 AI 시스템을 확장하는 데 가장 커다란 장애물이 올바른 데이터를 획득하고 정리하고 통합하는 것이라고 해도 과언이 아니다.

앞서 이미 몇몇 주요 데이터 이니셔티브를 다뤘다. 2장에서는 피유시 굽타가 주도한 DBS은행의 데이터 재설계를, 이 장 앞부분에서는 ADA 데이터 프로젝트와 셸의 방대한 예지 정비 데이터 수집을 이야기했다. 유니레버와 관련해서도 비슷한 설명을 할 수 있다. 유니레버 역시 새로운 클라우드 기반 데이터 플랫폼을 통해 분석과 AI를 활용해왔다. 셸과 마찬가지로 유니레버 역시 비즈니스 인텔리전스 앱을 위한 일부 전통적 관계형 데이터와 구조화되지 않은 데이터를 위한 데이터 레이크를 결합하는 레이크 하우스lake house(데이터 레이크와 데이터 웨어하우스의 장점을 결합한 데이터 관리 시스템 아키텍처 -옮긴이)를 이용하고 있다. 이 레이크 하우스 아키텍처는 회사 데이터의 '신뢰 가능한 단일 소스(조직의 모든 사람이 동일한 데이터를 바탕으로 의사결정을 내리도록 하는 데 사용되는 개념 – 감수자)'로, 유니레버가 저장소를 쉽게 확장하고 집약적으로 분석하고 AI 작업 부하를 처리할 수 있게 해준다.

AI를 활용하고자 하는 기업의 데이터 환경에는 다음과 같은 몇 가지 특징이 있다.

- 대체로 클라우드 기반이다: 쉽게 접근할 수 있고, 더 강력한 컴퓨팅 성능으로 확장할 수 있는 유연성과 더불어 여러 AI 활용 사례 소프트웨어 도구를 제공한다. 캐피털원 같은 적극적인 AI 이용자들은 클라우드로 이동한 이후 데이터 저장과 인프라 관리에 할애하는 시간과 수고를 줄일 수 있게 되면서 AI에 더 집중하고 역량을 크게 높였다고 말한다. 만약 어떤 이유로(예컨대 보안이나 지연 시간, 규제로 인해) 설치형 컴퓨팅on-premise과 데이터 저장이 필요한 경우라도 같은 환경에서 같은 AI 기술을 사용할 수 있다.
- 사용하는 데이터는 기계가 판독할 수 있다: 데이터는 대개 추출하고 분류하고 준비하는 작업을 필요로 하지만, AI가 활용할 수 있으려면 일반적으로 행과 열로 구성된 숫자 또는 최소한 범주화된 텍스트 필드로 구조화되어 있어야 한다. 회사가 데이터로부터 깊은 통찰력을 얻기 위해서는 팩스, 손으로 쓴 메모, 음성 녹음, 이미지, 동영상 같은 형식에서도 주요 데이터를 추출해야 한다.
- 내부 및 외부 데이터를 포함한다: 기업들은 지리적 공간, 소셜 미디어, 날씨, 이미지, 기타 유형의 외부 데이터를 분석하고 이를 내부 트랜잭

션 데이터와 비교한다. 내부 데이터는 전통적인 행과 열 형식으로 저장하고 분석할 수 있지만, 외부 데이터는 생성된 형식이 무엇이든 그대로만 저장할 수 있다. 하지만 구조화되지 않은 데이터 유형도 궁극적으로는 분석을 위해 행과 열로 변환해야 한다.

- **중앙 집중화되어 있다:** 우리가 이야기한 AI 우선 기업 대부분은 이전 조직에서 관리하던 수많은 데이터 사일로에서 벗어나 사실상 모든 데이터가 분석가 또는 AI가 이용하는 단일 데이터 플랫폼으로 이동하고 있다. 일부 조직에서는 조직 곳곳에 흩어진 여러 소스에서 데이터를 통합하는 데이터 메시data mesh(분산된 데이터 관리 방식으로, 각 도메인팀이 자율적으로 소유하고 관리하는 데이터 제품을 기반으로 한다 – 옮긴이) 또는 데이터 패브릭data fabric(중앙 집중화된 데이터 관리 방식으로, 단일 플랫폼을 통해 데이터를 통합하고 관리한다 – 옮긴이) 환경으로 전환하고자 시도 중이지만, 아직 초기 단계다.

- **초점이 다르다:** AI·분석을 위해 기업들은 예전에 강조했던 데이터 캡처, 수집, 저장보다는 데이터 공급망의 후반 단계 중 하나인 소비를 더욱 강조하고 있다.[1] 또한 많은 기업이 데이터와 분석 또는 AI 모델을 하나의 제품에 결합한 내부 또는 고객용 데이터 제품의 생성을 강조한다.

- **새로운 시스템을 사용한다:** AI를 위한 데이터가 필요한 기업들은 시간이 갈수록 데이터를 위해서도 AI가 필요하다는 사실을 절감하고 있다. 예를 들어 기업들은 확률 일치 머신러닝 시스템(확률적으로 데이터를 매칭하여 여러 소스에서 수집된 중복 데이터를 통합하고 일관된 데이터를

생성하는 데 사용하는 시스템 – 감수자)을 이용하여 서로 다른 여러 데이터베이스에서 같은 제품이나 고객 또는 공급 업체 데이터를 결합하고 있다. AI 시스템은 데이터 품질 문제를 지적하고 이를 해결하는 방법을 제안할 수 있기에 데이터를 준비하는 작업에도 다소 도움이 된다. AI 시스템은 또 자동화된 데이터 목록을 생성할 수도 있어서 데이터 사용자가 필요한 정보를 찾는 데 도움이 된다. 딜로이트 컨설팅의 최고데이터책임자 후안 텔로Juan Tello는 AI가 유럽연합의 일반 데이터 보호 규칙General Data Protection Regulation, GDPR이나 캘리포니아주 소비자 개인 정보 보호법California Consumer Privacy Act, CCPA 같은 규정을 준수하는 데도 도움을 줄 수 있다고 말한다. AI가 어디에서 개인 정보 유출이 발생하는지 파악할 수 있고, 때에 따라서는 그 문제를 해결하는 데 도움이 될 수 있기 때문이다.[2]

- **팀 구성원을 추가한다:** 아무리 AI가 여러모로 도움이 된다고 하더라도 데이터를 준비하고 정리하는 과정은 여전히 인간의 노동을 필요로 하는 직업이다. 따라서 많은 기업은 이제 AI팀에 데이터 엔지니어도 포함하고 있다. 데이터 엔지니어의 역할은 고품질·대용량 데이터 환경을 구축하여 AI 모델을 훈련하고 제품 데이터에 적용하는 것이다. 이런 작업은 데이터과학자들이 알고리즘 개발과 특성 공학에 더 집중할 수 있게 해주고, 시스템 전파 속도를 높여준다.

데이터 플랫폼이 성공적인 AI를 위한 중요한 전제 조건 중 하나라는 데는 의심의 여지가 없다. 그러나 지금까지 설명한 접근 방식의 등장으로 AI를 위한 데이터 관리를 훨씬 더 효율적이고 효과적으로 할 수 있게 됐다.

기존 시스템과 아키텍처를 다루는 방법

그다지 흥미롭지는 않지만, AI 기술과 관련된 중요한 문제 중 하나는 기존의 트랜잭션 시스템과 복잡한 기술 아키텍처를 어떻게 처리할 것이냐다. 예측이나 제안을 생성하는 AI 시스템 또는 컴퓨터 시스템과 사용자 상호작용을 용이하게 하는 시스템이 충분히 배포되기 위해서는 기존 트랜잭션 시스템과 통합되어야 한다. 많은 기업이 오래되고 파편적인 시스템을 보유하고 있어 통합이 어렵다. 이들은 대개 AI 기능과 통합하기 위해 기존 시스템을 현대화해야만 한다.

규모가 큰 레거시 기업은 복잡한 기술 스택을 갖춘 복잡한 AI 아키텍처를 갖고 있다. 특히 조직 전체에 걸쳐 기업가 정신을 가지고 AI 활동을 상당히 추진해왔지만 중앙의 강력한 조정이 없는 기업에서라면 더욱 그렇다. 그 결과 발생하는 AI 기술 상당수는 서로 기능이 겹칠 수 있다. 리더는 조직 내에서 누가 어떤 AI 기술을 사용하는지, 이 모든 기술을 어떻게 통합하고 관리할지조차 파악하기 어렵다. 이런 상황에 처한 기업들은 일반적으로 여러 클라우드 시스템과 여러 AI 개발 도구를 보유하고, 많은 파트너십 관계를 맺고 있기에 AI 기술을 관리하기가 어렵고 최적화가 되어 있지 않다. 이런 기업들은 시간을 두고 다양한 아키텍처를 제어하고 단순화해야 한다.

건강보험 기업 앤섬이 좋은 예인데, 부분적으로는 이 작업이 얼마나 심각하고 어려운지를 잘 보여주는 사례다. 딜로이트는 몇 년 전 앤섬에서 이 문제를 처음 연구하고 자문하기 시작했는데 당시 앤섬의 최고정보책임자였던 톰 밀러Tom Miller가 2017년 딜로이트 콘퍼런스에서 연설했다. 딜로이트는 앤섬을 AI 우선 기업으로 만들기 위해 긴밀히 협력하고 있었고, 밀러는 기존 시스템을 어떻게 관리해야 하는지를 설명했다.

그는 앤섬 트랜잭션 아키텍처의 핵심은 (과거에도 그랬고 지금도 마찬가지로) 1년에 10억 건 이상의 보험 청구를 처리하는 청구 처리 시스템이라고 말했다. 2017년 앤섬은 이 청구 처리 엔진을 현대화하여 (인수를 통해 회사에 편입된 몇몇 시스템을 포함한) 여러 시스템을 단일 플랫폼으로 통합하고, 주요 서비스(가입, 청구, 가격 책정 등)를 모듈화하며, AI 기능을 핵심 시스템과 프로세스에 통합하는 작업을 진행하고 있었다. 목표는 머신러닝 인사이트, 고객 인터페이스의 대화형 AI, RPA 같은 인지 기능을 포함하는 것이었다. 앤섬은 바로 이런 목적을 위해 인지 역량 부서를 만들었다.

앤섬은 현대화 노력을 계속하면서 청구 처리를 단일 코어 시스템으로 통합하고 API를 포함한 클라우드 플랫폼으로 전환하고 있다. 이 클라우드 플랫폼은 시스템 간의 상호 운영성을 촉진하고, 성능을 제고하여 효율성을 높이고, AI를 통해 비용 절감을 촉진할 것이다.

이런 변화는 지금도 진행 중이지만, 조직의 아키텍처 접근 방식은 다소 발전했다. 우리의 딜로이트 전 동료로, 2018년 앤섬의 최고디지털 책임자가 됐고 현재 디지털 플랫폼 부문 사장인 라지브 로난키Rajeev Ronanki는 앤섬의 AI 기능 대부분이 트랜잭션 시스템 코드에 내장되는 대신 API를 통해 제공될 것이라고 말했다. 그들의 기술 환경 변화는 일련의 3개년 계획에 통합되어 있다.

앤섬은 차기 3개년 계획에서 야심 찬 기술 목표를 지향하고 있다. 회사 업무의 50%를 자동화하는 것을 목표로 하며, 이것이 주요 초점이 될 것이다. 게다가 차기 3개년 계획의 목표는 이해관계자와의 상호작용 90%를 디지털·AI 기반으로 수행하는 것이다.

앤섬의 3개년 계획은 기존 아키텍처를 AI 기반 아키텍처로 전환하는 좋은 방법이다. 오랜 시간에 걸쳐 기술 부채(기업이 기술적 결정을 내리면서 단기적인 관점에서 문제를 해결해 온 결과 시간이 지나면서 더 많은 비용과 자원을 필요로 하게 되는 것-감수자)가 축적된 레거시 기업은 모든 것을 한 번에 재구축할 여력이 없다. 여력이 있다고 해도, AI의 변화 속도를 고려하면 새로운 기술 아키텍처를 구축해봐야 이미 구식이 되어버릴 것이다. 따라서 변화를 위한 다년간 계획을 세우고, 단계마다 명확한 목표를 설정하고 명확한 가치를 보여주어야 한다.

AI, 디지털,
그리고 AIOps

AI 활동에 관한 딜로이트의 연간 조사에 따르면, 최근 몇 년 동안 매우 인기를 끈 AI 활용 사례 중 하나는 IT 그 자체다. AI와 자동화 기능은 네트워크와 서버에서 문제를 예측하고 진단할 수 있으며, 자동화 프로그램은 이를 복구할 수 있다. 이런 종류의 AI 활용 사례는 언뜻 내부에만 초점을 맞추는 것처럼 보일 수도 있지만, 실제로 많은 조직에 중요한 역량이 되고 있다. 특히 IT와 디지털 역량에 의지하는 사업이라면 모든 도구를 최대한 활용하여 해당 자원의 가용성을 확보해야 한다.

AI를 활용한 IT 운영은 자율형 IT 관리IT autonomics라고 불렸지만, 좀 더 최근에는 IT 운영을 위한 AIArtificial Intelligence for Operations, AIOps라고 부른다. AIOps는 소프트웨어 및 IT 장치 데이터를 사용하여 문제 영역을 식별하고 IT 운영의 여러 측면을 자동화한다. 기업들의 디지털화가 진행되면서 아직 이 기술이 인간 IT 운영자를 온전히 대체하지는 않았지만, 어쨌든 인간 IT 운영자 수를 합리적인 수준까지 줄이기는 한다.

AI 중심 기업 중 AIOps를 도입한 기업의 예로는 에어버스가 있다. 에어버스는 수십만 대에 달하는 IT 장비를 보유하고 있으며, 이 장비들은 시간이 갈수록 항공기를 비롯한 제품 생산에서 필수적인 부분이 되고 있다. 만약 중요한 IT 장비가 고장 나거나 당장 사용할 수 있는 예비 부품이 없다면 생산이 중단될 수도 있다. 에어버스는 AI 를 이용하여 IT 장비를 사용하지 못하게 될 때를 예측·방지하고 수리 시간을 단축하고 있다. 또한 에어버스는 AIOps를 이용하여 3장에서 설명한 스카이와이즈 오픈 데이터 플랫폼으로 가는 정보 전달을 모니터링하고 있다.

에어버스는 소프트웨어 기업 스플렁크Splunk와 파트너십을 맺고 생산 프로세스뿐만 아니라 사이버 보안 환경에서도 다양한 머신을 모니터링하고 제어한다. 18개월 이상에 걸쳐 에어버스는 전 세계적인 데이터 융합 플랫폼을 개발했다. 이는 20만 개의 데이터 생성 자산에서 오는 하루당 20테라바이트에 달하는 데이터를 모니터링할 수 있게 해준다. 이 모니터링 시스템에는 120개가 넘는 앱이 포함되어 있는데, 다수가 머신러닝 기능을 갖추고 있다. 이 앱들은 예를 들어 IT 자산이 최적 수준으로 작동하고 있는지, 문제가 발생하면 어떤 예비 부품을 사용할 수 있는지, 내외부 데이터 유출이나 내부자 보안 위협 가능성 같은 문제들은 없는지 평가한다. 어떤 기업도 AI의 도움 없이는 이 모든 데이터와 앱을 추적하고 성공적으로 관리할 수 없다.

에어버스가 유일한 사례가 아니다. 디지털 존재감이 어느 정도 있는 기업이라면 전체적인 IT 인프라와 디지털 인프라를 가능한 한 항상 이용할 수 있어야 한다. AI 추진 기업은 디지털을 동력으로 하는 기업이기도 하므로, 디지털 연료를 계속 공급하려면 AIOps가 필요하다.

고성능 컴퓨팅 환경
구축

AI 기술은 소프트웨어에 국한되지 않는다. 상당한 양의 AI 개발을 염두에 두고 있는 기업이라면 그에 걸맞은 하드웨어 환경도 구축해야 한다. 흔히 고성능 컴퓨팅High-Performance Computing, HPC이라고 불리는 환경은 일반적으로 숫자 계산을 매우 빠르게 병렬로 수행할 수 있는 시스템을 포함한다. 대체로 딥러닝 기반 AI 모델은 클라우드와 사내 환경 모두에서 사용할 수 있는 그래픽 처리 장치Graphics Processing Units, GPU를 이용한다. GPU는 원래 비디오게임을 위해 개발됐는데 특히 이미지, 동영상, 자연어 처리에 탁월하다. 또 머신러닝 모델을 훈련하기 위해 필요한 막대한 데이터를 저장하려면 그만큼 큰 저장 용량이 필요하며, 실시간 모델 스코어링을 위해서 지연 시간이 짧은 아키텍처가 필요할 수도 있다. 다른 유형의 AI 방식도 강력한 프로세서를 요구할 수 있다.

예를 들어 딜로이트는 엔비디아와 협력하여 딜로이트 센터 포 AI 컴퓨팅Deloitte Center for AI Computing을 설립했다. 엔비디아가 여기에 자사 GPU를 탑재한 DGX A100 시스템을 제공했다. 센터는 이 최첨단 AI 인프라를 사용하여 새로운 활용 사례를 확인하고, 클라이언트와 공동으로 혁신하고, 새로운 제품·서비스를 생산하고 판매함으로써 기업의 성장을 도모한다.

AI 기술의 변화 속도

AI 기술은 정보 기술 분야에서 가장 빠르게 변화하고 있다. 수천 명에 달하는 연구원이 새로운 모델과 AI 접근 방식을 모색하고, 수천 명의 기존 공급업자가 이를 제품으로 전환하기 위해 노력하고 있다. 특히 스타트업을 비롯한 특정 공급업자들은 시간에 따라 흥망성쇠를 겪는다. 아무리 근사한 AI 기술 환경을 구축해놓았다고 하더라도, 10년 동안 그저 유지하면서 성과를 누릴 조직은 없다. AI 분야에서는 외부 시스템·제품과 내부 니즈 사이의 일치(또는 불일치)를 지속적으로 모니터링해야만 한다.

모든 대기업, 특히 AI 우선 기업이거나 이를 추구하는 기업은 AI 기술의 추세를 추적하고, 새로운 기술을 실험해보고, 조직의 니즈에 적합하다고 판단되면 그 기술을 도입할 수 있는 똑똑한 인재를 지정해야 한다. 이런 인재들이 뛰어난 데이터과학자나 AI 엔지니어일 필요는 없다. 그러나 적어도 AI의 핵심 기술들과 활용 사례, 그 기술이 비즈니스 니즈를 어떻게 지원하는지는 이해해야 한다.

지금까지 기업들이 AI를 발전시키기 위해 사용하는 여러 기술을 논의하면서 이 기업들이 성취해온 조직 변화의 여러 유형을 언급했다. 사람, 프로세스, 기술이라는 조직 변화의 필수 요소 세 가지에, 이제는 전략과 비즈니스 모델도 추가해야 한다고 주장한 셈이다. AI 기술은 강력하다. 그러나 사업, 조직, 조직 문화의 변화 없이는 아무런 소용이 없다.

5장

역량

: 추구하는 목표가 다르면 필요한 역량도 달라진다

ALL IN
ON AI

CAPABILITIES

모든 유형의 커다란 기업 변화를 일컬을 때 '여정'이라는 다소 진부한 표현이 자주 쓰인다. 이 표현은 AI를 활용한 기업 혁신에도 적용될 수 있다. AI를 단번에 광범위하고 심층적으로 도입하는 기업은 없다. AI를 제대로 활용하기 위해서는 실험, 시간에 따른 역량 개발, 착수와 중단, 실수와 좌절 등 조직이 대규모로 변화할 때 보이는 모든 속성이 필요하다. 관건은 기업이 지속 가능한 AI 역량을 시간의 흐름과 더불어 어떻게 축적해나가느냐다.

이 장에서는 그 역량이 어떤 것인지, 그리고 그 역량을 어떻게 축적할 것인지를 살펴보려 한다. 사례 기업들이 저마다 지향하는 AI 모델에 도달하기 위해 밟아온 구체적인 여정과 이들이 AI 역량이라는 사다리를 오를 수 있었던 일반 원칙까지 설명하려 한다. 조직들이 활용할 수 있는 몇 가지 지름길도 제시하겠다. 동시에 일부 기업이 AI 도입 과정에서 마주쳤던 몇몇 함정도 언급하여 대책을 마련할 수 있게 하겠다. 마지막으로 윤리적이고 신뢰할 수 있는 AI 역량에 대해 논의하고, 그 실현 방법도 이야기해보겠다.

AI 추진 기업으로 가는 일반적인 경로

AI 올인 기업이 되는 길은 순탄치만은 않다. 우리는 대기업 중 'AI 올인 기업'이라는 정의에 부합하는 기업은 1% 미만이라고 추정한다. 그러나 사실상 모든 기업 역량에는 역량 성숙도 모델이 있으니, AI에 대해서도 유사한 접근 방식을 취할 수 있다. AI 역량 성숙도는 다음과 같이 다양한 요인으로 결정된다.

- 기업 전반에 걸친 AI 활용 사례의 정도
- 다양한 AI 기술 활용 정도
- 최고 경영진의 참여 수준
- 기업 의사 결정에서 데이터의 역할
- 데이터, 인력, 기술 등 AI 자원의 이용 가능성 정도
- AI 파일럿 프로그램이나 실험이 아닌, 실제 배포의 정도
- 사업 전략이나 비즈니스 모델이 혁신과 연결되는 정도

• 윤리적인 AI 이용을 보장하는 정책과 절차

역량 성숙도 모델은 대체로 5단계로 이루어지며, 우리도 이 기준을 따랐다. 보통 1단계는 낮은 역량, 5단계는 높은 역량을 나타내는데, 이 패턴 역시 따랐다. 1장에서 제시한 역량 수준을 이 5단계와 합쳐 다시 제시하면 다음과 같다.

• **AI 추진자(5단계)**: 앞서 설명한 모든 구성 요소 또는 대부분 구성 요소가 충분히 구현되고 작동하는 상태. 기업이 AI 역량을 기반으로 구축되고, 러닝 머신이 되어간다.

• **혁신자(4단계)**: 아직 AI 추진 수준은 아니지만, 그 목적지를 향하는 여정에서 비교적 많은 발전을 이뤘고, 일부 속성은 이미 기업 내에 자리를 잡고 있다. 다양하게 배포된 AI가 조직에 실질적인 가치를 창출하고 있다.

• **개척자(3단계)**: 여정을 이미 시작했고 어느 정도 나아가긴 했지만, 아직 초기 단계에 머물러 있다. 일부 시스템은 배포되고, 상당히 긍정적인 결과가 성취됐다.

• **초보자(2단계)**: AI를 실험하는 중이다. 계획은 있지만, 아직 많은 발전이 필요하다. 실제로 배포된 AI 시스템이 거의 또는 아예 없다.

• **저성과자(1단계)**: AI 실험을 시작했지만, 실제 배포된 활용 사례는 없고 경제적 가치를 거의 또는 전혀 성취하지 못하고 있다.

여기에 '0단계'를 더하여 AI 활동을 전혀 찾아볼 수 없는 기업을 범주에 넣을 수도 있겠지만, 성숙한 경제의 대규모 기업에서는 찾아보기 힘든 범주임이 분명하다. 다른 성숙도 모델과의 주요 차이점은 AI 이용에 대한 세 가지 대안적인 모델을 제시한다는 점이다. 그러나 기업은 가장 중요한 목표가 무엇이든 다양한 수준에 속할 수 있다.

앞으로 AI 추진 기업이라고 하면 대체로 5단계 기업을 가리킨다고 생각하면 된다. 앞서 보았듯 이런 기업들은 폭넓고 다양한 AI 기술을 보유하고, 이미 자리 잡은 활용 사례가 있으며, 그런 활용 사례를 지원하는 전문 기술 플랫폼까지 보유하고 있다. 이들도 물론 실험을 한다. 창의성을 추구하는 기업은 운영 측면의 개선을 추구하는 기업보다 훨씬 더 많은 실험을 할 수 있다. 하지만 이런 조직들의 목표는 AI 시스템을 배포함으로써 실제로 AI와 더불어 사업을 하는 것이다(물론 대체로 성취된다). 그러면 새로운 비즈니스 프로세스가 활용되고, 새로운 제품과 서비스가 시장에 도입되면서 고객이 이용할 수 있게 된다. 고위 임원들도 활용 사례를 파악하고 성과를 모니터링하는 데 적극적으로 참여한다. 기업에서는 데이터과학 조직을 만들어 디지털 인프라를 현대화하고, 방대한 데이터를 확보하여 모델들을 훈련하고 테스트한다.

3장에서 논의했듯이, 아마도 가장 중요한 사실은 AI 활용에는 대안적인 모델들이 있고 다양한 전략을 위한 다양한 역량 모델이 존재한다는 점일 것이다. 앞서 봤듯이 세 가지 주요 모델은 첫째 새로운 사업·제품·서비스 창출, 둘째 운영 혁신, 셋째 고객 행동 제안으로 요약할 수 있다. 우리의 설문조사에 따르면 지금은 운영 개선이 AI 활용의 최우선 목표이긴 하지만, 기존 전략·운영·비즈니스 모델을 혁신하려는 목적으로만 이용하지 않는 기업도 일부 찾아볼 수 있었다. 이들 기업은 새로운 전략, 혁신적인 비즈니스 프로세스 설계, 고객 및 파트너와 새로운 관계 설정에 초점을 두고 AI를 활용하고 있다. 그렇다면 이런 기업들은 새로운 전략, 사업 모델, 제품의 성공적인 개발 여부를 기준으로 자신들의 역량을 평가할 것이다. 운영에 초점을 두고 AI를 도입하면 실질적인 운영상의 개선에 관심을 두게 되고, 고객 행동에 초점을 맞추고 AI를 도입하면 고객 행동에서 실제 얼마나 많은 변화를 성취했는가에 집중하게 될 것이다. 물론 이런 수준의 기업 혁신을 위해서는 5단계 기업에서 일반적으로 볼 수 있는 것처럼, 고위 임원들이 전략적 논의에 적극적으로 참여해야 한다.

핑안: 새로운 비즈니스 모델을 창출하는 AI 추진 기업

1988년 보험 회사로 출발한 핑안보다 AI 추진 사업에 열성적인 기업은 찾기 힘들 것이다. 1장에서 요약했듯이 핑안은 금융 서비스, 의료 서비스, 자동차 서비스, 스마트 시티 서비스 등 라이프 스타일 생태계를 통해 보험, 은행, 투자 상품 및 서비스를 제공하는 통합 금융 서비스 플랫폼으로 빠르게 발전해왔다. 핑안은 AI를 활용하여 새로운 비즈니스 모델, 전략, 생태계, 프로세스를 창출하고 있다. 이는 20세기 후반에서 21세기 초반 중국 경제가 급격히 성장하고 부유한 소비자들이 늘어나는 현상과 맞물리면서 훌륭한 전략으로 판명됐다. 3장에서 논의했듯이 핑안은 기업 수준에서 AI를 활용하여 사업 혁신을 추진하고 있으며, 이미 상당한 성공을 거두고 있다는 사실에는 의심의 여지가 없다. 물론 핑안은 AI를 활용하여 다양한 사업부문에서 기존 운영을 개선하기도 하지만, 최우선 과제는 AI 기반 시나리오 및 비즈니스 기회 창출이다.

핑안 고위 경영진은 AI에 진심이다. 창립자이자 회장 마밍저는 데이터과학팀과 밀접하게 협력하며 AI와 관련 기술의 새로운 발전을 추진한다. 사업 분야에서 AI를 새롭게 적용할 아이디어가 떠오르면, 이를 실현할 수 있는 적합한 팀을 찾는다. 그는 10년도 넘게 데이터와 빅데이터, AI에 마르지 않는 열정을 과시하고 있다. 2013년에 그는 제시카 탄Jessica Tan을 최고운영책임자 겸 정보책임자로 영입했다. 그녀는 경영 컨설팅 기업 맥킨지McKinsey 출신으로 MIT에서 2개의 학위를 취득했으며, 현재는 공동 CEO로서 핑안 AI 사업을 총괄하고 있다.

핑안은 또 방대한 규모의 데이터과학 조직을 갖추고 있다. 2021년 6월 기준으로 4,500명 이상의 데이터과학자 및 AI 전문가, 그리고 11만 명 이상의 과학 및 기술 전문가가 재직 중이다. 수석 과학자로 사실상 핑안의 AI를 이끌고 있는 징샤오는 카네기멜런대학교에서 컴퓨터과학공학과 로봇공학 박사 학위를 받았다. 핑안의 많은 데이터과학자가 징샤오와 마찬가지로 학계 출신이다. AI 전문가들은 프로젝트를 기반으로 그때그때 특정 사업 부서에 배치된다. 징샤오에 따르면 핑안은 (부분적으로는 생태계 구조에서 가져온) 막대한 양의 데이터와 이를 활용하는 많은 활용 사례 덕분에 데이터과학 인재를 쉽게 유치할 수 있다고 한다. 그는 또 AI 전문가들이 단순히 모델 제작에서 그치지 않고, 모델을 실제 사업에 적용하는 책임까지 진다고 덧붙였다.

핑안은 외부에서 보기에도 눈에 띄는 다양한 AI 활용 사례를 보유하고 있다. 핑안의 새로운 의료 사업 플랫폼 굿 닥터Good Doctor에서는 AI 기반 시스템이 인간 의사를 도와 병의 증상을 확인하고 환자를 분류한다. 이 플랫폼은 4억 명이 넘는 가입자에게 서비스를 제공하고 있다. 스마트 시티 사업부에서는 지능형 질병 예측 시스템을 통해 중국 여러 대도시에서 인플루엔자나 당뇨병과 같은 질병을 모니터링하고 예측한다. 핑안의 오토 오너Auto Owner 앱은 AI와 기타 디지털 도구를 사용하여 스마트폰 사진을 기반으로 자동차 사고 보험 청구를 불과 2분 만에 해결한다. 또 고객이 같은 앱에서 다른 기능을 이용하면 7초 이내에 자신에게 적합한 자동차보험 상품을 추천받을 수 있다. 금융 서비스를 제공하는 원커넥트OneConnect 사업은 강력한 AI 기반 리스크 관리 역량을 갖추고 있다. 핑안 전체에서 이런 AI 활용 사례는 수없이 찾아볼 수 있다.

핑안은 다양한 AI 플랫폼을 개발하여 이런 활용 사례를 지원하고 있다. 예를 들어 핑안 브레인Ping An Brain은 딥러닝, 데이터 마이닝,

생체 인식 등의 기술을 통합하여 산업 체인 이벤트industrial chain event 분석, 음성 인식, 추천 엔진 및 로봇 배치와 같은 시나리오 활용 사례를 지원한다. 질병 예측 같은 스마트 시티 앱은 PADIA라는 플랫폼을 기반으로 데이터 기반 의사 결정을 한다. PADIA에는 머신러닝과 자연어 처리를 포함하여 다양한 AI 알고리즘이 통합되어 있다.

조직적으로 볼 때 평안 AI의 많은 부분이 선전에 있는 평안테크놀로지 사업부를 중심으로 개발되지만, 중국 내 다른 여러 도시와 싱가포르 등의 해외에서도 연구소를 운영하고 있다. 2008년 설립된 평안테크놀로지는 연구 프로젝트로 수많은 상을 받았고, 2019년에는 특허 개수로 세계 8위에 올랐다. 현재 평안의 연구 프로젝트 대부분은 어떤 식으로든 AI와 관련이 있다.

평안은 데이터와 시나리오 기반 AI를 이용해서 30년 넘는 기간에 걸쳐 기업을 보험 사업에서 벗어나 선도적인 통합 금융 서비스 및 의료 서비스 제공 업체로 혁신할 수 있었다. 다른 보험 회사나 다른 산업에 속한 기업이라고 해서 평안과 똑같은 접근 방식을 채택해선 안 된다는 법은 없다. 평안은 1980년대 후반 작은 회사에서 시작하여 전 세계적인 거대 기업으로 성장했다. 2021년 1,910억 달러 이상의 매출을 올린 평안은 포춘 글로벌 500대 기업 순위 16위, 글로벌 금융 기업 순위 2위에 올랐다.

스코샤은행: 늦게 출발했으나
빠르게 따라잡고 있는 혁신 기업

AI 역량 획득이란 마치 레이스와 같아서 한번 뒤처지면 결코 따라잡을 수 없다고 생각하는 사람들도 있을 것이다. 캐나다의 '빅 5' 은행 중 하나인 스코샤은행은 이런 통념을 뒤집었다. 스코샤은행은 최근 2년 동안 역량을 가속하면서 결과 지향적인 AI 활용 접근 방식을 추구해왔다. 일부 경쟁사는 이들보다 앞서 AI 역량을 구축하거나 역량을 갖춘 기업을 인수했지만, 스코샤은행은 데이터·분석 역량의 기반을 마련하기 위해 처음부터 대규모 디지털 혁신에 초점을 맞췄다. 이런 전략을 취했기에 고급 분석과 AI 도입에서는 다른 은행에 뒤처졌을 수도 있지만, 다양한 사업부문에서 고객 요구에 반응하는 대단히 실용적인 데이터 기반 접근 방식을 확보할 수 있었다.

스코샤은행은 AI 분야의 핵심 영역에서 빠르게 다른 은행들을 따라잡았다. 그러기 위해 데이터와 분석 작업을 더 밀접하게 통합했고, AI에 실용적으로 접근했으며, 재사용 가능한 데이터 세트에 집중했다. 이는 속도와 투자 수익 모두에 도움이 됐다.

2019년 중반 스코샤은행의 CEO 브라이언 포터Brian Porter는 올바른 분석이 중요하다고 판단했다. 그리고 고객 인사이트, 데이터, 분석Customer Insights, Data, and Analytics, CID&A에 초점을 맞춘 새로운 팀이 이 분석 작업의 핵심이 되어야 한다고 생각했다. 스코샤은행은 필 토머스Phil Thomas를 CID&A 부문 총괄 부사장으로 임명했다. 은행의 최고분석책임자와 최고데이터책임자 모두가 그에게 보고하도록 체계를 갖췄다. 여기에 전담 정보책임자를 더하여 구조를 완성했다.

이렇게 통합된 보고 구조를 통해 스코샤은행은 필요한 데이터를 빠르게 수집·관리하고 분석·AI 역량을 구축할 수 있었다. 스코샤은행의 한 임원은 "우리의 인센티브, 리더십, 개성이 모두 조화를 이루기에 마찰이나 방해가 없습니다"라고 말했다.

스코샤은행의 경영진은 앞서 열거한 요소들과 사업 목표가 일치할 때만 성공이 가능하다는 사실을 잘 알고 있다. 예를 들어 분석·AI 기능은 중앙화되어 있지만, 데이터과학자 대부분은 다양한 작업 라인에 배치되어 있다. 따라서 궁극적으로는 비즈니스 리더가 어떤 분석·AI 활용 사례가 개발되어야 하는지, 어떤 전담 분석팀이나 데이터팀이 파트너 관계를 맺어야 하는지에 관한 의제를 주도한다. 2021년 10월까지 최고분석책임자였던 그레이스 리Grace Lee는 "디지털화 덕에 은행 전체를 데이터로 볼 수 있게 됐고, 분석·AI 인력은 단순한 지원 역할에서 그치지 않고 새로운 비즈니스 최전선의 일부가 됐습니다"라고 말했다(당시 리가 CID&A팀을 이끄는 리더가 됐고, 토머스는 CID&A 감독을 포함하는 최고위험관리책임자로 승진했다).

토머스와 리, 그리고 그들의 동료들이 보기에는 은행 내 주요 프로세스를 개선하고 더 나은 의사 결정을 내리는 것이야말로 회사를 발전시키는 데 가장 좋은 방법이었다. 그들은 이 목표를 성취하기 위해 결과 지향적인 AI 접근 방식을 택했다. 토머스는 이를 '블루칼라 AI'라고 부른다. 이 접근 방식에서는 연구나 실험보다는 비교적 짧은 시간 프레임에서 어떤 프로젝트가 사업에 가치를 제공할 가능성이 큰지가 중요하다. 은행 운영과 고객 관계를 지속적으로 개선하는 프로젝트들만 있을 뿐, 모든 것을 뒤엎는 '빅뱅' 프로젝트는 없다. 결과적으로 AI 프로젝트 대부분이 생산 단계에 배포됐다. 리는 분석·AI 모델의 80%가 이미 배포됐고 20%는 배포 예정이라고 말했다.

스코샤은행의 고위 임원들은 비즈니스 모델과 제품·서비스 제공의 극적인 변화는 구현하기 어려울 수 있으며, 모멘텀을 구축하는 데 필요한 추진력을 확보하지 못할 수도 있다는 현실을 깨달았다. 일부 자원은 AI뿐만 아니라 블록체인과 양자 컴퓨팅을 비롯한 새로운 기술로 새로운 비즈니스 모델과 제품을 추진할 수 있는지 탐색하는 데 할애될 수 있지만, CID&A팀 대다수는 현재의 운영 및 고객 경험 개선에 중점을 두고 있다.

은행의 AI 접근 방식이 고객 중심이라는 점을 고려하여, 몇몇 핵심적인 활용 사례 역시 고객 경험을 개선하는 데 초점을 맞춰왔다. 스코샤은행은 코로나19 팬데믹 기간에 도움이 가장 필요한 고객(우선은 개인 고객, 나중에는 소기업)에게 팬데믹을 헤쳐나가기 위한 재정적 조언을 제공하고자 애썼다. CID&A팀은 머신러닝 모델을 이용하는 앱을 개발해서 예금 및 지출 수준과 같은 트랜잭션 데이터를 이용하여 현금 흐름 문제가 발생할 가능성이 큰 고객을 찾았다. 은행은 그중에서도 지원과 조언이 가장 필요한 고객을 파악했다. CID&A팀은 은행의 캐나다 내 소매 금융 업무 부문은 물론 지점 관계 관리자를 통해 이런 선제적인 접촉 기회를 활용했다. 관계 관리자는 이 타깃 목록을 이용하여 고객과 접촉하고, 맞춤형 조언과 지원을 제공했다.

스코샤은행은 또 AI 기반 마케팅 및 참여 엔진을 도입하여 고객과의 사전 접촉을 지원했다. 이 엔진은 은행이 알고 있는 고객 생애 이벤트(신규 대출, 출산, 자녀의 대학 진학 등)와 특정 채널(지점, 모바일, 온라인, 콘택트 센터 또는 이메일 등)에 대한 고객 선호도를 모두 분석하여 고객이 선호하는 채널을 통해 맞춤형 뱅킹 서비스 조언을 제공한다.

은행의 주요 AI 초점은 고객에 맞춰져 있지만, 다른 영역에도 많은 활용 사례가 있다. 스코샤은행은 글로벌 뱅킹과 시장 부문의 백오피스 업무 자동화, 최전방 보안 개선, 고객센터 전화 1건당 정보 검색 시간 1분 이상 단축을 통해 상당한 수익을 창출했다.

스코샤은행 최고데이터책임자 피터 세레니타Peter Serenita가 이끄는 데이터 관리 부서 역시 변화를 모색했다. 부서의 목표는 분석·AI 활용 사례에 데이터를 더 빠르게 제공하는 것이었다. 데이터 없이는 모델 자체가 불가능하기 때문이다. 2019년 CID&A가 구조조정을 하기 전 은행의 데이터 전략은 방어에 주로 초점을 맞췄다. 다시 말해 규제 준수, 재무 보고, 리스크 관리를 강조하는 전통적인 은행 보호 접근 방식이었다.

그런데 고객 인사이트와 빠른 가치 실현에 추가로 초점을 맞추면서, 데이터 부서는 '재사용 가능한 신뢰성 있는 데이터세트Reusable Authoritative Data set, RAD(신뢰성과 정확성이 보장된 데이터세트로 여러 부서나 프로젝트에서 다양한 용도로 재사용할 수 있음–감수자)'라는 이름으로 불리는 새로운 데이터 제공 방식을 개발했다. RAD는 고객 데이터, 거래 데이터, 잔액 데이터 등 재사용할 수 있는 데이터 세트를 찾았다. 이런 데이터 접근 방식은 속도, 일관성, 가치를 향상시킨다. 일반적으로 데이터 프로젝트에서는 높은 ROI를 창출하기가 어렵지만, 스코샤은행에서는 이제 흔한 일이라고 세레니타는 말한다.

스코샤은행의 경험은 AI 도입이 늦은 기업도 먼저 시작한 기업을 따라잡거나 추월할 수 있다는 증거다. 다만 후발 주자들은 AI 기술에 지속적으로 투자하고 그 가치를 활용하는 데 전념할 수 있어야 한다. 스코샤은행이 채택한 블루칼라 AI 전략 덕분에 AI 이니셔티브가 사업에 가치를 제공하면서 그 대부분이 실제 배포될 수 있었다. 스코샤은행의 AI 전략은 명확하게 기존 운영을 개선하고 고객과 더욱 긴밀한 관계를 형성하는 데 초점을 맞추고 있다. 이렇게 은행이 명확한 목표를 가지고 있기에 달성 가능성이 훨씬 크다.

보험 분야: 데이터와 AI로
고객 행동에 영향을 미치기

AI를 활용하는 기업이 가장 일반적으로 제시하는 목표가 바로 고객의 행동을 변화시키는 것이다. 앞서 논의했듯이 이 목표는 소셜 미디어 기업들에서는 상당히 잘 활용되고 있지만, 다른 산업에서는 그다지 진전이 없다. 잘 알다시피 소셜 미디어는 긍정적인 방향(예컨대 커

뮤니티 형성)과 부정적인 방향(예컨대 사회적 분열) 모두에서 사람들의
행동을 변화시킬 수 있다.

보험 업계에서는 물론 긍정적인 행동 변화만을 목표로 한다. 보
험 업계는 단순히 나쁜 일이 일어난 고객에게 보험금을 지급하는 일
에 그치지 않고, 나쁜 일 자체를 사전에 방지하는 데도 도움을 주고
자 한다. 물론 이런 회사들도 이익 창출을 꾀하지만, 고객의 건강과
안전을 도모함으로써 이익을 얻고자 한다.

우리는 보험 업계 여러 부문에서 AI를 활용하여 고객 행동 변화
를 추구하는 셋 이상의 기업을 발견했다. 이들은 모두 해당 목표를
추구하는 초기 단계에 머물러 있으며, 운영 개선을 위해 AI를 활용하
고자 한다. 일부 기업은 스타트업과 파트너십을 맺어 관련된 역량을
구축하고 있고, 또 일부는 자체적으로 필요한 역량을 개발하고 있다.

데이터와 분석을 활용하여 고객 지향적 의사 결정을 하는 데 이
미 오랜 선구자였던 프로그레시브보험은 아마도 이 분야에서 가장
앞선 기업일 것이다. 이 회사는 업계 최초로 신용 점수를 기반으로
자동차보험료를 책정했고, 그 후에는 역시 업계 최초로 운전자의 행
동을 기반으로 보험료를 책정하기도 했다. 4장에서 살펴본 앤섬은 미
국 대규모 건강보험 회사이고, 매뉴라이프는 캐나다 최대 보험 회사
로 미국과 아시아에서도 사업체를 두고 생명보험과 건강보험, 연금,
그 밖의 금융 서비스를 제공한다.

프로그레시브: 더 나은 운전을 위한 동기 부여

전 세계적으로 자동차보험 업계는 운전자의 실제 운전 습관이 고객의 보험료를 산정하는 가장 좋은 방법이라는 생각으로 나아가고 있다. 사용 기반 보험Usage-Based Insurance, UBI이라고 불리는 이 접근 방식은 센서를 사용하여 운전자가 언제 어떻게 운전하는지를 측정해서 안전 운전자의 보험료는 낮추고, 위험한 운전 습관을 보이는 운전자의 보험료는 높인다. 프로그레시브는 2008년에 스냅샷이라는 프로그램을 통해 이 같은 혁신을 도입했다.

지금까지 프로그레시브는 스냅샷 고객들에게서 225억 킬로미터가 넘는 주행 데이터를 수집했다. 이 데이터를 기반으로 머신러닝 모델을 이용하여 고객들의 운전 습관을 개별 고객에게 청구하는 보험료로 변환한다. 최근에는 데이터과학자들이 더 많은 데이터를 분석하고, 더 효율적이고 효과적으로 보험료를 책정할 수 있도록 AutoML을 도입했다.

스냅샷은 미국 여러 주에서 각각 다른 요소들을 모니터링하지만, 프로그레시브가 휴대전화나 차량에 연결한 무선 데이터 전송 장치를 통해 공통으로 수집하는 주행 데이터로는 다음과 같은 것들이 있다.

- 과도한 가속 또는 감속: 스냅샷은 가속도계를 통해 급가속, 급제동, 급커브를 감지한다.
- 운전 시간대: 스냅샷은 고객의 운전 시간대를 모니터링하여 자정부터

오전 6시 사이 또는 러시아워에 운전할 때는 보험료를 더 많이 청구한다.

- **주행 거리:** 스냅샷은 주행 거리가 적은 운전자에게는 보험료를 더 적게 청구한다(연간 최소한 약 6,500킬로미터를 주행해야 함).
- **휴대전화 사용:** 운전자 휴대전화의 스냅샷 앱을 통해 운전 중 전화나 문자 메시지 이용 여부를 확인할 수 있으며, 이용자에겐 더 많은 요금을 청구한다.
- **과속:** (모바일 기기 버전에는 GPS가 있어서) 스냅샷이 제한 속도를 초과하는지 아닌지를 확인하며, 제한 속도를 준수하는 사람에겐 보험료를 더 적게 청구한다.

스냅샷은 가격 할인(최대 30%) 외에도 여러 방법을 동원하여 운전 습관에 영향을 미치려고 노력한다. 문자 등급을 활용하고(A 등급은 할인 폭이 크고, B 등급은 할인 폭이 작으며, C 등급 이하는 할인 없음), 안전하지 않은 운전 습관이 탐지되면 플러그인 장치에서 경고음이 울리게 하며, 웹사이트에서 운전 보고서를 제공하고, 머신러닝으로 생성된 운전 조언을 스마트폰을 통해 제공한다. 프로그레시브는 스냅샷을 이용하여 운전자들이 총 10억 달러 이상의 보험료를 절약했다고 주장한다. 기술이 더 발전하여 앞으로는 회사가 예방에 도움을 준 사고 건수도 추산할 수 있다면 좋을 것이다.

앤섬: 건강을 위한 행동 변화

앤섬은 2020년 건강을 위한 디지털 플랫폼을 구축하여 수백만 명의 건강보험 가입자에게 건강 증진 서비스를 제공하겠다고 발표했다. 앤섬의 디지털 플랫폼 부문 사장 라지브 로난키는 회사의 목표가 '치료'에서 '건강 관리'로 전환됐다고 말했다. "아픈 사람을 치료하기보다는 건강을 유지할 수 있도록 노력할 것입니다." 그에 따르면 앤섬은 개인 회원·고용주·의료 서비스 제공자를 연결하여 맞춤형 건강 관리를 제공하고, 건강한 행동을 유도하여, 치료의 중심을 사후 대응에서 사전 예방으로 전환하려고 한다.

2020년 앤섬 연례 보고서에서 로난키는 다음과 같이 말했다.

오늘날 세계에서 가장 가치 있는 10대 기업 중 7개는 공급과 수요를 효과적으로 디지털화한 플랫폼 기업입니다. 앤섬은 방대한 데이터 자산, 자사 소유 AI와 머신러닝 알고리즘을 통합하여 업계 최대 플랫폼을 구축했습니다. 이 플랫폼을 통해 우리는 지식을 디지털화하고 소비자, 고객, 의료 서비스 제공자, 지역 사회에 더 빠르고 완벽한 경험을 제공할 수 있습니다. (…) 우리의 플랫폼 접근 방식은 이미 영향을 미치고 있습니다. 예를 들어 값비싼 오프라인 진료 인프라 없이도 가상으로 치료를 제공하고 있습니다. 디지털, 가상, 물리적 치료를 원활하게 혼합하여 의료 수요를 예측하고 사람들이 적절한 시기에 적절한 치료를 받을 수 있도록 연결할 수 있습니다. 또한 AI와 머신러닝 역량을 이용하여 지속적으로 공급과 수요를 최적화하고, 개인별 건강 니즈를 파악하여 지역 사

회 수준에서 전반적인 건강 증진을 촉진할 것입니다.[1]

2021년 현재 앤섬은 회원들을 위한 앱을 개발하여 여러 상을 받았다. 이 앱은 AI 강화 도구와 서비스로 구성되어 의료 탐색을 쉽게 하고, 개인 상황에 따라 의료 경험을 맞춤화한다. 이런 도구 중 하나는 제공된 건강 정보, 인구통계 데이터, 선호도를 활용하여 회원들을 적절한 의료 서비스 제공자와 연결하는 기능을 갖추고 있다. 앤섬은 또 AI 역량을 활용하여 복잡한 시술이 필요한 회원들을 파악한 다음, 더 저렴하고 품질 높은 시설과 서비스로 안내하여 치료 접근성을 높이고 비용을 절감해준다.

앤섬은 회원과 지역 사회에 건강 관리 권한을 되돌려주고자 한다. 이 회사는 건강이 단순한 의료 영역을 넘어 개인을 둘러싼 환경으로까지 확장되며, 일상적인 행동과 결정이 더 건강하고 오래 사는 데 관건임을 이해하고 있다. 회원들이 거주하는 지역 사회가 건강에 가장 큰 영향을 미친다는 사실을 고려하여, 앤섬은 셰어케어Sharecare 등의 기업과 파트너십을 맺어 전체 건강에까지 영향을 미치려는 추가적인 노력을 하고 있다. 앤섬과 셰어케어는 함께 개발한 AI를 통해 셰어케어가 수집한 지역 사회복지지수Community Well-Being Index 데이터를 지리적으로 분석하여 전국 지역 사회의 복지 상태를 파악하고 개선할 여지를 찾는다. 개인 수준에서 셰어케어의 AI는 인증 프로그램을 통해 라이프 스타일과 습관 변화를 맞춤화해 제안하며, 바람직하지 않다고 특정된 추세에 대해서는 개인 맞춤형 지원과 개입을 가능하게 한다. 물론 목표는 하나에서 배운 내용이 여러 곳에 도움이 되게 함으로써 AI로 구동되는 통합되고 공유된 정보를 통해 지역 사회 전체의 건강을 혁신하는 것이다. 이런 건강 혁신을 위해 의료 연구자들도 자체 건강 데이터를 수집하고 훈련하여 실시간으로 자신들의 지역 사회에 긍정적인 영향을 미칠 수 있는 AI 모델을 생성할 수 있다.

앤섬은 의료 분야에서 회원 경험과 지역 사회 참여가 중요하지만, 더 심층적인 영향을 미치기 위해서는 전체 의료 생태계를 강화해야 한다는 사실을 이해하고 있다. 앤섬의 많은 AI 기능은 자사의 제공업자 플랫폼과 의료 관리 시스템을 통해 여러 의료 서비스 제공자에게 공유된다. AI가 제공한 인사이트를 임상 워크플로에 통합함으로써 의료 서비스 제공자들이 언제든 이용하여 환자에 대한 360도 시각을 확보할 수 있게 했다. 이런 시각은 환자의 건강 기록과 더불어 건강 센서, 원격 환자 모니터링과 같은 그 밖의 건강 데이터 소스도 활용한다. 앤섬의 AI 도구들은 방대한 데이터에서 의료진이 환자의 건강 관련 데이터를 종합하고 정리한 다음 우선순위를 지정할 수 있게 함으로써 예방적이고 개인에 맞춤화된 치료를 제공해 시기적절한 개입과 더 나은 건강 결과를 얻을 수 있도록 도움을 준다.

회원과 의료 서비스 제공자에게 더 많은 권한을 부여하는 것 외에도 앤섬은 건강보험이 치료 과정에서의 빈곤, 특히 메디케어Medicare(65세 이상 노인과 장애인을 지원하기 위해 운영하는 미국의 연방 보험 프로그램 – 옮긴이)와 메디케이드Medicaid(저소득층과 가난한 사람들을 위한 미국의 연방 및 주별 보험 프로그램-옮긴이) 회원에게 영향을 미치는 빈곤의 격차를 파악하는 방법을 개발했다. 이런 AI와 분석 도구는 메디케어 어드밴티지Medicare Advantage와 파트 DPart D 처방 약 플랜 품질 평가를 위한 근본 원인 분석을 수행하고, 다음으로 취해야 할 최적의 임상 개입 설계를 지원하고, 회원들에게 맞춤형 지원을 제공하여 인사이트를 실제 행동으로 전환할 수 있게 함으로써 리스크를 줄이고 품질을 개선하고자 한다.

앤섬은 전체적인 AI 솔루션을 만들어 각 회원의 개인적인 건강 여정과 모든 단계를 포괄하는 엔드투엔드end-to-end 의료 경험에 영향을 주고자 한다. AI를 통해 치료 옵션을 개인 맞춤화하고, 치료 관리를 간소화하며, 올바른 시기에 올바른 장소에서 올바른 치료를 제공하고자 노력하고 있다. 2021년 중반까지 100만 명이 넘는 앤섬 회원들이 이미 회사의 디지털 컨시어지digital concierge를 이용하고 있다. 디지털 컨시어지는 암과 같은 만성 질환이나 복합적인 질환을 앓는 회원을 전체 치료팀과 연결하는 중앙 집중식 도구 모음이다. 앤섬은 또 고용주 회원들에게 토털 헬스Total Health, 토털 유Total You 프로그램을 제공하고 있다. 이 프로그램은 컨시어지 고객서비스를 포함하여 회원들이 개인 맞춤형 건강 개선 계획을 만들고 실행할 수 있도록 돕는다. AI가 지원하는 고객서비스 상호작용은 예측 모델링을 기반으로 액티브 보이스 또는 채팅 커뮤니케이션을 통해 소비자에게 관련 정보를 제공한다. 행동 변화의 목표는 회원들이 스스로 건강을 개선하도록 동기를 부여하는 것이다.

앤섬은 파트너사인 하이드로젠헬스와 함께 회원들이 경험하는 병의 증상을 입력하는 증상 검사기를 앱에 통합했다. 이 앱은 사용자에게 비슷한 증상을 경험한 다른 사람들이 어떤 진단을 받았는지 알려준다. 그런 다음 의사와 문자 메시지나 전화 통화, 자가 치료를 포함하여 궁금한 사항을 더 알아볼 수 있는 옵션을 제공한다. 이 서비스는 이미 수천 명에 달하는 회원들이 이용하고 있으며, 앤섬은 2025년까지 사용자 500만 명을 확보할 것으로 예상한다.

3장에서는 앤섬이 라크와 파트너십을 맺고 AI를 통해 회원들의 건강을 모니터링하고 개선하고자 하는 사례를 살펴봤다. 이는 데이터, AI, 비교적 자동화된 개입을 이용하여 소비자에게 건강한 행동이 무엇인지 가르치고 이런 행동을 대규모로 이끌려는 여러 시도 중 하나다.

앤섬은 AI 분야에서 우수한 성과를 거두는 데 필요한 모든 역량을 갖추고 있다. 그리고 수년 동안 이 기술에 초점을 맞춰왔다. 앤섬은 인력·리더십·투자·기타 자원을 확보하고, 운영 개선은 물론 새로운 프로그램을 개발하여 회원 행동에 영향을 미치려고 하고 있다. 물론 4,300만 명에 달하는 회원들의 행동을 변화시킨다는 건 대단히 야심 찬 목표지만, 앤섬은 AI와 기타 이니셔티브를 통해 이 문제를 해결하는 데 상당한 시간을 투자할 것이다.

매뉴라이프: 행동보험

캐나다 거대 보험사 매뉴라이프는 미국과 아시아에 초점을 맞추고 있다. 매뉴라이프는 고객이 사망하거나 건강 문제가 발생하거나 가정 또는 자동차에서 사고가 났을 때 보험금을 지급하는 데서 그치지 않아야 한다고 진지하게 생각하고 있다. 매뉴라이프의 목표는 고객들이 더 안전하고 건강하며 더 나은 삶을 살도록 돕는 것이다. 이 회사는 행동경제학의 원리를 이용하여 고객 행동을 긍정적인 방향으로 변화시키는 행동보험이라는 아이디어를 받아들이고 있다. 3장에서 논의했듯이, AI와 기타 접근 방식을 이용하여 고객 행동을 긍정적인 방향으로 바꿔보려는 시도다.

매뉴라이프는 행동 변화를 통한 건강 개선 유도를 전문으로 하는 영국 보험 회사 바이털리티Vitality와 파트너십을 맺은, 세계에서 몇 안 되는 기업이다(핑안 역시 파트너 계약을 맺고 있다). 바이털리티가 말하는 건강에 좋지 않은 행동에는 운동 부족, 나쁜 식습관, 흡연, 과도한 음주 등이 있다. 세계보건기구WHO에 따르면 이런 행동들은 전 세계적으로 조기 사망의 60%를 차지하는 네 가지 비전염성 질환(호흡기 질환, 암, 당뇨, 심혈관 질환)의 위험을 증가시킨다.

바이털리티와의 파트너십을 통해 매뉴라이프는 회원들이 활동 추적기와 기타 데이터를 회사에 업로드하고 건강을 유지하면 많은 보상을 지급한다(스마트워치 할인, 보험료 할인, 여행 할인 등). 회원들은 또한 제휴 소매점에서 건강식품 할인도 받을 수 있다. AI는 회원들에게 맞춤형 넛지nudge를 제공하여 특정 행동을 유도하거나 보상하는 데 사용된다. 세계적으로 바이털리티를 이용하는 고객 중 가장 적극적인 회원들은 사망률이 평균보다 60% 낮고, 중증 질환 발병률은 20~30% 줄었다.

이렇게 맞춤형 행동 개입의 효과는 근거가 충분하지만, 아직 AI를 통한 행동 유도는 초기 단계에 있다. 개인의 행동을 유도하고 변화시키는 가장 좋은 방법, 가장 효과적인 보상의 조합, 그리고 행동 변화의 지속성에 대해 아직 모르는 점이 많기 때문이다. 이 모든 노력 자체는 칭찬받아 마땅하지만, 데이터가 너무도 많고 해야 할 예측과 작성해야 하는 처방전 역시 너무도 많다 보니 AI 없이는 성공을 기대할 수 없다. 이미 봤다시피 소셜 미디어는 (좋든 나쁘든) 사람들의 행동을 변화시켰고, 신용 점수도 성공적인 결과를 낳았다. 그러니 보험에 적용하지 말아야 할 이유는 없지 않을까?

물론 모델이 다르면 당연히 다른 역량이 필요한 것도 사실이다. 하지만 이 장에서 설명한 모든 기업은 하나가 아니라 여러 가지 목적을 위해 AI를 이용하고 있다. 핑안은 AI를 활용하여 새로운 생태계와 비즈니스 모델을 창출했는데, 여기서 더 나아가 관리 리스크를 파악·관리하고 운영 효율성까지 높이고 있다. 심지어 고객 행동 유도까지도 실험하고 있다. 프로그레시브는 AI를 스냅샷 이용 기반 보험 상품뿐 아니라 인기 TV 광고를 기반으로 한 고객서비스 챗봇에도 활용하고 있다. 그 밖에도 사실상 모든 조직은 AI를 통해 백오피스 업무 자동화를 추진하고 있다.

이런 레거시 기업들이 업계에서 새로운 길을 개척할 때, 모두가 스타트업을 경쟁자로 두고 있다는 사실도 기억해야 한다. 예를 들어 보험 분야에서 미국 스타트업 오스카Oscar와 레모네이드Lemonade

가 앤섬·프로그레시브와 경쟁하고 있다. 중국에서 핑안은 각 생태계마다 스타트업 경쟁사가 있다. 이 장에서 설명한 기업들이 강력한 AI 역량을 구축하고 있는 것은 사실이지만, 그렇다고 해서 반드시 장기적인 생존이 보장되는 건 아니다. 물론 생존 확률이 높아지는 것은 확실하다.

AI 윤리 역량 개발

AI 역량 개발에서 매우 중요한 문제 중 하나는 윤리적이고 신뢰할 수 있는 AI 시스템을 구축하는 것이다. 이 부분이 중요하다는 데는 대체로 의견이 일치하지만, 실제로는 생각보다 훨씬 까다로운 일이다. 윤리와 신뢰에 필요한 구조와 프로세스를 갖춘 조직은 극히 소수에 불과하며, 대부분 기술 기업이다. 하지만 이들조차도 AI 윤리 문제에 직면하곤 한다.

AI 공급 업체의 정책 및 역할

윤리적인 AI 프로그램을 만드는 첫 번째 단계는 AI 정책과 책임 있는 역할을 만들어 AI의 윤리 차원을 감독하는 것이다. 지금까지 이런 단계를 밟아온 기업 대부분은 AI 제품·서비스 공급 업체, 다시 말해 기술 또는 서비스 공급 업체다. 구글, 페이스북, 마이크로소프트, 세일즈포스Salesforce, IBM, 소니Sony, 데이터로봇이 이 범주에 속한다. AI

윤리책임자 대부분은 주로 자사 제품 및 서비스와 관련된 내부 홍보 또는 AI 윤리의 중요성에 관해 고객을 대상으로 한 외부 홍보 활동에 중점을 두고 있다.[2] 일부 기업은 구체적인 방법을 개발하여 윤리적인 문제를 개선하거나 추적하고 있다. 구글에서 개발하고 세일즈포스를 비롯한 다른 곳에서 적용하고 있는, 데이터 소스 및 알고리즘 의도를 문서화하는 모델 카드model cards 아이디어가 한 가지 예다.[3] 페이스북은 자체 개발한 공정성 흐름Fairness Flow이라는 도구를 통해 자사 머신러닝 모델에서 잠재적인 알고리즘 편향을 평가한다.[4]

하지만 일부 공급 업체, 특히 구글에서 이런 AI 윤리 그룹의 지위는 다소 불확실하고 불안정하다. 구글이 회사 기술 일부를 비판한 AI 윤리 연구원 두 명을 해고하면서, 남은 직원들은 그룹의 방향성이 올바른지 확신하지 못하는 것으로 알려졌다.[5] 페이스북의 AI 윤리에 대해서도 공개적으로 의문이 제기됐다. 비록 회사는 책임 있는 AI 그룹을 유지하고 있지만, 데이터과학자 중 한 명이 내부 고발자가 됐다.

논란과 혼란 속에 일부 조직은 일부 AI 기능의 개발과 마케팅을 제한해왔다. 적어도 부분적으로는 내부 윤리 그룹이나 검토 위원회가 거부권을 행사했기 때문이다. 로이터Reuters의 한 보고서를 보면 몇 가지 예가 등장한다. 2020년 초 구글은 문화적 민감성 부족cultural insensitivity을 우려하여 감정 분석 같은 새로운 AI 기능을 차단했고, 마이크로소프트는 음성 모방 소프트웨어를 제한했으며, IBM은 고급 안면 인식 시스템에 대한 고객의 요청을 거부하기도 했다.[6]

이 사례들은 이런 공급 업체의 윤리 검토 프로세스가 최소한 어느 정도는 작동하고 있다는 사실을 시사한다.

정책 내용

이런 조직 중 많은 기업과 기술 분야 외의 기업 일부는 윤리적 또는 책임 있는 AI 정책 선언문을 개발해왔다. 이런 정책의 주제와 방향에 대해서는 이미 상당한 정도의 합의가 존재한다. 딜로이트의 '신뢰할 수 있는 AI Trustworthy AI' 프레임워크는 이런 정책 프레임워크의 좋은 예다(그림 5-1). 이 프레임워크는 클라이언트가 스스로 정책을 개발하는 데 도움을 주기 위해 개발됐는데, 여섯 가지 핵심 요소를 포함하고 있다.

- **공정성 및 공평성**: AI 시스템이 모든 참여자에게 공정하게 적용되도록 지원하는 내부·외부 검사가 포함되어 있는지 평가한다.
- **투명성 및 설명 가능성**: 참여자가 자신의 데이터가 어떻게 사용될 수 있는지, AI 시스템이 어떻게 결정을 내리는지 이해하도록 돕는다. 알고리즘, 속성, 상관관계를 검사할 수 있다.
- **책임 및 채무**: AI 시스템이 결정한 사안의 결과에 대한 책임이 누구에게 있는지 명확하게 찾아내는 데 도움이 되는 조직 구조, 정책을 설정한다.
- **안전 및 보안**: 물리적 또는 디지털적으로 피해를 줄 수 있는 (사이버 리스크를 포함한) 잠재적 위험으로부터 AI 시스템을 보호한다.
- **개인 정보 보호**: 데이터 프라이버시를 존중하고, 의도되고 명시된 사

[그림 5-1] 딜로이트의 '신뢰할 수 있는 AI' 프레임워크

용 외에는 고객 데이터를 활용하는 데 AI를 사용하지 않는다. 고객이
데이터 공유에 동의하거나 거부할 수 있게 한다.

• 견고성 및 신뢰성: AI 시스템이 인간과 다른 시스템으로부터 배우고,
지속적이고 신뢰할 수 있는 결과를 생산할 능력이 있는지 확인한다.

이 프레임워크는 규제 준수와 AI 거버넌스의 핵심 영역도 포함
하고 있다. 하지만 대부분 기업, 심지어 일부 AI 우선 기업들에서도

현재까지 AI 윤리 담당자를 두거나 정책 프레임워크 또는 준수 프로세스를 개발한 사례는 상대적으로 적다. 그런 소수의 기업 중 하나가 핑안인데, 이 회사는 AI 윤리 거버넌스 정책을 마련했다. 핑안의 정책은 AI와 관련하여 인간의 자율성과 인간 중심성 모두를 강조하며 AI윤리위원회, 감독위원회, 프로젝트 관리 접근 방식을 통해 AI 활용 사례가 정책을 준수하는지 평가한다.[7]

기업 컨소시엄과 AI 윤리

일부 기업은 AI 윤리 문제를 단독으로 해결하기보다는(해결하기도 하지만), AI 윤리 정책 연구 및 개발에 중점을 둔 기업 컨소시엄에 참여한다. AI 윤리라는 주제는 조직마다 크게 다르지 않기에 주요 문제를 다루는 정책의 표준화된 양식과 브리핑 논문 또는 콘퍼런스를 조직하는 계기가 되는 컨소시엄은 기업이 윤리 프로그램을 시작하는 데 도움이 된다. 컨소시엄은 대체로 회원들만 참여할 수 있는데, 많은 연구·정책 문서는 비회원에게도 제공되기 때문이다.

AI 윤리 문제를 다루는 몇몇 컨소시엄이 있다. (스위스 다보스 연례 콘퍼런스로 유명한) 세계경제포럼World Economic Forum, WEF이 처음으로 이 분야에 관심을 보였고, 지난 몇 년에 걸쳐 AI 윤리의 다양한 측면을 다뤄왔다. WEF는 'AI 세대: 어린이를 위한 AI 표준 개발', '안면 인식 기술에 대한 책임 있는 제한', '인간 중심의 AI를 위한 인재 활용'과 같은 프로젝트를 지원했다. WEF는 또 회원들이 개발한 AI 윤리 원칙도 공유했다.

2016년에 설립된 파트너십 온 AI~Partnership on AI~는 아마존·구글·페이스북·IBM·소니 등 AI 및 기타 기술 공급 업체, 학술 기관, 비영리 단체, 기술 분야 외의 몇몇 기업으로 구성되어 있다. 이 컨소시엄의 사명은 '전 세계적인 부문, 분야, 인구를 가로지르는 다양한 목소리를 하나로 모아 AI의 발전이 인간과 사회에 긍정적인 결과를 가져오게 하는 것'이다.[8] 파트너십의 직원과 회원 단체는 알고리즘 편향, AI 개발자들의 다양성, 머신러닝 윤리에서 문서화의 역할, 허위 정보 등 AI의 다양한 측면에서 연구·정책 문서를 여러 편 저술했다.

이퀄 AI~Equal AI~는 좀 더 최근에 설립된 컨소시엄으로 'AI를 개발하고 이용하는 데서 무의식적 편견 줄이기'에 특히 초점을 맞추고 있다. 최근에는 AI의 편견을 찾는 체크리스트를 개발하기도 했다.[9] 이 컨소시엄은 규제와 입법을 통해 해결책을 찾는 것을 목표로 한다.

2020년에 설립된 데이터 트러스트 얼라이언스~Data and Trust Alliance~는 책임 있는 데이터 활용 방안을 중시하는 컨소시엄으로, 회원 중 기술 분야 외 기업의 고용주 비율이 높다. 딜로이트도 창립 멤버 중 하나다. 이 컨소시엄의 목표에는 '데이터, 알고리즘, AI의 책임 있는 이용을 진전시키기 위한 새로운 활용 방안과 도구 개발'이 포함돼 있다. 이 컨소시엄이 처음 다루기 시작한 프로젝트는 '알고리즘 안전: 인력 결정에서의 편견 완화'다.

이런 컨소시엄과 협력하면 윤리적인 AI 정책과 관리 프레임워크를 식별하는 과정을 가속화할 수 있지만, 특정 조직에 맞게 가다듬고 윤리 정책과 관리 프레임워크를 구현하고 지속적으로 관리하려면 인력 자원이 필요하다. 시간이 갈수록 AI 기술이 기업 운영에 중요해지면서 많은 비기술 기업도 AI 윤리 접근 방식을 개발해야 할 것으로 보인다. 물론 이 책에 등장하는 기업이라면 사업에서 이미 AI가 중요한 역할을 하고 있으므로 AI 윤리를 위한 정책, 거버넌스, 리더십이 자리 잡고 있을 것이다.

자동화와 책임 있는 AI

지금까지 AutoML 모델 생성과 MLOps의 등장에 대해 논의했다. MLOps는 시간이 지남에 따라 머신러닝 모델의 예측 능력 저하 현상인 드리프팅drifting이 나타나는지, 따라서 재훈련해야 하는지를 자동으로 평가한다. 그런데 이제는 이런 도구를 공급하는 여러 업체에서 모델들을 자동으로 검사하여 신뢰성의 다양한 측면을 점검하는 모델 인사이트model insight를 생성할 수 있다. 이런 접근 방식을 초기에 도입한 기업으로 채터박스랩스Chatterbox Labs가 있다. 이 영국 기업은 모델과 그 모델이 사용하는 데이터의 설명 가능성, 공정성, 개인 정보 보호 및 보안 취약성이 포함된 자동화된 통찰력 기능을 제공한다. 딜로이트의 AI연구소는 여러 클라이언트와 함께 채터박스랩스의 도구를 이용한다. 데이터로봇이나 H2O와 같은 AutoML · MLOps 공급업자 역시 모델 편향과 공정성을 평가하는 일부 기능을 보유하고 있다. 유사한 모델 인사이트를 생성하는 페어MLFairML이라는 오픈 소스 도구 상자도 있다.

유니레버에서 실행한 윤리 정책

윤리 정책 선언문을 작성하는 것보다 실천이 훨씬 어려운 것은 당연한 일이다. 윤리 정책을 만든 기업 대부분은 정책을 관리하고 집행하는 최선의 방법도 신중하게 고려해야 한다. 유니레버는 2022년 일련의 AI 어슈어런스(신뢰성 검토 및 진단-감수자) 정책을 실천에 옮기기 시작했다. 정책 초안은 비교적 간단했으며, 그 결과로 등장한 선언문은 투명성·알고리즘 편향·공정성 등 일반적인 문제를 언급했다. 효율성 또한 중요한 요소다. 바로 이 효율성 때문에 윤리적이거나 책임 있는 AI를 넘어 어슈어런스에 중점을 두는 것이다. 어슈어런스 노력을 주도한 유니레버의 글로벌데이터과학책임자 자일스 파비Giles Pavey는 "우리는 사업 목표를 달성하기 위해 더 적은 자원으로 더 많은 일을 해야 합니다. AI는 이 여정에서 가장 중요한 도구이지만, 책임 있는 AI여야 합니다. 책임의 범위 내에서 가능성의 한계를 극복할 수 있도록 AI 어슈어런스가 필요합니다"라고 말했다.

AI 어슈어런스를 위한 지속적인 실행 프로세스는 생각보다 복잡했다. 우선은 유니레버가 대단히 글로벌화된 기업으로 어느 정도 자율적인 국가 기반 사업단위를 보유하고 있기 때문이고, 또 다른 이유로는 IT 활용 사례의 외부 공급 업체가 워낙 많았기 때문이다. 유니레버 내에서 AI를 이용하는 활용 사례는 내부적으로 구축하거나, IT 공급 업체에 따라 주문 제작되거나, 유니레버가 파트너로부터 조달하는 서비스에 내장될 수 있다. 예를 들어 유니레버의 광고대행사는 AI를 활용하여 자동으로 웹과 모바일 사이트에 게재할 디지털 광고를 결정하는 프로그래밍 방식 구매 소프트웨어를 사용하는 경우가 많다.

유니레버 AI 어슈어런스 준수 프로세스의 기본적인 아이디어는 모든 새로운 AI 활용 사례를 검토하여 이 활용 사례가 내재적으로 얼마나 위험한지 확인하자는 것이다. 예를 들어 현금 흐름 예측 활용 사례라면 공정성이나 편견 위험은 발생하지 않을 가능성이 크겠지만, 효과성 문제와 설명 가능성 관련 위험은 발생할 수 있다. 유니레버는 이미 정보 보안에 대한 명확하게 정의된 접근 방식을 가지고 있으며, 그 목표는 유사한 접근 방식을 이용하여 어떤 AI 활용 사례도 사전 승인을 받지 않고는 생산에 투입되지 않게 하는 것이다.

새로운 AI 솔루션을 계획할 때 유니레버 직원이나 공급 업체는 활용 사례와 방법을 개발하기 전에 개략적으로 제안한다. 이 내용을 내부적으로 검토하며, 복잡한 사례들을 평가할 때는 외부 전문가의 도움을 받기도 한다. 그런 다음 프로젝트 제안자에게 고려해야 할 잠재적인 윤리적 위험과 효과성 위험, 그리고 그 완화 방법에 대한 정보를 제공한다. AI 활용 사례가 개발된 다음에는 유니레버(또는 외부 당사자)가 통계 테스트를 실행하여 편향이나 공정성 문제를 확인한다. 그런 다음에는 시스템이 목표를 효과적으로 달성했는지 아닌지를 검토한다.

시스템이 회사 내 어디에서 사용되는지에 따라 준수해야 하는 지역적 규제가 존재할 수도 있다. 만일 시스템이 위험하다고 판단된다면, 위험을 완화할 대안적 접근 방법도 함께 전달한다. 예를 들어 인적자원 부서에서 사용하는 이력서 검사기가 완전히 자동화되어 있다면, 검토 결과 면접 진행 여부에 관한 최종 결정을 내리기 위해 사람이 개입하는 루프loop가 필요하다고 결론 내릴 수 있다. 완화할 수 없는 심각한 위험이 있다면, AI 어슈어런스 프로세스는 유니레버의 가치가 이 AI 활용 사례를 금지한다는 이유를 내세워 해당 활용 사례를 거부한다. AI 활용 사례에 대한 최종 결정은 유니레버 내 법무·인적자원·AI 부서 대표를 포함하는 고위 경영진이 내린다.

이 프로세스가 실제로 작동하는 방식을 보려면 유니레버가 백화점 매장을 통해 판매하는 화장품 브랜드 사례를 참조할 수 있다. 영업 책임자가 매장 판매원들에게 일정한 수준의 외모 기준(예컨대 매장 내 화장, 머리 길이)을 요구했고, 유니레버는 매일 판매원들이 셀카를 찍어 보내 출근을 자동 등록하는 시스템을 원했다. 이 프로젝트의 야심 찬 목표는 시스템 내 컴퓨터 비전 AI가 판매원의 외모가 요구되는 기준을 충족하는지를 탐지하는 것이었다. 이 사례에서 AI 어슈어런스 프로세스는 프로젝트팀이 규정, 적법성, 효율성뿐만 아니라 그처럼 완전히 자동화된 시스템의 잠재적 영향까지 고려하는 데 도움이 됐다. 예를 들어 이 시스템의 정확도가 아무리 높다고 입증되더라도, 규정을 위반한 판매원에게 자동으로 불이익을 주는 일이 허용되어야 할까? 이 과정을 거친 후 회사는 준수 미비라고 표시된 사진을 확인하고 그 결과 일어날 수 있는 상황을 처리하기 위해서는 사람이 필연적으로 개입할 수밖에 없다는 사실을 깨달았다.

유니레버에서 책임 있는 AI 활용을 연구한 또 다른 예로 안면 인식을 이용한 공장 출입 문제가 있다. 여기서 고려해야 할 문제는 시스템이 모든 직원을 외모와 상관없이 알아볼 수 있는지, 안면 좌표 데이터베이스가 안전하게 저장되는지 확인하는 것이다. 또 AI가 유효한 직원을 인식하지 못하더라도, 그 직원이 출입할 권한을 얻을 수 있는 안전장치가 있는지도 확인해야 한다.

이런 예시를 보더라도 AI 윤리 정책을 갖고 있거나 지향하는 모든 조직이 해결해야 할 문제는 아직 수없이 많고 다양하다. AI의 힘은 부분적으로는 고객과 직원을 세세히 나누고 각각에 맞춤화된 방식으로 처리하여 서로 다른 사람들을 다르게 대우할 수 있는 기능에서 나온다. 그러나 이런 차별적 대우는 편견이나 불공정으로 쉽게 변질될 수 있다. 윤리적이고 책임 있는 AI를 만들려는 법률 및 규제 환경과 이에 앞서 또는 병행하여 마련되는 회사 정책은 앞으로 몇 년 동안 빈번하고 극적으로 변화할 것이다. 유니레버같이 AI를 수용하는 기업들은 이 기술의 책임 있는 이용에 대한 이해와 적용에서도 이런 변화를 수용해야 할 것이다.

6장

산업별 활용 사례와
대표적인 기업들

ALL IN
ON AI

지금까지 AI를 선도적으로 도입한 기업의 AI 전략 모델과 이 목표를 실현하기 위해 구축한 일부 역량에 대해 살펴봤다. 이 장에서는 AI 리더가 어떤 일을 하는지 더 세세히 설명하고자 한다. 일단 산업 부문별로 초점을 맞추고 AI 추진 기업들이 해당 산업을 선도하기 위해 채택하는 특정 활용 사례를 살펴보겠다. AI 활용 사례는 기업이 AI로 무엇을 하는지 설명하는 일종의 기본 단위다. 이 장에서 볼 활용 사례 대부분은 딜로이트 AI 전문가들이 AI 리더십을 설명하기 위해 활용 사례별, 산업별로 꼼꼼히 작성한 AI 문서에서 가져왔다.[1]

모든 기업의 AI 전략에서 핵심은 활용 사례를 선택하고 우선순위를 정하는 것이다. AI 추진 기업은 (적어도 일시적으로나마) 경쟁사와 차별화되고, 비즈니스 전략과 모델을 발전시키며, 비즈니스 프로세스 설계에 적합한 활용 사례들을 선택한다. 이 장을 AI 활용 사례의 쇼핑 카탈로그라고 생각하라. 우리가 소개하는 활용 사례가 모든 산업을 포괄하지는 않겠지만(그래도 일부 사례는 산업 전반에 활용될 수 있다), 지금까지 발표된 목록 중에서는 가장 포괄적이라고 자부한다.

앞으로 설명할 사례 중 일부는 이미 해당 산업에서 표준으로 여겨지고 있으며, 일부는 덜 정확하고 데이터에 기반한 형태로 한동안 사용돼왔다. 우리는 산업별로 새롭게 등장하거나 상대적으로 좁은 상황에만 적합한 활용 사례도 설명하려고 한다. 전체적으로는 AI를 활용하는 진정 뛰어난 기업이 되기 위해 무엇이 필요한지를 설명하고, 각 산업 분야에서 AI 중심 조직들이 채택한 몇 가지 AI 활용 사례를 자세히 살펴보겠다.

소비재 산업

이 산업은 일반 소비재 제조, 소매, 자동차, 숙박, 레스토랑, 여행, 운송을 포함한다. (제조 업체 등 일부 기업은 소매점 같은 중간 유통 업체를 거치지만) 모두 소비자를 대상으로 하며, 따라서 소비자의 선호도와 감정을 정교하게 이해해야 한다. 거기에 더해 물류, 제품·서비스 개발, 고객 접촉 등 복잡한 문제가 있다. AI는 이런 문제들을 해결하는 데 도움이 될 수 있다.

이 분야에서 흔히 채택되는 활용 사례 몇 가지는 다음과 같다. 활용 사례에 대한 우리의 의견도 덧붙였다.

- 운송 네트워크 최적화: (경영과학과 같은 다른 형태의 분석에 더하여) AI 를 이용하여 경로를 최적화하고, 화물을 싣지 않고 빈 차로 돌아오는 상황을 없애거나 줄이고, 물류 센터 통과 흐름을 극대화할 수 있다. 물론 코로나19 팬데믹 같은 혼란 기간에는 공급망 최적화에 어려움이 있지만, 경계를 늦추지 않는 기업에는 공급망 문제에 관해 조기 경고를 제공할 수 있다.

- 차원이 다른 개인화: AI는 대단히 세분화된 개인화에 필수적이다. 단순히 "이 상품을 구매한 사람들은 또한 이 상품도 구매했습니다" 같은 협업 필터링 방식에 그치지 않고, 과거 고객 행동을 기반으로 누가 무엇을 구매할지 또는 누가 광고나 제안에 반응할지에 대한 머신러닝 기반 예측이다. 개인화는 또 소비자의 위치, 소셜 미디어 게시물, 운동·건강 행동까지 점점 더 많이 고려한다. 물론 사용자의 허락을 받아야 한다.

- 상품 구성 최적화: AI, 특히 머신러닝은 현대적인 상품 구성 최적화의 핵심이다. 이런 유형의 모델은 적절한 제품을 재고 부족 없이 바로 이용할 수 있도록 보장한다. 물론 코로나19 팬데믹 기간에는 어려운 일이었다. 그러나 대단히 정교한 AI 이용자들은 그런 상태에서도 최적화를 실현하는 방법을 찾아냈다.

- 수요 및 공급 계획: 예를 들어 AI 중심 소매 업체들은 거의 끊이지 않

고 수요와 공급을 계획한다. 예컨대 크로거는 매일 밤 모든 상품과 모든 매장에 대한 수요 계획을 세운다. 정상적인 수요·공급 패턴을 가정하면 머신러닝은 계획을 세우는 데 탁월한 도구다.

- **자동화된 고객 접촉:** AI 선도 기업들은 챗봇이나 지능형 에이전트를 사용하여 고객 상호작용도 관리한다. 예를 들어 DBS은행은 고객이 고객센터에 전화할 필요가 없을 정도로 챗봇을 끊임없이 개선한다. 소매 분야에서는 제품 검색부터 고객 피드백 수집까지 적어도 12개 이상의 다양한 활용 사례가 있다.[2]

이 부문에서 새로 부상하거나 범위가 좁은 AI 활용 사례로는 다음과 같은 것들이 있다.

- **무인 매장:** 아마존은 계산원 없이 운영되는 아마존고Amazon Go 스토어로 유명하지만(현재는 홀푸드Whole Foods에도 입점했음), 이 스토어의 재고를 관리하고 청소를 하는 데는 여전히 인간이 필요하다.[3] 한국에는 반자동 무인 매장이 등장했는데, 이마트24와 현대 언커먼스토어Uncommon Store가 그 예다.
- **자율주행:** 완전 자율주행 차량의 상용화는 예상보다 더 오랜 시간이 걸리고 있다. 그러나 3장에서 논의했듯이 일부 지오펜스 구역에서는 완전 자율주행이 가능하며, 상대적으로 저렴한 자동차에도 자동화된 안전장치가 급속하게 늘어나고 있다.
- **패션 기술:** 패션 유통 업체들은 점점 더 많은 AI 기반 가상 피팅 룸과

더불어 고객이 선호할 만한 AI 추천 스타일을 제공하고 있다. 한때 온라인 스타일링 스타트업이었던 스티치픽스Stitch Fix는 이제 대기업으로 성장했으며, AI 기반 추천과 개인 스타일리스트의 추천을 결합한 서비스를 제공한다.

- 개인 맞춤 건강, 운동, 웰빙: 5장에서 보험 회사와 관련된 건강한 행동을 위한 권장 사항을 설명했는데, 이 권장 사항들은 스마트워치나 휴대전화 같은 소비자 기기에서 구동된다. 이런 기기는 행동을 건강에 더 유익한 방향으로 변화시키는 개인 맞춤 넛지를 제공할 수 있다.
- 서비스 경험 현대화: 쇼핑과 소비자 서비스는 AI 기반 개인 맞춤 상품과 서비스, 추천, 혜택, 웹사이트와 모바일 앱으로 혁신을 이루고 있다.

월마트 공급망에서의 AI

지금까지 월마트를 언급하지 않았지만, 사실 월마트는 태생이 디지털 기반이 아닌 기업 중 AI 활용 능력이 가장 뛰어난 소비재·유통 기업에 속한다. 물리적 매장의 재고를 보완하는 회사의 공급망은 이미 잘 알려져 있으며, 전자상거래 판매와 배송 분야에서도 상당한 발전을 이뤘다. 이 회사에서는 수백 명에 달하는 데이터과학자들이 공급망과 예측·수요 관리 분야에서 일하고 있으며, 이 분야와 관련된 공급 업체들과 긴밀하게 협력한다. 월마트는 트럭과 배송 차량의 경로 최적화를 위한 매우 정교한 '순회판매원traveling salesman' 알고리즘 세트를 보유하고 있으며, GPU에서 실행되는 '타부 서치tabu search' 모델을 이용하여 공급망 프로세스를 최적화한다. 또 고객이 온라인으로 주문한 상품의 재고가 없는 경우, AI 모델을 이용하여 가장 추천할 만한 제품을 제시하기도 한다.

1960년대와 1970년대에 대량으로 지어진 창고를 자동화하는 작업은 지금까지는 비교적 더디게 진행됐지만, 지금은 창고 자동화 분야에 여러 역량을 빠르게 추가하고 있다. 월마트는 140억 달러를 투자하여 물류 센터를 재설계하고, AI와 로봇공학 같은 새로운 기술을 도입할 것이라고 발표했다. 최근에는 아마존로보틱스Amazon Robotics의 전직 임원들이 만든 로봇 제조 업체 심보틱Symbotic과 협력하여 창고 자동화를 개선하고 있다. 예컨대 로봇을 사용하여 다양한 크기의 상자를 정육면체로 적재하여(배치 명령에 따라 로봇이 수행) 상점에 배송한다. 그리고 포드Ford의 아르고 AIArgo AI와 파트너십을 맺고 미국 3개 도시에서 온라인 주문 자율주행 배송 차량을 시범 운영하고 있으며, 매장 내 재고 부족 또는 잘못 진열된 상품을 식별하는 로봇과 바닥 청소 로봇도 실험하고 있다.

월마트의 물류와 배송 서비스는 이제 단순히 내부 역량에서 그치지 않는다. 월마트는 당일 또는 다음 날 배송을 원하는 다른 소매 업체를 위해 고로컬GoLocal 서비스를 만들었다. 이 서비스의 첫 번째 파트너 중 하나가 홈디포Home Depot다. 월마트는 소매 분야를 넘어 UPS나 페덱스FedEx처럼 물류 서비스의 주요 기업으로 성장하고 있다.

에너지, 자원, 산업 분야

이 분야에는 막대한 자본 예산을 보유한 많은 대기업이 속해 있지만, 여러 가지 이유로 이들은 아직 AI를 대대적으로 도입하지 않았다. 대체로 기업 간 거래Business-to-Business, B2B 사업체이기 때문이기도 하고, 머신러닝 모델을 이용하기에 충분한 고객 데이터를 확보하지 못했기 때문이기도 하다. 많은 산업 조직이 AI 활용 사례를 비즈니스에 적용하고 있지만, 기계 또는 공장과의 대규모 통합은 어려울 수도 있다. 하지만 이런 장애물들이 있음에도 몇몇 선도 기업은 일부 AI 활용 사례와 더불어 상당한 발전을 이루고 있다.

이 분야에서 비교적 흔한 활용 사례는 다음과 같다.

- **예지 정비**: 산업 기업에서 최초로 도입된 AI 활용 사례 중 하나로, 지금도 가장 인기가 있다. 이 활용 사례는 고장의 초기 신호 또는 고장으로 이어질 수 있는 조건을 감지하는 센서를 기반으로 유지·보수 필요성을 예측한다. 셸과 같은 AI 추진 기업들은 이 활용 사례를 커다란 규모로 실행하고 있다. 셸은 이미 수만 대의 기계를 모니터링하며 문제 발생 조짐을 탐지하고 있으며, 앞으로 더 많은 기계에 적용할 계획이다.
- **생산 및 계획을 위한 엣지 AI**edge AI (AI 기술을 최종 사용자의 장치나 시스템 내부에 구현하여 데이터를 로컬에서 처리하고 분석하는 것으로, 데이터를 클라우드로 보내거나 중앙 데이터 센터에서 처리하는 대신 장치 자체에서 처리하고 실시간으로 응답한다—옮긴이): **기업들은 점점 더 네**

트워크의 엣지에 센서를 배치하고 AI를 사용하여 이 센서로부터 얻은 데이터를 분석하고 있다. 센서는 유량, 온도, 대기 중 화학물질, 소리 또는 이미지를 감지하거나 측정할 수 있다. 셸은 자동 드론을 이용하여 이미지 인식을 통해 파이프라인 상태를 모니터링하고 있다(이는 일종의 엣지 AI인 동시에 예지 정비 형태다). 또한 머신러닝 기반 전산 유체 역학을 이용하여 풍력 발전 단지를 계획하고 건설 후 생산을 최적화하고 있다. 덴마크 에너지 기업 외르스테드Ørsted 역시 광범위한 데이터와 AI를 이용하여 1,500대가 넘는 풍력 터빈의 에너지 생산을 최적화하고 있다.[4]

- 현장 센서 데이터 분석: 현장 센서를 활용하는 주요 분야는 에너지 산업으로, 특히 석유와 가스 탐사에서 널리 사용된다. 예를 들어 드릴 비트의 센서는 열과 진동을 모니터링하여 임박한 파손을 예측할 수 있다. 딥러닝 모델을 내장한 휴대전화로 촬영한 드릴 비트 영상을 검토하여 마모 정도나 지하 토양 구성을 평가할 수도 있다. 풍력 발전기에 부착한 센서는 AI 시스템에 데이터를 제공하여 블레이드의 각도와 회전 속도를 최적화할 수 있다.

- 현장 작업 인력 및 안전: AI는 위험한 작업을 안전하게 하는 데 사용될 수 있다. 예를 들어 서던캘리포니아에디슨Southern California Edison에서는 예측 모델이 각 현장의 유지·보수 또는 설치 프로젝트에 대한 안전 위험 가능성을 점수화하고, 현장팀은 점수가 높은 프로젝트의 위험을 낮추는 방법을 논의한다. 이 모델은 회사의 작업 지시 시스템과 통합되어 있다.

- 유틸리티 서비스 중단 예측: 전력 회사는 머신러닝 모델을 이용하여 서비스 지역의 송전선로와 회로에 대한 정전 위험 점수를 계산하여 서비스 중단 시간을 줄이는 목표를 세울 수 있다. 평가되는 위험 요소로는 화재, 날씨, 동물이나 식물의 간섭 등이 있다. 서던캘리포니아에디슨의 예측에서 주요 초점은 산불이다. 회사는 드론 촬영 영상의 이미지 분석과 더불어 광범위한 머신러닝 모델을 이용하여 화재 위험을 예측하고 사전에 회로를 차단한다.

이 부문에서 새로 부상하거나 범위가 좁은 AI 활용 사례로는 다음과 같은 것들이 있다.

- 재료정보학: 대학과 산업 연구원들은 AI를 이용하여 화학물질과 화합물의 새로운 조합이 고성능 재료를 생성하는 방식을 이해하려고 노력하고 있다.
- 알고리즘 공급망 계획: 공급망 최적화는 일반적으로 기존 수요·공급 추세가 지속되는 상황을 기반으로 한다. 그런데 최근에는 팬데믹, 정치적 불안, 배송 병목현상 등 공급망에서의 잠재적 차질을 예측하기 위해 AI가 사용되기 시작했다.
- 디지털 트윈 팩토리: 디지털 트윈은 기계 또는 공장 전체에 이르기까지 실제 시스템과 연결되어 데이터를 통해 지속적으로 업데이트되는 가상 복제본이다. AI는 기계의 이상을 감지하고 오작동을 해결한다. 이는 예지 정비에 대한 더 포괄적이고 상세한 접근 방법이다.

- 가상 플랜트 운영자 보조: 공장 현장 작업자와 감독관은 일반적으로 현장을 돌아다니며 기계에 개입하는데 이런 작업의 상당 부분이 자동 조정을 수행하는 AI 시스템으로 대체될 것이다. 증강 현실 기기(자체적으로 AI 활용)는 머신러닝 앱과 함께 작동할 것이다. 에어버스는 이미 중국의 하얼빈하파이Harbin Hafai 합작벤처에서 AI 소프트웨어를 이용하여 이런 작업을 수행하고 있다.

씨게이트의 AI 기반 품질 관리

세계 최대 디스크 드라이브 제조 업체인 씨게이트Seagate는 AI 기반 첨단 기술 제조 업체다. 씨게이트 공장들은 엄청난 양의 센서 데이터를 축적해왔고, 회사는 지난 5년 동안 이 데이터를 광범위하게 활용하여 제조 프로세스의 품질과 효율성을 보장하고 개선해왔다.

씨게이트 제조 분석에서 주요 초점 중 하나는 디스크 드라이브 헤드를 만드는 실리콘 웨이퍼silicon wafers와 이를 제조하는 도구의 육안 검사를 자동화하는 것이었다. 웨이퍼 제조 과정의 다양한 툴 세트에서 여러 현미경 이미지를 촬영하며, 이 이미지는 웨이퍼 내 결함을 감지하고 툴 세트의 건강 상태를 모니터링하는 데 중요한 역할을 한다. 씨게이트 미네소타 공장은 이렇게 이미지가 제공하는 데이터를 활용하여 웨이퍼 결함을 직접 감지하고 분류하는 자동화된 결함 감지 및 분류 시스템을 만들었다. 또 다른 이미지 분류 모델은 도구에서 초점이 맞지 않는 전자 현미경을 감지하여, 실제 웨이퍼의 결함인지 아니면 이미지상으로 초점이 맞지 않은 것인지를 확인한다.[5]

딥러닝 이미지 인식 알고리즘을 기반으로 하는 이 자동 결함 분류 모델은 2017년 후반 처음 배포됐다. 이후 미국과 북아일랜드의 씨게이트 웨이퍼 공장으로 이미지 분석 규모와 성능이 광범위하게 확장됐고, 검사에 소요되는 인건비를 줄이고 불량품을 예방함으로써 수백만 달러에 달하는 비용을 절감했다. 이 시스템을 이용하여 수작업 검사 횟수를 크게 줄이기도 했지만, 회사의 목표는 단순히 검사 인력을 다른 작업 유형으로 이동시키는 데서 그치지 않고 제조 프로세스의 효율성을 더욱 높이자는 것이었다. 몇 년 전만 하더라도 50%에 불과했던 육안 검사 정확도가 현재는 90%를 넘어섰다.

씨게이트는 또한 수백만 개의 디스크 드라이브를 사용하는 주요 고객인 구글클라우드Google Cloud와 협력하여 대규모 데이터 센터에서 하드 디스크 고장을 사전에 예측하는 모델을 개발했다. 엔지니어들은 이제 조만간 고장 날 디스크를 더 손쉽게 식별할 수 있는 큰 장점을 갖게 됐다. 이 모델을 통해 비용을 절감할 뿐만 아니라 최종 사용자에게 영향을 미치기 전에 문제를 예방할 수도 있게 됐다.[6]

금융 서비스 산업

은행, 보험, 투자 관리, 트레이딩을 포함한 금융 서비스는 AI를 가장 적극적으로 활용하는 산업이다. 이 분야는 풍부한 정보와 신속하고 정확한 의사 결정이 성공의 핵심이며, 고객들은 더 성공적인 금융 생활을 위해 세분화된 조언을 필요로 한다. 또한 금융 서비스 조직은 일반적으로 AI에 투자할 금융 자원도 상당히 보유하고 있다. 그러므로 이 책에서 설명하는 AI 우선 기업들이 다른 산업보다 금융 서비스 분야에 더 많다는 사실은 놀라운 일이 아니다.

금융 서비스에서 인기 있는 구체적 활용 사례는 다음과 같다.

- **법률 및 규정 준수 분석:** 은행은 자체의 금융 목적을 위해 사기를 통제해야 할 뿐 아니라 규제를 따르기 위해 '고객 확인'과 자금 세탁 방지 활동에도 참여해야 한다. 금융 업계에서는 예전부터 의사 결정 시스템 형태의 AI를 사용해 사기를 탐지하고 줄여왔다. 하지만 이런 기능이 오탐지 경고를 너무 많이 생성하는 경향이 있어서 이제는 머신러닝 기능으로 보완되고 있다. 예를 들어 DBS은행은 트랜잭션 감시 기능에 머신러닝을 추가함으로써 조사가 필요할 가능성이 큰 의심스러운 트랜잭션의 순위를 정할 수 있게 됐다. 이 새로운 시스템 덕에 분석가들은 더 많은 데이터를 이용할 수 있을 뿐만 아니라 긍정적인 사례를 검토하는 생산성도 3분의 1 정도 향상됐다. 발생 가능성이 가장 작은 사례는 비활성화 상태로 유지되며 고객이 추가로 의심스러운 활동을 보이지 않는 한 아예 검토되지 않는다.
- **대화형 AI:** AI 기반 챗봇 또는 지능형 에이전트는 은행에서 갈수록 흔히 찾아볼 수 있지만, 이들의 역할이 지금처럼 고객의 잔고 확인에서 그친다면 그다지 흥미롭지도 않을 것이다. 은행들은 대화형 AI 시스템에 점점 더 정교한 기능을 추가하고 있다. 뱅크오브아메리카Bank of

America의 챗봇 에리카Erica는 운영 3년 만에 2,000만 명 이상의 이용자를 확보했으며, 꾸준히 성장하고 있다. 에리카는 잔고 확인과 같은 기본 기능에 더하여 지출 이상 징후를 탐지하고, 고객이 설정한 목표를 위한 저축 조언을 제공하며, 코로나19와 관련된 6만 개 이상의 문구와 질문도 처리할 수 있다. 게다가 이 챗봇은 시간이 지나면서 더 수다스럽고 친근해졌다.

- **360도 고객 경험:** 은행들은 AI와 그 밖의 디지털 도구를 사용하여 고객 경험을 더 잘 이해하고 개선하고 있다. 현재까지 많은 은행이 고객 여정 분석을 통해 진정한 고객 경험이 무엇인지 배워왔는데 머신러닝 모델은 어려운 고객 경험 탓에 은행에 반감을 갖거나 이탈로 이어질 가능성이 큰 시점을 예측한다. 비지도 학습 모델은 클러스터 분석cluster analysis을 이용하여 새로운 부분 또는 서비스가 부족한 부분을 파악할 수 있다. 앞서 살펴본 모건스탠리의 NBA 시스템은 머신러닝을 이용하여 고객에게 가장 가치 있는 금융 상품이나 서비스를 순서대로 파악한다. 이제 고객에 대한 지식이 부족한 은행이나 보험 회사는 더 이상 기술의 부족을 변명거리로 내세울 수 없다.

- **보험 가입 심사:** 보험 가입 심사는 규칙 엔진rule engine을 기반으로 이루어졌지만, 선도적인 기업들은 이 규칙과 머신러닝 앱을 결합하거나 아예 규칙을 머신러닝 앱으로 대체하면서 데이터에 기반을 둔 더욱 정확한 가입 심사 결정을 목표로 하고 있다. 이런 추세는 AI 기반 이미지 인식을 사용하여 지붕 상태나 주변의 나무를 확인하는 상업용 및 주택의 자산보험 분야에서 찾아볼 수 있다. 또 자동차보험에도 사용

되어 운전자가 보험에 가입하기 전에 (그리고 다음 장에서 설명하겠지만, 사고 후 비접촉식 보험 청구 심사와 지급을 위해서) 자동차 사진을 촬영하게 한다. 생명보험 분야에서도 이런 추세를 볼 수 있는데, 생명보험 회사들은 보험 가입 이전에 비싸고 불편한 건강 검진을 피하려는 목적으로 AI 기반 이미지 인식을 이용하고 있다. 예를 들어 보험사 매스뮤추얼MassMutual의 계열사인 헤이븐라이프Haven Life는 보험 신청 건의 절반 이상에서 인간이 검토할 필요가 없는 디지털 인수 접근 방식을 갖추고 있다. 참고로, 승인된 신청 건의 20%에서는 건강 검진이 필요하지 않았다.[7]

- 사용 기반 보험: 5장에서 소개했듯이, 고객의 운전 습관에 따른 차등 보험료 청구 방식은 2008년 프로그레시브보험이 처음 선보였다. 지금은 스타트업과 기존 조직을 포함한 많은 기업이 이 기술을 이용하고 있다. 이 기술에서 AI는 모든 데이터를 분석하고 개선된 운전 습관을 추천할 뿐 아니라 보험 가입 여부도 결정한다.

- 거래 운영 자동화: 이미 많은 금융 거래가 완벽한 자동 처리를 통해 인간의 개입 없이 처리되고 정산되지만, 상당한 인적 개입이 필요했던 실패한 거래도 많다. AI는 이런 실패 가능성을 줄이고 추가 조사가 필요한 거래를 해결하는 데 도움을 주고 있다. 실패 가능성이 크거나 더 많은 데이터가 필요한 거래를 예측하고, 실패하거나 문제가 있는 거래를 해결할 수 있는 거래 문서에서 정보를 추출하며, 거래자에게 매우 유용한 거래 데이터 패턴과 이상치들을 탐지할 수 있다.

- 소비자 사기 탐지: 은행업과 보험업에서 사기 탐지는 주요 활용 사례

분야이며, AI가 중심적인 역할을 한다. 예를 들어 신용카드 회사는 판매 시점에서 거래가 승인되기 전에 사기를 식별하려고 노력한다. 어떤 거래를 사기로 판단하기 위해서는 머신러닝은 물론 트랜잭션 시스템과 머신러닝 사이의 긴밀한 통합이 필요하다.

- 신용 리스크 분석: AI를 활용하여 고객의 신용 대출 승인 여부를 결정하는 것은 신경망 모델의 초기 활용 사례 중 하나다. 이 활용 사례는 1980년대 중반 로버트 헥트-닐슨Robert Hecht-Nielsen의 신경망 모델링 및 앱 혁신으로 시작됐다. 지금은 다양한 형태의 머신러닝이 이런 목적으로 사용되고 있다.

이 부문에서 새로 부상하거나 범위가 좁은 AI 활용 사례로는 다음과 같은 것들이 있다.

- 생체 인식 전자 결제: 중국에서는 이미 핑안을 포함한 많은 기업이 안면 인식을 이용하여 결제, 대출, 보험 계약을 위한 고객 신원 확인 작업을 하고 있다.
- 부동산 가격 추정 및 예측: 주택 소유주 대부분은 질로우Zillow가 제공하는 제스티메이츠Zestimates를 활용하는데, 이는 머신러닝 기반 주택 가격 예측 앱이다. 지금은 몇몇 기타 부동산 사이트에도 유사한 기능이 있으며, 보험 회사 역시 주택의 보험 가입을 승인하기 전에 가치를 평가하는 버전을 보유하고 있다. 하지만 최근 질로우가 주택 매매 사업을 종료했는데, 이는 변동성이 큰 시장에서는 AI 가격 추정 알고리

즘이 어려움을 겪을 수 있음을 시사한다.

캐피털원의 AI 활용 사례

금융 서비스 분야의 AI 추진 기업 중 하나로 미국에서 잔액 기준 3위인 신용카드 발급사 캐피털원을 살펴보고자 한다. '정보 기반 전략'을 표방하는 캐피털원은 1994년 분사하여 별도 회사로 출발한 그 순간부터 데이터 분석에 적극적이었다. 특히 지난 10년 동안 머신러닝 분야에서 힘을 키워 이제는 소비자은행 기능 전반에 걸친 활용 사례를 보유하고 있다. 분석 중심 조직에서 AI 중심 조직으로 나아간 캐피털원의 여정은 7장에서 자세히 소개한다.

이 은행은 수년에 걸쳐 고객의 신용카드 대출금 상환 여부라는 핵심 예측 분야에서 탁월한 성과를 거뒀다. 그 밖에 머신러닝을 이용하여 다음과 같은 여러 유형의 예측도 했다.

- 휴대전화 앱 오류 진단
- 자금 세탁 관련 가능성이 있는 의심 거래 식별
- 사기 신용카드 거래 식별 및 오탐지 사기 경고 감소
- 사기성 디지털뱅킹 활동 파악
- 거래가 많은 개별 상인을 위한 가상 카드 번호 생성
- 온라인 세션에서 고객 의도 예측
- 고객이 고객센터에 전화할지, 그리고 어떤 문제에 대한 도움을 요청할지 예측

캐피털원은 에노Eno라는 유능한 챗봇을 보유하고 있는데, 이 챗 봇은 많은 은행 업무를 처리할 수 있으며 원하는 고객에게는 지출 습 관에 관한 통찰도 제공한다. 회사는 또 딥러닝 모델을 사용하여 신용 판단credit decisioning 과정에서 혁신을 추구하는 동시에 이를 규제 기관 이 더 쉽게 이해하고 받아들일 수 있도록 노력하고 있다. 다음 장에 서 논의하겠지만, 캐피털원은 전사적으로 AI를 활용하고 있다.

정부 및 공공 서비스 산업

미국에서 정부 및 공공 서비스 기관은 군과 정보 부문을 제외하고는 AI 도입이 늦었다. 하지만 군과 정보 부문에는 상당히 많은 활용 사 례가 있고, 일부 기관이 이를 도입하기 시작했다.

이 부문에서 잘 정립된 활용 사례는 다음과 같다.

- 청구 처리 백오피스 자동화: 정부 기관은 종종 개인이나 조직에 보상 또는 보험금을 지급하는데, 이 과정의 여러 측면에 AI가 도움이 될 수 있다. RPA는 미국 연방 정부의 강력한 AI 역량 중 하나로 50개가 넘는 다양한 기관에서 실무 커뮤니티가 형성되어 있으며, 현재도 많은 프 로젝트가 진행되고 있다. 머신러닝은 가장 중요하거나 지급하기 쉬운 청구를 파악하여 지급 처리를 신속히 하는 데 도움을 줄 수 있다.
- 인구 위험 지원: 신체적·정신적 건강 문제, 홈리스, 식량 불안 등 위험

에 처한 시민을 식별하는 AI 기반 접근 방식은 사회적 문제가 발생하기 전에 대처할 수 있는 방법이다. 이 접근 방식은 건강 분야에서 가장 앞서 있다. 예를 들어 영국에서는 노인 환자가 머신러닝 기반 전자 허약성 지수Electornic Frailty Index에서 높은 점수를 받으면 의료 종사자들에게 알려 추가적인 치료를 받을 수 있게 한다.

- **생체 의료 데이터과학**: 연구자들이 질병과 효과적인 치료법을 유전체학, 단백질체학, 기타 학문과 연결하고자 시도하면서 생물학과 머신러닝의 교차 영역이 급속히 확대되고 있다. 예를 들어 하버드와 MIT의 제휴 연구 기관인 브로드연구소는 생물학과 머신러닝을 연결하는 2억 5,000만 달러 규모의 센터를 짓고 있다. 정부 부문에서는 미국 국립보건원National Institutes of Health, NIH이 기초 및 응용 보건 연구에서 AI를 적극적으로 활용하는 여러 프로그램을 진행하고 있다.

- **혜택 관리**: 공공 및 민간 부문 모두에서 기관들은 점점 더 AI를 활용하여 시민과 직원에게 제공할 혜택을 결정하고 있다. 예를 들어 덴마크에서는 공적 혜택(예컨대 연금, 자녀 수당, 실업 수당, 기타 사회복지 지급금 등)이 부분적으로는 수령인을 결정하는 알고리즘을 기반으로 부여된다. 많은 민간 기업에서 인적자원 조직은 기업들이 고객을 위한 개인 맞춤화 제안을 할 때 사용하는 것과 동일한 접근 방식을 사용하여 직원의 혜택을 결정할 때 '한 명의 일꾼workforce of one(각 직원의 필요와 선호도를 고려하여 혜택과 서비스를 맞춤화하는 방식 – 옮긴이)' 접근 방식으로 전환하고자 노력하고 있다.

- **보건 및 환경 예측**: 캐나다의 AI 스타트업 블루닷Blue Dot이 코로나19

팬데믹의 시작과 확산을 예측하는 데 성공하면서, 질병이 확산되어 통제 불능 상태가 되기 전에 예측할 수 있다는 사실을 전염병 학자들도 알게 됐다. 정부가 화산 폭발, 홍수, 눈사태, 그 밖의 자연재해를 예측하는 데도 AI가 사용된다.

- 비디오 감시 분석: 전 세계 많은 정부가 공공 안전 분야에서 AI 기반 비디오와 이미지 분석을 활용하고 있다. 비디오 감시 카메라가 급격히 증가하면서 이미 발생한 범죄를 해결할 뿐만 아니라 범죄를 예측하고 방지하기 위해서도 영상을 자동으로 분석할 수 있어야 한다는 필요성이 절실해졌다.

이 부문에서 새로 부상하거나 범위가 좁은 AI 활용 사례로는 다음과 같은 것들이 있다.

- 군사 전략을 위한 에이전트 기반 시뮬레이션: 미래 전쟁은 AI 역량을 기반으로 한 싸움이 될 수 있다. 현재 AI의 중요한 응용 분야로 지능형 에이전트를 이용한 전투 시뮬레이션이 있다. 에이전트 기반 시뮬레이션은 많은 에이전트의 행동을 모델링하고 발생 가능한 행동을 시뮬레이션할 수 있기에 더 정확하고 유익한 전쟁 게임을 만들 수 있다. 많은 정부는 또 무기를 자율적으로 제어하기 위해 AI를 활용하는 방안을 모색하고 있다. 여기에는 드론과 자율주행 차량뿐만 아니라 로봇을 정찰 및 정찰 플랫폼(공중 또는 지상)으로 이용하는 것도 포함될 수 있다.
- 민간 자산 및 인프라 관리: 도시 또는 국가 인프라를 효과적으로 운영

하는 일은 점점 더 복잡해져 인간이 오롯이 감당하기에는 벅찬 지경이 됐다. 싱가포르 육상교통청 같은 공공 기관은 센서 데이터와 AI를 이용하여 대중교통을 모니터링하고 서비스 중단이 예측되면 복구를 위한 최적의 대안을 추천한다.[8]

- 법적 결과 예측: AI 활용이 가치 있지만 논란의 여지도 있는 분야가 바로 재판이다. AI는 판사와 배심원의 결정을 예측하고(일반적으로 변호사가 합의를 앞당길 수 있음), 그들의 판단을 보조하거나 강화할 수도 있다. 판사가 AI를 이용하는 가장 잘 알려진 사례는 알고리즘을 통한 판결 권고다. 그런데 이런 권고의 일부는 편견이나 투명성 부족lack of transparency과 관련될 수도 있다.[9]

- 적응형 학습: 교육 기관, 특히 상당한 온라인 교육 콘텐츠를 확보한 기관은 AI 기반 적응형 학습 도구를 사용하여 학생들이 콘텐츠를 얼마나 잘 학습하고 기억하는지를 모니터링할 수 있다. 그리고 학생들에게는 학습 수준에 따라 적절한 수준의 자료를 제공할 수 있다. 이는 학습 과정을 맞춤화하는 방식으로, 인간 강사가 대규모로 수행하기는 어렵거나 불가능한 일이다.

미국 정부의 AI 활용

미국 정부는 출발은 늦었지만 최근 몇 년간 민간과 방위 분야에서 AI 기술을 적극적으로 이용하고 있다. 미국 행정회의가 의뢰한 연구에 따르면, 2020년 2월 현재 연방 기관의 거의 절반(45%)이 AI 및 AI 관련 머신러닝 도구를 실험하고 있다. AI 분야에서 미국의 리더십 유지에 관한 행정명령 13859호가 이 연구 이후에 등장했고, 연방 기관에 AI 활용 사례 중 공적 이용이 가능한 자료 목록을 요구했다. 그중 몇 가지는 다음과 같다.

- 나사NASA는 지급금 및 미수금, IT 지출, 인적자원 분야에서 RPA 파일럿 프로젝트를 시작했다. 이 프로젝트를 통해 인적자원 업무의 86%가 인간 개입 없이 완료됐다.[10]
- 국립해양대기청은 '기관 전반에 걸쳐 AI 개발 및 이용의 효율성, 효과성, 조정을 개선하여 모든 과제 영역에서 AI 활용을 확대'하기 위한 AI 전략을 배포했다.[11]
- 사회보장국은 지나치게 많은 사건 부담에서 파생된 문제를 해결하고 의사 결정의 정확성과 일관성을 보장하기 위해 AI와 머신러닝을 심사 작업에 활용하고 있다.[12]
- 미국 보훈부는 조직 내 AI 역량을 강화하기 위해 국립AI연구소를 설립했다. 코로나19 위기가 시작되던 무렵 보훈부는 AI 챗봇을 활용하여 현장에서 질문을 처리하고, 확진자의 중증도를 파악하여 입원 가능한 장소를 안내하는 데 도움을 줬다.[13]
- 국립사법연구소는 수사관들이 '인신매매, 불법 국경 통과, 마약 밀매, 아동 포르노와 같은 범죄와 싸우는 데 활용될 수 있는' 데이터를 분류할 수 있도록 범죄에 대응하기 위한 AI 연구를 지원했다.[14]
- 국토안보부 과학기술국 산하 교통보안연구소는 교통안전청 보안 검문 프로세스에 AI와 머신러닝을 통합하여 여객과 수하물 스캐닝 시스

템을 개선하고자 적극적으로 노력하고 있다. 또한 알고리즘이 상용화 되기 전에 효과적이고 효율적으로 테스트하고 훈련하여 궁극적으로 허위 경보 발생률을 낮추기 위해 새로운 도구, 방법, 절차를 개발하고 있다.[15]

- 국세청은 AI를 이용하여 어떤 조합의 공식 통지서와 연락처가 체납 납 세자에게 세금을 내게 할 가능성이 가장 큰지를 테스트하고 있다.[16]

방위 활용 사례를 보자면 국방부는 2022 회계연도(2022년 10월 에 시작)에 8억 7,400만 달러를 AI에 지출할 것으로 예상됐다.[17] 해당 연도 국방부의 AI 관련 이니셔티브는 약 600개로, 2021 회계연도 대 비 약 2배에 달할 것으로 보인다. 2018년에 설립된 국방부 산하 합동 AI 센터는 AI 도입과 통합을 가속화하여 다양한 임무에 큰 영향을 미 치고, 더 효과적으로 임무를 수행할 수 있도록 돕고 있다. 합동 AI 센 터 프로그램을 통해 국방부는 AI 활용 사례를 기반으로 의료 혁신을 이뤄 군인을 지원하고, 전쟁의 성격을 변화시키며, 함대 준비 시스템 을 개선하고, 프로세스 개선을 지원하고 있다. 물론 미국 정부도 정보 획득을 위해 AI에 상당한 금액을 지출하고 있지만, 지출 수준과 구체 적인 활용 사례는 모두 기밀이다.

싱가포르 정부의 AI 활용

싱가포르는 국토는 작지만 정부 및 공공 서비스 분야에서 새로운 기 술을 빠르게 도입하는 얼리 어댑터이며, AI도 예외가 아니다. 이 도시 국가는 앞서 언급한 육상교통청을 포함한 다양한 기관과 공공 서비스 분야에서 AI를 활용하고 있다. 싱가포르에서 AI를 활용하는 또 다른 사례로는 복잡한 세금 신고를 쉽게 해주는 시스템, 치안 및 저수지 감시용 모바일 로봇, 스마트폰으로 체온을 자동 모니터링하여 코로나19 감염을 감지하는 시스템, 싱가포르 거리의 자율주행 자동차와 택시, 의료 진단 및 치료를 위한 일련의 시스템 등이 있다.

2017년에 정부는 '싱가포르의 AI 역량을 촉진하고 시너지 효과를 발휘하여 미래의 디지털 경제를 강화하기 위한 국가적 AI 프로그램'인 AI 싱가포르AI Singapore에 자금을 지원했다.[18] 이 프로그램은 연구 기관, 기업, 정부 기관과 협력하여 AI 개발과 배포를 가속화하고 있다. AI 싱가포르는 국립연구기금National Research Foundation을 통해 사이버 보안, 합성생물학, 해양과학, 기타 AI 관련 여러 연구 프로그램 분야의 연구 센터를 설립하고 지원했다. 여기에서 나온 긍정적인 결과를 바탕으로 정부는 이 프로그램을 제2차 5개년 기간에 걸쳐 지원했으며, 그 밖의 AI 관련 정부 기금도 대폭 확장했다. 또 정부는 싱가포르에 있는 대학교에 5개의 훌륭한 연구 센터를 설립했다.

싱가포르는 또 특이하게도 자국에서 사업을 영위하는 금융 서비스 기업에 적용할 윤리 프레임워크를 만들었다. 베리타스 컨소시엄Veritas Consortium이라고 불리는 이 프로그램은 싱가포르 통화청이 주도하며, 기업들이 자사 제품과 서비스의 공정성을 스스로 평가할 수 있도록 활용 사례(오픈 소스 코드 포함)를 개발하고 있다. 신용 위험 평가와 고객 마케팅 분야 활용 사례는 이미 완료된 상태이며, 앞

으로 훨씬 더 다양한 분야로 확대할 계획이다.[19]

    미국과 중국을 포함한 많은 정부가 이제는 AI가 미래를 운영하는 데 필수적이라는 사실을 깨닫고 있다. 그런데 싱가포르 정부는 일찍이 AI를 도입했으며, 나라의 규모에 비해 상당한 자원을 투입하여 AI 분야 선두 국가이자 얼리 어답터가 되기 위해 노력해왔다.

생명과학과 의료 산업

생명과학과 의료 산업은 AI가 견인하고 있는 극적인 혁신의 변곡점에 자리 잡고 있다. 하지만 아직 그 변곡점에 완전히 이르지는 못했다. 대형 제약 회사들은 AI를 일부 활용하고 있지만, 컴퓨터 모델링을 통한 의약품 개발과 테스트 방법은 아직 완벽히 해결하지 못했다. 의약 개발 분야에는 앞날이 유망한 AI 우선 스타트업들이 몇 있지만, 아직 획기적인 돌파구를 마련하지는 못했다. 의료 분야에서는 AI의 질병 진단이나 예측 능력 향상 같은 발전 소식을 매일같이 들을 수 있지만, 실제 임상에 적용된 사례는 거의 없다. 그러나 생명과학과 의료 분야의 활용 사례는 다른 산업 분야보다 더 많다. 빠르게 주류가 되어가고 있는 몇 가지 사례는 다음과 같다.

- **임상 시험을 위한 디지털 데이터 흐름:** 임상 시험 프로세스를 자동화하면 경제적 가치를 창출함은 물론 새로운 의약품을 더 신속히 출시

할 수 있다. 실험 대부분은 AI 기반 분석과 주요 단계를 자동화할 수 있는 디지털 플랫폼을 이용하여 수행된다. 제약 회사들은 보통 계약 연구 기관과 함께 실험 방식을 개선하고 있다. 시험에서 AI 기반 가상 대조군을 사용하면 임상 시험에 등록하지 않은 개인이 대조군 역할을 할 수 있어서, 결과적으로 더 많은 실험 참가자가 실험적 치료를 받을 수 있다. AI는 또 시험 데이터 통합과 조정에도 도움을 주므로 시험 속도를 높일 수 있다.

- **의약품 제조 지능**: 의약품 제조 프로세스는 갈수록 디지털화되고 자동화되고 있다. 이에 따라 AI를 활용해 이상을 감지하거나 프로세스 결과를 예측할 수 있게 됐다. AI는 프로세스의 성능 저하와 제품의 품질에 미치는 영향, 재료 특성의 불일치 사례를 모니터링하고 환경 조건을 분석할 수 있다. 이런 작업은 모두 센서 데이터를 기반으로 수행된다. 예지 정비와 이상 징후 감지를 위해 개별 기계와 궁극적으로는 전체 공장의 디지털 트윈을 만들 수 있다.

- **다양한 채널을 통한 의약품 마케팅**: 최근 의약품 마케팅은 의료 종사자를 대상으로 한다는 낡은 접근 방식은 물론 환자를 대상으로 하는 텔레비전 광고에서도 벗어나고 있다. 현명한 디지털 소비자와 의료 종사자들은 AI가 어떤 채널을 통해 어떤 콘텐츠를 제공할지를 조율하는 개인화된 다중 채널 상호작용을 기대하고 있다. 이런 마케팅 작업은 인간 마케터에게만 맡기기에는 너무나 복잡하다.

- **'환자의 목소리' 통찰력**: 과거에는 의료 및 생명과학 고객들의 이름이 대체로 알려지지 않았지만, 이제 환자들은 소셜 미디어와 '페이션츠

라이크 미Patients Like Me'와 같은 커뮤니티 포럼에서 자기 경험과 여정에 관해 공개적으로 이야기한다. AI를 이용하면 온라인 환경에서 환자의 감정과 토론 주제를 모니터링하여 궁극적으로 더욱 긍정적인 환자 경험을 유도할 수 있다.

• 위험 예방과 규정 준수: 의약품 개발과 마케팅 실무의 여러 단계에서 규정 준수 증명이 요구됨에 따라 약물 부작용 감시가 점점 더 복잡한 작업이 되고 있다. AI는 일반 대중과 의료 종사자 커뮤니티에서 제기된 문제를 파악하고 뉴스 피드를 모니터링하여 규정 준수를 지원할 수 있다. 또 AI는 실제 환경에서 수집된 데이터에서 부작용과 부정적인 결과를 파악하여 의약품이 출시된 후의 안전성 문제를 감시하는 데도 활용될 수 있다.

• 환자 참여: 임상 치료에 참여하는 환자가 부족하고 환자가 약물 복용 지시를 잘 따르지 않는 문제는 의료 서비스를 제공하는 사람과 의료비를 내는 사람에게 커다란 문제다. 5장에서 언급했듯이(7장에서도 다시 다룬다) 참여도와 순응도를 높이기 위해 제공할 수 있는 행동적 '넛지'가 있는데, 특히 이런 넛지는 개인에게 맞춤화될 때 더더욱 효과적이다. 이런 차선의 의료 행동에도 소비자에게 제공하는 개인 맞춤형 제안과 마찬가지로 AI가 필요하다.

• 의료 서비스 수익 사이클 최적화와 효율화: 의료 서비스 제공자와 의료비 지불 당사자 모두 더 효율적이고 효과적인 의료 비용 지불 프로세스를 구축하기 위해 노력하고 있으며, 치료 승인과 지불 확인 역시 점점 더 자동화되고 있다. 머신러닝은 또 치료 전에 환자에게 청구할

비용을 정확하게 추정하는 데도 사용할 수 있다. 현재 미국에서는 법적 의무 사항이기도 하다.

- 컴퓨터 지원 진단: 일부 질병의 AI 기반 진단과 자동화된 치료 권고는 그다지 새롭지 않다. 이들은 규칙 기반 임상 의사 결정 지원 시스템에 어느 정도 존재했다. 하지만 머신러닝은 진단과 치료를 훨씬 더 정확하게 만들기 시작했다. 특히 딥러닝 기반 영상 인식은 의학적인 문제를 탐지하는 데 인간 영상의학과 전문의와 동등하거나 더 뛰어나다는 점이 입증됐다. 이런 접근 방식 중 일부는 규제 기관의 승인을 받았지만, 대부분은 여전히 실제 임상 현장보다는 연구실에 머물러 있다. 하지만 앞으로 더 많은 활용 사례가 추가될 것이며 임상 프로세스와 훨씬 더 밀접히 통합될 것이다.

- 정밀의학과 개인 맞춤 건강: 머신러닝은 환자의 유전자 구성, 주요 대사 데이터, 기타 요인을 기반으로 질병에 대해 개인별로 맞춤화된 치료를 권고하는 정밀의학의 핵심이기도 하다. 정밀의학은 종양의 유전자 구성과 특정 유전자 치료 전략을 이용하는 암 환자에게는 이미 현실이 됐다. 일부 AI는 유전학을 기반으로 특정 약물과 임상 시험을 추천하는 데 활용되고 있다. 긴 여정이겠지만, 곧 더 많은 정밀의학 접근 방식을 이용할 수 있을 것으로 기대한다.

- 병원 관리: 현대 병원은 시설, 기계, 인재 등 값비싼 자산이 모인 장소다. AI는 이미 이런 자산 배치 최적화에 중요한 역할을 하고 있다. 응급실, 영상 진단 장비, 외과 의사 등은 AI가 더 효율적인 일정을 짜는 데 도움을 주고 있는 희귀 자원의 예들이다. 이런 최적화는 결국 지역

클리닉, 재활 센터, 가정 간호를 포함한 의료 시스템의 모든 옵션으로 확대될 것이다.

아직 연구실에서 주로 사용되거나 임상 단계에서 매우 제한적으로 사용되는 다양한 AI 활용 사례도 있다. 여기에는 다음과 같은 것들이 포함된다.

- 생물지표 발견: 생물지표는 질병의 존재나 건강 상태를 나타내는 감지 가능한 물질이다. 생물지표를 발견하는 것은 만만한 작업이 아니지만, 암을 포함한 많은 의료 분야에는 잠재적인 생물지표를 산출할 수 있는 방대한 데이터가 축적되어 있다. 머신러닝을 통해 연구자들은 개별 및 조합 생물지표를 훨씬 더 빠르고 쉽게 찾을 수 있다. 단백질 접힘 패턴을 예측하는 새로운 AI 알고리즘은 새로운 유형의 생물지표를 생성하는 데 사용될 가능성이 크다.

- 합성생물학: 새로운 유기체나 장치 또는 의약품 제조는 시간이 많이 드는 과정이지만, AI가 이 과정의 속도를 극적으로 높일 수 있다. 새로운 알고리즘은 세포의 DNA 또는 생화학적 변화가 세포의 행동에 어떤 영향을 미칠지 예측할 수 있다. 이런 예측 모델은 의료 연구뿐만 아니라 인공 육류 같은 소비자 제품의 개발 속도도 높일 수 있다.

- 가상화된 신약 개발 실험실: 머신러닝은 제약 회사가 새로운 화합물의 디지털 모델을 개발하고 특정 표적 분자target molecules에 어떻게 작용할지 예측하는 데 도움을 준다. 머신러닝을 3D 시뮬레이션과 결

합하면, 동물과 사람을 대상으로 테스트하고 검증할 수 있는 가상 화합물을 개발하여 신약 개발 시간을 획기적으로 단축할 수 있다.

- **자가 치유 의료용품 공급망**: 병원과 의료용품의 공급도 다른 상품과 마찬가지로 불확실성의 영향을 받지만, 납기 연기나 재고 부족의 결과는 훨씬 더 심각할 수 있다. 머신러닝 모델은 수요를 더 정확하게 예측하고 예상치 못한 사건이 일어났을 때 신속하게 다시 계획을 짤 수 있다.

- **디지털 의료 서비스 제공자**: 의료 기업들은 다양한 지능형 의료 지원 서비스를 제공하여 인간 임상의의 활동을 돕고 보완하고 있다. 특히 중국에서는 핑안의 굿 닥터 같은 지능형 원격 의료 시스템이 의사에게 진단 지원, 도움말, 치료 전략, 약물 권고를 제공한다. 이런 지능형 원격 의료 서비스가 미국에서는 아직 자리 잡지 못했지만, 머지않아 일상적인 의료 방식이 될 것이다.

- **임상 시험을 위한 행동 예측 모델**: 임상 시험의 문제점 중 하나는 최대 30%의 참여자가 테스트가 끝나기 전에 그만둔다는 점이다. 그 때문에 비용이 늘어나고 분석이 복잡해질 뿐 아니라 탈락 편향attrition bias(연구 대상자가 연구 과정에서 탈락하거나 제외되는 경우 연구 결과가 실제 집단의 특성을 정확하게 반영하지 못하게 되는 경향 – 옮긴이)을 낳을 수도 있다. 생명과학 기업들은 머신러닝 모델을 사용하여 참여자의 테스트 완료 가능성을 예측하고, 완료 가능성이 큰 사람만 참여시키고 있다.

- **디지털 병리학**: 지금까지 병리학은 AI 기반 이미지 분석을 도입하는

데서 영상의학보다 훨씬 뒤처져 있었다. 많은 병리학자가 여전히 현미경을 선호할 뿐 아니라 병리학은 이미지를 캡처하고 전송하기 위한 공통 데이터 표준마저 없었다. 상황은 이제 바뀌기 시작했으며, 병리 세포 이미지에 대한 딥러닝 기반 이미지 인식 솔루션을 제공하는 업체도 여럿 있다. 이들이 제공하는 제품들은 아직 미국 식품의약국Food and Drug Administration, FDA으로부터 인간의 손을 거치지 않고 분석할 수 있도록 승인을 받진 못했지만, 이미지를 사전에 분류하거나 워크플로의 우선순위를 정하는 데 유용하다.

- 환자의 바이털 모니터링: 건강 활동을 추적하는 스마트워치는 이제 흔하지만 심박수, 혈중 산소 수치, 심전도 신호 같은 다양한 의료 관련 데이터까지도 모니터링하는 스마트워치가 점점 더 많아지고 있다. 이런 기기에서 얻은 일부 데이터는 전자 의료 기록으로 전송되어 장기 모니터링도 가능하다. 이런 기기는 심각한 의학적 문제가 일어나면 의사에게 자동으로 알림을 보낼 수도 있다.

- 복약 준수와 원격 환자 모니터링: 약물 복용 준수는 전체 의료 시스템, 특히 임상 시험에서 중요한 문제다. 전자 의약품 캐비닛electronic medicine cabinet (전자 기술을 활용하여 의약품을 보관하고 관리하는 캐비닛으로, 의약품 복용 일정을 관리하고 통제하기 위해 사용한다 – 옮긴이)은 아직은 현실이 아니지만, 일부 임상 시험에서는 스마트폰 이미지 인식을 통해 환자가 처방대로 약(또는 위약)을 복용하는지 확인하고 있다.

- 영상의학의 진단 이미지 개선: 딥러닝 기반 이미지 인식은 연구 실험실에서는 성공을 거듭하고 있지만, 임상 실습에서는 아직 널리 채택되

지 않았다. 채택률을 높이는 한 가지 방법은 이미지를 개선하여 시스템에서 문제 영역을 강조하거나, 맨눈으로는 쉽게 볼 수 없는 이미지의 특징을 지적하는 것이다. 연구자들은 또 의료 기관과 임상 환경에서 이미지 인식의 재현성reproducibility을 높이기 위해 노력하고 있다.

클리블랜드클리닉의 AI

의료 및 생명과학 산업에서 AI를 추진력으로 활용하는 레거시 기업은 아직 없다. 명백히 AI를 동력으로 삼는 스타트업은 많고, 많은 대형 의료 기관과 제약 회사들이 AI에 적극적이다. 그러나 이들은 모두 AI를 이용하여 기존 사업을 혁신적으로 변화시키는 수준까지는 이르지 못한 것으로 보인다. 이에 여기서는 AI에 적극적인 일부 조직과 그들이 받아들이고 있는 활용 사례 일부를 살펴보려고 한다.

의료 분야에서 혁신적이고 높은 수준의 치료로 유명한 조직들은 역시 혁신적이고 수준 높은 AI 활용 사례를 개발하고 있다. 클리블랜드클리닉의 기업 정보 관리 및 분석 책임자 크리스 도노번Chris Donovan은 "AI는 모든 곳에서 등장하고 있습니다"라고 말하기도 했다.

클리블랜드클리닉은 AI를 개발하고 배포하려는 상향식 노력을 북돋우면서, 다른 한편으로는 거버넌스 접근 방식도 제시하고 있다. 지금까지의 작업은 기업 분석, IT 및 윤리 부서에 기반을 둔 조직 간 실무 커뮤니티가 주도했다.

대부분 활용 사례의 주요 혜택은 운영상의 의사 결정을 더 빠르고 정확하게 할 수 있다는 것이다. 예를 들어 클리블랜드클리닉은 수술 전 환자 마취에 대한 위험 평가 시스템을 시행하고 있다. 이 시스템은 오랫동안 규칙 기반 점수를 사용했지만, 지금은 머신러닝에 기반을 두고 더 자동화되면서 정확도가 향상됐다. 이 병원은 또 재무 부문에서 ERP 데이터와 머신러닝 모델을 함께 사용하여 재무 위험을 더욱 정확하게 예측한다. 그 밖에도 많은 관리 부서에서 머신러닝을 통해 보다 많은 예측과 예측 모델, 시뮬레이션을 생성하고 있다.

인구집단건강population health 분야에서 병원은 예측 모델을 구축하여 치료 관리 자원을 효율적으로 배치하고 있다. 치료 관리 자원은 희귀하기 때문에 가장 도움이 필요한 환자부터 치료할 수 있게 하려면 우선순위를 정하는 것이 중요하다. 이제 예측 위험 점수는 건강 검진 또는 예방 치료 일정 예약 전화를 받게 될 사람을 결정하는 주요 수단이다. 예를 들어 당뇨 환자와 같이 질병 관리가 힘든 환자는 높은 위험 점수를 받는다. 클리블랜드클리닉은 발병 위험은 크지만 아직 증상이나 병력이 없는 환자를 식별하기 위해 또 다른 모델도 구축했다. 이 모델은 사전에 검진이나 예방 치료 계획을 세워 위험 점수가 높은 환자가 질병에 걸릴 가능성을 사전에 차단하는 데 이용된다.

또 다른 예측 모델은 문제가 될 만한 사회적 건강 결정 요인Social Determinants Of Health, SDOH을 가진 환자들을 파악한다. 이 환자 집단에게는 의사도 필요하지만 그만큼 사회복지사도 필요할 수 있고, 진료를 위해서는 버스 요금 지원까지도 필요한 집단이다. 도노번은 이 모델의 점수가 지금은 병원의 전자 건강 기록Electronic Health Record, EHR 시스템 외부에서 채점되고 있지만, 결국 EHR에 통합될 것으로 기대한다고 말했다. 지금까지 EHR 시스템의 예측 모델들은 일반적으로 훌륭한 성과를 기록하지 못하고 있다고도 했는데, 부분적인 이유는 이 모델들이 병원 자체 데이터를 기반으로 훈련되지 않았기 때문이다.

클리블랜드클리닉의 많은 활용 사례는 딥러닝 기반 의료 영상 분석과 관련된 것이다. 병원 내 영상연구소의 영상의학과 의사들은 AI를 활용하여 암이나 골절 등을 자동으로 파악하는 연구를 진행하고 있으며, 신경과 의사들은 간질 발작의 원인을 알아내는 데 AI의 도움을 받고 있다. 현재 클리블랜드클리닉 AI 모델의 목표는 영상을 통해 의사가 문제를 파악할 수 있도록 돕는 것이지 AI 모델이 독립적으로 진단을 내리는 것은 아니다. 의료 영상 프로젝트에서 클리블랜드클리닉은 최근에 패스AI_{Path AI}와 파트너십을 맺었다고 발표했다. 이 파트너십은 병리학 슬라이드 컬렉션을 디지털화하여 AI 기반 임상 진단에 활용하고 다중 질병 영역에서 임상 진단을 지원하고자 한다.

도노번은 클리블랜드클리닉의 AI 활용에 엄청난 잠재력이 있다고 생각하지만, 가장 큰 문제는 데이터라고 지적한다. 그에 따르면 다른 산업 분야의 데이터는 양도 훨씬 많고 깨끗하며_{clean}(정확하고, 일관되고, 완전하며, 무결성이 있고, 중복되지 않는다는 의미 – 옮긴이) 잘 구조화되어 있다. 다른 병원들과 마찬가지로 클리블랜드클리닉의 데이터 역시 품질에 문제가 있고, 수집 과정에도 문제가 있으며, 입력 방식과 정의라는 측면에서 병원 전체적인 일관성이 부족하다. 혈압과 같은 일반적인 지표조차 환자가 서 있거나 앉아 있거나 누워 있는 상태에서 제각각 측정될 수 있으며, 따라서 결괏값도 달라질 수 있다. 게다가 데이터 기록 방식도 제각기 달라서 데이터 구조에 대한 지식이 있어야 적절한 판독이 가능하다. 결과적으로 모든 AI 프로젝트에는 데이터 준비data preparation가 필수적인 작업이 됐으며, 도노번 그룹은 AI 프로젝트에 유용한 데이터 세트를 누구나 쉽게 접근하고 사용할 수 있는 공통 서비스로 제공하려고 노력하고 있다.

마지막으로 도노번은 클리블랜드클리닉이 이런 기술들과 관련된 윤리적 고려 사항을 이해하는 데도 상당한 시간을 할애하고 있다고 지적했다. 그는 이런 숙고의 시간이 임상 의사 결정 과정에서 AI 기술을 대규모로 구현하는 데 중요한 역할을 하리라고 예상한다.

대형 제약 회사들의 AI 활용

AI를 활용하여 의약품 개발 프로세스를 재설계하고자 하는 제약 회사나 생명과학 회사는 대체로 스타트업이다. 이런 시도가 비용이 엄청나게 들고 시간은 많이 소요되는 의약품 개발 프로세스를 개선하는 데 성공할지는 시간이 지나야 알 수 있을 것이다. 몇몇 대형 제약 회사는 AI를 사업에 적극적으로 활용하고 다양한 활용 사례를 이용하고 있지만, 정작 그 많은 프로젝트는 핵심적인 의약품 발견 프로세스와 직접적인 관련이 없다. 다시 말해 이들은 아직 완전한 AI 추진 기업이라고 말하기 어렵지만, 미래에는 그렇게 되려고 노력하고 있다.

예를 들어 화이자는 영업과 마케팅 분야에 뛰어나며, 회사 내 많은 AI 활용 사례가 그런 기능을 지원한다. 몇몇 AI 활용 사례는 처방된 화이자 의약품으로 환자에게 도움을 줄 수 있는 가장 유력한 의사 유형을 파악하거나 의사들에게 제품의 적절한 사용 정보를 제공하는 것과 관련된 것이었다. 화이자 호주 사업부는 AI 플랫폼을 사용하여 대안적인 영업 전략과 마케팅 전략의 영향을 시뮬레이션하고 있다. 또 AI를 통해 임상 시험에 참여하는 환자와 개인 맞춤 커뮤니케이션도 가능하다. 화이자는 과학 데이터 클라우드를 구축하고 이를 활용하여 화합물 예측 개선 알고리즘을 만드는 등 신약 개발 분야에서 AI를 더 적극적으로 활용할 기반을 쌓고 있다. 화이자는 파트너사인 바이오엔텍BioNtech과 함께 시장에 내놓은 코로나19 백신을 AI를 이용하여 기록적인 속도로 개발했다. 화이자는 또 회사 전체 직원을 대상으로 일련의 부트 캠프boot camp를 통해 AI 방식을 가르치고 있다.

노바티스Novartis는 AI 계획을 적극적으로 홍보하고 있다. 노바티스는 마이크로소프트와 파트너십을 맺고 설립한 AI혁신연구소AI Innovation Lab를 통해 다음과 같은 AI 활용 사례를 추진하고 있다. 효과적이고 효율적인 분자의 지능적 설계, 신체의 T 세포를 암 퇴치제로 전환하는 바이러스의 개인 맞춤 제작, 노화와 관련된 황반 변성 치료를 위한 정밀 투여량 결정 등이다. 노바티스는 AI를 이용하여 실제 데이터에서 결과를 추출하여 연구개발 기회를 제안하고 있다. 이 회사는 또 피부 병변 이미지를 분석하여 한센병 탐지 속도를 높이는 딥러닝 모델도 개발하고 있다.

아스트라제네카는 의약품 발견과 상업적인 활용 분야 모두에서 많은 AI 활용 사례를 보유하고 있다. 발견 측면에서 아스트라제네카는 대용량 데이터 세트를 활용하여 질병 표적에 영향을 미칠 수 있는 분자를 예측하고 영향력 순위를 매기는 데 중점을 두며, 이런 접근 방식을 통해 의약품 개발 프로세스를 획기적으로 앞당기고 있다. 다음 단계는 실험실에서 분자를 합성하는 것인데, 단백질 접힘 예측 같은 도구를 통해 이 프로세스의 속도를 높일 수 있게 됐다. 병리학자들은 AI를 활용하여 조직과 세포 분석 프로세스를 최대 30% 더 빠르게 수행하고 있다. 물리적 로봇과 프로세스 자동화를 포함하는 자동화 기술은 새로운 화합물 생성, 분석 및 테스트라는 반복적인 사이클을 가속하는 데 도움이 된다. 아스트라제네카는 통합적인 전자 의료 기록 데이터를 사용하여 임상 시험 속도도 높이고 있다.

아스트라제네카는 사업의 상업적 측면에서도 AI를 효과적으로 이용한다. 예를 들어 코로나19 팬데믹 기간에 회사는 머신러닝과 자연어 처리를 이용하여 의사들에게 맞춤화된 디지털 커뮤니케이션을 제공했다. 당시로서는 유일한 소통 방식이었다. 아스트라제네카는 또 판매 관리자와 영업사원 간의 코칭 대화를 평가하는 AI 모델도 보유하고 있다.

일라이릴리는 AI를 임상 시험 개발에 활용하고 있다. 일라이릴리의 디자인 허브 분석 이니셔티브(Design Hub Analytics Initiative, DHAI)는 통합 데이터 소스, 고급 분석, AI, 자동화, 사용자 경험 개선을 통해 대안적 임상 시험 설계를 분석하는 혁신적인 기술 플랫폼으로 임상 시험 개발 프로세스를 혁신하고 있다. 머신러닝은 일라이릴리의 임상 시험 경험과 기타 데이터 소스를 캡처하고 처리하여 프로토콜 구성이나 국가와 연구 기관 선택 같은 전달 선택 안내delivery choice guide에 사용된다. DHAI는 이미 타임라인을 최대 20%까지 단축하여, 회사가 훨씬 빠르게 의약품을 출시할 수 있도록 지원하고 있다.

획기적인 의약품 개발 혁신은 결국 대형 제약 회사에 인수되고 마는 작은 스타트업에서 주로 일어난다. AI 분야에서도 같은 패턴이 나타날 것으로 보인다. 앞서 살펴본 기업들을 포함한 많은 대형 제약 회사가 이미 이런 AI 스타트업과 개발 파트너십을 체결했다. 엑스사이언티아Exscientia, 인실리코메디슨Insilico Medicine, 버그헬스Berg Health, 베나볼런트AIBenevolent AI 등 AI 중심 여러 스타트업이 의약품 개발 속도와 효과를 획기적으로 개선하는 데 성공한다면, 대형 제약 회사에도 이런 일이 빠르게 일어날 것이다.

기술, 미디어, 통신 산업

딜로이트의 전문가들이 TMTTechnology, Media, and Telecommunications(기술, 미디어, 통신)라고 부르는 기술 관련 산업은 모든 산업 분야 중에서도 AI를 가장 많이 활용하는 분야라고 할 수 있다. 이 산업의 제품과 서비스는 사용 패턴, 위치, 관심, 집중도와 같은 데이터 흔적을 남기는데 AI를 이용해 이 흔적을 쉽게 분석할 수 있다. 예를 들어 통신 산업은 데이터 채굴(data mining)을 선구적으로 이용했고, 이후에는 머신러닝을 이용하여 고객 이탈을 예측했다. 하지만 기술 분야는 데이터 프라이버시, 소비자 타기팅, 감시 자본주의와 같은 문제 때문에 소비자와 정책 입안자 사이에서 우려가 가장 큰 산업이기도 하다. TMT 기업들이 앞으로 몇 년 동안 이런 문제들을 어떻게 처리하고, AI의 잠재력과 균형을 맞추느냐가 다른 많은 산업에도 큰 영향을 미칠 것이다.

이 산업에서 일반적인 활용 사례는 다음과 같다.

- 스마트 팩토리와 디지털 공급망: AI는 AI를 가능케 하는 제조 분야, 다시 말해 반도체와 컴퓨터 생산에서 널리 이용되고 있다. 일반적인 활용 사례에는 수요 예측과 재고 수준 예측, 장비 스케줄링, 칩 설계 자동화, 설계 결함 식별, 수율 최적화, 제품 결함 식별(앞 장에서 논의한 씨게이트 사례처럼 제조 업체이자 기술 업체인 경우)이 포함된다.

- 직접적인 소비자 참여: 기술 산업은 기술 지향 마케팅과 판매의 주요 이용자다. 예를 들어 시스코시스템즈(Cisco Systems)는 B2B 거래 기업이지만, 개별 고객이 특정 제품을 구매할 가능성을 고려해 수만 개의 머신러닝 기반 판매 성향 모델을 개발했다.[20] 기술 기업들은 또 잠재적인 고객 정보를 신중하게 모니터링하고 머신러닝을 이용하여 우선순위를 설정하며, 자연어 처리 시스템을 이용하여 가치가 낮거나 가능성이 작은 고객을 육성·관리하려고 노력한다.

- 디지털 고객센터: 오늘날 많은 산업이 챗봇과 지능형 에이전트를 사

용하고 있지만, 무엇보다 활발한 분야는 기술 지향 산업이다. 이 산업에서는 자연어 처리 기반 디지털 에이전트를 청구서 및 예약과 관련된 관리 업무에 사용한다. 하지만 기술 제품과 서비스는 복잡하므로, 이 산업은 AI를 활용한 고객 지원 분야에서 확실히 앞장서고 있다. 이 분야의 활용 사례는 일반적인 제품 지원 문제에 대한 고객의 질문에 답변할 수 있을 뿐 아니라 고객 감정과 에스컬레이션escalation 필요 여부를 판단하는 실시간 지원 통화 분석도 할 수 있다.

- 고객 데이터 수익화: 많은 소비자 지향 산업이 다양한 형태의 데이터 수익화를 모색하고 있지만, 이 산업은 풍부한 데이터를 보유하고 있기에 데이터 수익화 분야에서 선두를 달리고 있다. 가장 흔한 예로는 소셜 미디어나 검색에서 이용자들이 관심을 보이는 데이터를 광고주에게 판매하거나, 모바일 통신 사업자가 보유한 위치 데이터를 특정 위치 맞춤 상품 프로모션 기회를 찾는 광고 업체나 마케팅 업체에 판매하는 것이다. 이는 소비자들에게 민감한 주제이기 때문에 앞으로 추가적인 규제가 적용될 수도 있다.

- 데이터 센터 및 시설 냉방 최적화: 기술 기업의 데이터 센터는 주요 전력 소비 시설이다. 알파벳의 딥마인드DeepMind는 데이터 센터 냉방 에너지 비용을 일관되게 40% 절감할 수 있는 알고리즘을 최초로 개발했다. 지멘스Siemens는 비질런트Vigilent라는 스타트업과 협력하여 시설 냉방 최적화를 위한, 더욱 광범위한 알고리즘 접근 방식을 개발하여 데이터 센터에도 활용하고 있다.[21]

현재 업계에서는 덜 일반적이지만 AI가 계속 발전함에 따라 사용이 증가할 것으로 예상되는 몇 가지 활용 사례는 다음과 같다.

- **가짜 미디어 콘텐츠 탐지**: 현실을 반영하는 대신 인위적으로 제작된 오디오와 비디오 콘텐츠인 딥페이크_{deepfakes}는 아직 초기 단계에 있지만, 딥페이크가 미래 주요 허위 정보의 원천이 될 수 있다고 우려하는 전문가가 많다. AI는 딥페이크를 만들어내기도 하지만, 딥페이크를 확인하는 도구가 되기도 한다. 이 일종의 군비 확장 경쟁이 어떻게 끝날지는 아직 모르지만, 적어도 이 문제에 대한 잠재적 해결책은 존재한다.

- **자가 복구 네트워크**: 통신 회사의 흥망은 네트워크 상태에 달려 있는데 AI는 네트워크 가동 중단 예측과 복구, 예방을 가능하게 한다. 예지 정비 활용 사례에서 이상치를 파악하고 기계 고장을 예측했던 것과 마찬가지로, AI 활용 사례는 네트워크의 문제와 잠재적 문제를 확인하고, 그 문제가 발생하기 전에 해결한다. 최소한 고객에게 서비스 복구 예상 시기는 알려줄 수 있다. 예를 들어 버라이즌은 2017년 AI를 이용하여 고객에게 영향을 미칠 수 있는 200건의 네트워크 이벤트를 예측하고 방지했는데, 이 중 상당수는 문제가 발생하기 전에 해결됐다.[22]

- **언어 통역 서비스**: 이미 많은 소비자가 여행 중에 AI 기반 스마트폰 앱을 사용하여 자신들의 언어와는 다른 언어를 사용하는 국가나 지역에서 기본적인 통역 서비스를 받고 있다. 이와 유사한 기능이 이메일과 웹 페이지 번역에도 사용된다. 하지만 중요한 비즈니스 문서는 보통

컴퓨터 지원 번역Computer-Aided Translation, CAT 소프트웨어를 활용하여 인간 번역자가 작업한다. 이 소프트웨어는 보통 인간에게 행 단위 번역을 제시하며, 번역자는 이를 수락하거나 거절하거나 수정할 수 있다. CAT 도구는 인간 번역자의 생산성을 획기적으로 높여준다.[23]

• 비디오 콘텐츠 분석: 비디오는 인간, 거리의 보안 카메라, 드론, 자동차, 기타 많은 소스에서 엄청나게 제작되고 있다. 하지만 이 모든 콘텐츠를 직접 보고 분석하기에는 인력이 절대적으로 부족하다. AI는 동작이나 물체, 화재나 연기, 안면 인식, 번호 인식 등 다양한 탐지 목적으로 비디오를 분석할 수 있다. 자연어 생성과 함께 사용하면 심지어 관찰 결과를 이야기로 만들어 들려줄 수도 있다.

• 오디오와 비디오 채굴: 비디오 콘텐츠 분석과 마찬가지로 오디오 또는 비디오 형태의 콘텐츠도 채굴해서 분석 가능한 구조화된 데이터로 변환할 수 있다. AI는 이런 콘텐츠에서 주요 주제나 행동, 감정, 관련된 개인 등 많은 것을 포착할 수 있다. 자연어 처리, 컴퓨터 비전, 음성 인식, 딥러닝 등의 AI 기술이 각각의 목적에 활용된다.

• 감정 감지: 딥러닝 모델들을 통해 인간 감정을 점점 더 정확하게 감지할 수 있다. 광고에 대한 반응 감지, 운전자의 분노 식별, 공항에서 여행자의 두려움이나 불안 감지 등 다양한 목적으로 사용된다. 하지만 비판론자들은 안면 인식이 인간의 감정을 판단하는 데는 신뢰할 수 없는 지표이며, 정확도를 개선하기 위해서는 다른 생리적 요인도 동시에 측정해야 한다고 지적한다.[24]

• 메타버스 생성과 관리: 많은 기업이 엔터테인먼트, 게임, 교육, 시뮬

레이션을 위한 몰입형 가상 환경인 메타버스라는 아이디어를 추구하고 있다. 메타버스에서는 시각적 이미지, 비디오, 언어의 자동화된 구성을 포함하여 사용자 인증, 행동과 움직임 예측 등 다양한 부분에서 AI가 중요한 역할을 하게 될 것이다. 페이스북에서 이름을 바꾼 메타Meta는 메타버스에서 AI가 수행하게 될 많은 역할을 설명했다.[25]

월트디즈니에서의 AI

670억 달러 규모에 달하는 미디어 및 엔터테인먼트 분야의 거대 기업 월트디즈니컴퍼니의 AI·데이터 분석의 역사는 1995년 파크·리조트 사업부에서 시작됐다. 경영진은 항공사들이 수요와 공급에 따라 항공기 좌석 가격을 역동적으로 책정하는 수익 관리를 통해 마진을 개선하는 데 성공했다는 사실에 주목하고, 그 접근 방식을 호텔 객실 요금에 적용해보기로 했다. 피플익스프레스People Express와 콘티넨털항공Continental Airlines의 수익 관리 부문에서 일했던 마크 셰이퍼Mark Shafer는 원래 이 활용 사례에 초점을 맞춘 그룹을 이끌기 위해 디즈니에 합류했다.

셰이퍼가 입사하면서 파크·리조트 사업부뿐만 아니라 디즈니의 대부분 사업부에 획기적인 변화가 일어났다. 그가 이끌었던 매출·수익 관리 조직은 지금은 250명이 넘는 '캐스트 멤버cast member(디즈니의 마법의 왕국을 만들고 유지하는 모든 직원을 가리키는 디즈니 용어-옮긴이)'로 구성되어 있으며, 그중 50명은 박사 학위 소지자다. 이 조직은 디즈니에서 비즈니스 중심 분석과 AI의 중추 역할을 하며 호텔, 테마파크, 브로드웨이 쇼, 책, 기타 디즈니 자산의 수익성을 크게 개선했다. 이 조직의 활동 범위는 이제 회사 전체로 확장됐고, 머신러닝은 그 주요 도구 중 하나다.

디즈니의 AI는 테마파크 이용객들이 보기에도 두드러질 정도로 활용되고 있다. 최근에는 가족의 선호도에 따라 관광지 또는 명물을 추천하는 AI 기반 실시간 휴가 계획 도우미 지니Genie를 출시했다. 이 앱 기반 대기열 관리 서비스는 디즈니 매직 밴드Disney Magic Band와 연동되어 고객이 테마파크 어디에 있는지 실시간 데이터를 제공한다. 목표는 대기 시간 최소화와 고객 경험 극대화다.[26]

영화 사업부문에서 디즈니는 스튜디오랩StudioLAB이라는 연구기관을 세워 AI와 기타 기술을 이용한 영화 콘텐츠 개선 방법을 연구하고 있다. 예를 들어 연구소는 관객의 감정을 모니터링하는 AI를 활용하여 시사회의 유용성을 개선했다. 디즈니는 캘리포니아 공과대학교와 협력하여 영화관에 카메라를 설치하고 딥러닝 시스템으로 관객의 얼굴 하나하나를 모니터링했다. 이를 통해 더 많은 데이터와 함께 관객의 영화 경험에 대한 더 정확한 정보를 확보할 수 있었다.[27]

스튜디오랩은 또 품질을 보장하기 위해 동영상 프레임의 모든 픽셀을 검토하는 알고리즘도 만들었다. 이제 인간 분석가는 선택된 픽셀만 확인하면 된다. 또 다른 알고리즘은 자동으로 픽셀을 그려 넣어 일관된 이미지를 만든다. 이 알고리즘 덕분에 회사의 창작 스토리텔러들은 지루한 세부 사항보다는 창작 활동에 집중할 수 있다.

기술 집약적인 산업에서 AI는 다양한 활용 사례에 이용되고 있다. 지금까지 살펴본 적극적인 AI 도입 기업들은 경쟁사들보다 더 이른 시기에 더 많은 AI 활용 사례를 확보했다. 이것이 결국에는 이미 성공적인 기업들의 운영과 재무 성과를 개선하는 데 반영될 것으로 보인다.

지금까지 설명한 많은 활용 사례는 여러 산업 분야에 두루 적용할 수 있다. 앞서 살펴본 바와 같이, 디즈니는 항공 산업의 가격 책정 방식을 엔터테인먼트 시설에 적용했다. 이렇게 여러 산업에 걸친 활용 사례의 가능성을 생각해야 한다는 주문이 일부 기업 리더들에게는 엄청난 부담으로 느껴질 수도 있지만, 진정 조직을 혁신하기 위해서는 이런 가능성을 고려하면서 많은 사례를 도입해야만 한다. 개별적인 활용 사례를 고객서비스 등 유사한 분야의 다른 사례와 결합하여 더 큰 효과를 얻을 수도 있다. AI의 수없이 많은 잠재적 응용 분야를 생각하면, 특히 고위 경영진은 자신의 사업에 가장 큰 영향을 미치고 전략을 발전시킬 수 있는 활용 사례들을 전략화하고 우선순위를 설정하는 것이 중요하다.

7장

AI 추진 기업으로 가는
네 가지 경로

ALL IN
ON AI

만약 당신이 전통적인 조직에서 일하거나 그런 조직의 리더라면, AI
를 도입하는 것이 회사의 역량을 넘어서는 일이라고 느낄지도 모르
겠다. 수십 년간 축적된 판매 시점 데이터와 로열티 데이터를 보유한
대형 유통 업체 크로거나 로블로도 아니고, 엄청난 양의 센서 데이터
를 생성하고 분석하는 에어버스 같은 항공기 제조 업체도 아니며, 오
랫동안 기술을 이용해 발전해온 대형 은행 DBS도 아니라고 말이다.
AI에 올인하기에는 인재와 자원을 확보하기가 불가능하다고 생각할
수도 있다.

하지만 지금 언급한 곳들과 다른 상황에 처해 있더라도 절망해
선 안 된다. 심지어 이제껏 기술, 데이터, AI를 광범위하게 이용한 적
이 전혀 없었다고 해도 마찬가지다. 현재는 AI를 통한 기업 혁신의

초기 단계에 불과하며, 이 책에서 설명한 기업들은 그저 얼리 어답터일 따름이다.

먼저 좋은 소식부터 알려주자면, 불과 10년 또는 그 전만 해도 AI를 동력으로 삼는 기업은 아예 존재하지도 않았고, 오늘날 AI 우선 기업들이 지나온 경로를 충분히 설명할 수 있다는 것이다. AI를 적극적으로 도입하는 데는 초인적인 능력이나 초자연적인 특성 따위는 필요하지 않았다. 구체적으로 말하자면 미래에 훨씬 더 많은 AI가 필요하다는 사실을 예견하고, 그 미래를 창출할 책임자를 임명하고, 필요한 데이터·인재·재원을 확보한 다음, 가능한 한 신속하게 새로운 AI 역량을 창출하기 위해 움직였을 따름이다. 그들은 조금씩 다른 길을 통해 목적지에 도달했거나 다가가고 있지만, 어쨌든 초반의 몇 걸음은 모두 같았다.

이 장에서는 AI 추진 기업이 되기 위한 네 가지 경로를 네 가지 사례를 통해 설명하려 한다.

- **딜로이트**: 인간 중심의 프로페셔널 서비스 기업에서 인간과 AI 중심 기업으로 변모하고 있다.
- **캐피털원**: 데이터 분석 중심 기업에서 AI 중심 기업으로 전환하고 있다.
- **CCC인텔리전트솔루션스**: 정보 중심 기업으로 출발했지만, 자동차 충돌 수리 사업에서 AI 중심 기업으로 나아가고 있다.
- **웰**: 이 책에 등장하는 유일한 스타트업으로, 처음부터 AI 역량을 구축하여 건강 행동에 영향을 미치고 있다.

물론 이 경로들이 AI 기반 기업이라는 목적지에 도달하는 정해진 답은 절대 아니다. 그러나 이 여정에 관심이 있는 조직이라면 이들의 경로를 살펴보면서 몇 가지 아이디어를 얻을 수 있을 것이다.

딜로이트: 인간 중심 조직에서 인간과 AI 중심 조직으로

딜로이트의 사례가 특히 흥미로웠던 이유는 우리 저자들이 함께 일한 경험이 있는 곳이기 때문이다(미탈은 딜로이트 미국 지사의 AI 비즈니스 부문 공동 책임자이고, 대븐포트는 딜로이트에서 10년 넘게 고문으로 일했다). 딜로이트는 조직 혁신을 보여주는 훌륭한 사례다.

딜로이트는 1845년 런던에서 설립된 이래 인간 중심의 업무 수행 방식에서 AI를 동력으로 삼아 인간과 기계의 협업을 업무에 활용하는 방향으로 초점을 옮겨가고 있다. 딜로이트는 현재 AI 추진 조직으로의 전환을 진행하고 있다. 전 세계적으로 약 35만 명의 직원을 두고 있는 만큼 인력을 포기하는 단계도 아니다. 하지만 딜로이트는 이미 기업고객들에게 제공하는 전문적인 서비스의 핵심 요소로 AI를 광범위하게 활용하고 있다. 바로 이것이 조직의 두드러진 변화를 보여주는 대목이다.

딜로이트의 비즈니스, 글로벌 및 전략 총괄 제이슨 기르자다스는 기업조직이 더 스마트한 경제에서 선도적인 역할을 하기 위해서는 자체 혁신이 필요하다는 사실을 절감하고 트랜스포메이션을 강력히 후원하고 있다. 우리는 AI 추진 조직이 되기 위해서는 고위 경영진의 비전, 열정, 에너지가 필요하다는 사실을 다른 많은 사례에서도 확인했다. 이런 역할을 맡은 기르자다스는 투자, 사명, 여정을 지원하기 위해 필요한 딜로이트 이해관계자들을 동원mobilization 하고 있다. AI는 전략적 성장 기회Strategic Growth Opportunities, SGO라고 알려진 몇 가지 우선 투자 분야 중 하나이며, 광범위한 경제에 영향을 미친다. 기르자다스는 AI(및 기타 우선 투자) 역량을 회사의 다양한 비즈니스에 통합하는 전반적인 책임을 맡고 있다.

미탈이 공동 책임자로 참여하고 있는 AI 전략 이니셔티브는 2021년부터 2026년까지 5개년 계획을 세웠다. 이 계획에는 각 사업 부문의 AI 활용 방식, 커뮤니티 구축 방식과 더불어 엔비디아·AWS·구글 등의 글로벌 얼라이언스alliance 업체와 시장 진출 관계 구축, 새로운 프랙티스 영역 개척, 장기 투자 등이 포함돼 있다. 또 AI를 통한 내부 역량 및 프로세스 활성화와 새로운 클라이언트 서비스 제공에도 중점을 두고 있다. 기르자다스는 "딜로이트의 AI 이니셔티브는 AI가 비용 구조뿐만 아니라 역량도 혁신할 수 있다는 믿음에 뿌리를 두고 있습니다. 이는 업계 모든 기업이 추구하는 '기본' 역량을 개발하는 목표라기보다는 혁신 의제에 더 가깝습니다. 최첨단 클라이언트 대부분은 이미 이런 여정에 있으며, 따라서 딜로이트 역시 AI를 활용하여 새롭고 복합적인 과제를 해결하는 데 앞장서야 합니다"라고 언급했다.

기르자다스는 "딜로이트가 아직은 AI 추진 기업이 아니지만 제가 가장 어려운 부분이라고 생각하던, 딜로이트 전체에서 AI를 중심으로 한 동원과 집중을 달성해냈습니다"라고 말했다. 그러나 각 사업 부문뿐만 아니라 인재 관리나 재무와 같은 기반이 되는 프로세스 측면에서도 여전히 해야 할 일이 남아 있다고 밝혔다. AI 이니셔티브에는 또 대규모 AI 스타트업 인수를 위한 자본 확보뿐만 아니라 정부 프로그램의 부정행위나 오용 방지와 더불어 스마트 팩토리 설립과 관리 지원 분야에 중점을 둔 새로운 서비스 제공도 포함된다.

이런 혁신은 비즈니스 모델 변화의 규모뿐만 아니라 채택 방식이라는 측면에서도 유례를 찾아보기 힘들다. 딜로이트를 포함해 '빅 4'로 불리는 글로벌 프로페셔널 서비스 기업들(딜로이트와 더불어 프라이스워터하우스쿠퍼스PricewaterhouseCoopers, PwC, 언스트앤영Ernst & Young, EY, 케이피엠지KPMG를 가리킨다 – 옮긴이)은 대규모 글로벌 멤버 펌member firm 네트워크로 구성되어 있다. 대체로 국가별 하나의 멤버 펌이 업무를 수행하며, 조직 구조와 프랙티스는 해당 국가의 규제 환경을 준수한다. 각 멤버 펌은 회계감사, 세무자문, 컨설팅, 경영자문 등 유사한 분야에서 사업을 하고 있다. 딜로이트 이니셔티브 프로그램 대부분은 멤버 펌을 대상으로 하지만, AI로 방향을 전환하는 일은 단일 기업과 국가를 뛰어넘어 전 세계적 차원에서 이루어진다. 이에 회계감사, 세무자문, 컨설팅, 경영자문의 혁신팀들은 전 세계적으로 활용할 수 있는 솔루션을 개발하기 위해 노력하고 있다. 물론 이 중 일부 솔루션은 지역 규정을 준수하기 위해 수정하거나 재구성해야 할 수도 있다.

사업 분야 간 협업도 이루어지고 있다. 예를 들어 클라이언트 데이터를 공통 포맷으로 통합하여 분석할 수 있게 하는 일은 감사와 세무 부서 모두에게 어려운 과제인데, 두 부서는 이 작업을 위한 도구를 공동 개발했다. 컨설팅 부서는 클라이언트를 위한 일련의 AI 서비스 및 전문가팀을 구성하여 'AI 파운드리AI Foundry'라고 이름 붙였다. 이들 일부는 감사 및 비감사 실무 부서와 함께 일한다. AI 방법과 도구에 관한 직원 역량 강화는 딜로이트의 우선 과제다. 이에 따라 2021년 AI 전략 이니셔티브는 AI 아카데미를 설립했다. 이 아카데미는 클라이언트 비즈니스 프로세스 및 전략과 관련하여 AI를 교육하며 AI 인재 시장을 만드는 역할을 하고 있다.

감사 및 비감사 부문의 AI

딜로이트의 감사 및 비감사 부문은 AI 역량을 도입하기 위해 다른 사업부문보다 오랫동안 노력해왔다.[1] 시작은 2014년 존 라파엘Jon Raphael이 이끄는 혁신 및 클라이언트 서비스 제공 그룹에서 AI를 개발하면서부터였다. 전 세계적인 AI 플랫폼 옴니아Omnia는 (지역에 따른 맞춤화와 함께) 전 세계 멤버 펌의 감사 업무를 지원하는 데 사용될 것이다. 이 플랫폼은 일부 감사 트랜잭션을 자동화하고, 감사인의 검토 우선순위를 정하며, 클라이언트에게 비즈니스 및 리스크에 대한 통찰력을 제공하는 도구와 방법의 모음이다. 옴니아는 계속 발전하겠지만, 딜로이트앤드투치Deloitte & Touche LLP가 수행한 외부 감사에서 AI가 주요 작업을 해내게 하는 커다란 진전을 보여줬다. 이 플랫폼은 처음부터 전 세계 최고의 기술 기반 스타트업을 참고하는 등 해당 기술 영역에서 최고의 것을 선택·조합하는 방식Best-of-Breed approach을 채택했다. 일부 기능은 내부에서 개발했지만, 외부 업체에서 공급받은 것도 많다. 예를 들어 키라시스템즈Kira Systems는 캐나다에 기반을 둔 스타트업으로 법률 문서에서 계약 조건을 추출하는 소프트웨어를 보유하고 있다. 이 소프트웨어는 감사 중 문서를 검토하는 프로세스에서 매우 유용하다. 과거 감사인들은 많은 계약을 직접 읽고 주요 조건을 추출해야 했지만, 이제는 키라의 자연어 처리 기술이 계약의 주요 조항을 파악하고 추출한다. 결론적으로 옴니아는 내부와 외부에서 개발된 다양한 활용 사례의 중추 역할을 하면서, 새로운 도구들을 쉽게 추가할 수 있다.

옴니아는 애초부터 글로벌 프로그램이었다. 처음에는 미국 클라이언트 한 곳에서 시범적으로 운영됐지만, 전 세계를 염두에 두고 구축됐다. 개발자들은 시범 운영과 빠른 학습을 통해 민첩하게 접근했다. 옴니아 개발은 표준화를 최우선 원칙으로 하지만, 때로는 특정 국가에서 그 나라에 맞춘 수정이 필요할 때가 있다. 데이터 개인 정보 보호, 감사 프로세스 및 기준, 리스크에 대한 법률 및 접근 방식, 비즈니스 의사 결정 등에서 나라마다 차이가 있기 때문이다. 또 일부 국가에서는 감사 데이터와 기타 유형의 기업 데이터를 국외로 반출하지 못하게 하기도 한다. 옴니아는 대규모 상장기업과 소규모 비상장기업 감사를 유연하게 지원한다.

기업 감사의 핵심은 주요 재무 및 운영 데이터를 쉽게 분석할 수 있는 형식으로 만드는 일이다. 회사마다 데이터 구조가 다르기에 관련 데이터를 감사 플랫폼으로 추출하는 일은 노동 집약적인 작업이 될 수 있다. 하지만 딜로이트는 코텍스Cortex 시스템을 개발하여 클라이언트 트랜잭션 시스템에서 분개journal entry(거래 분석을 통해 파악된 계정과목과 금액을 계정 기록 규칙에 따라 차변과 대변으로 나누어 기록하는 것-옮긴이) 및 기타 필요한 데이터를 자동으로 추출하여 분석에 이용하고 있다. 라파엘은 클라이언트와 상관없이 전체적으로 작동하는 공통 데이터 모델을 개발하는 일이 옴니아 개발 과정에서 가장 어려운 부분이었다고 말했다. 그는 이 작업을 더 일찍 시작하지 않은 것이 아쉬울 뿐이라고도 말했는데, 2018년 최고데이터책임자를 고용하면서 진행 속도가 빨라졌다.

옴니아 시스템에는 다양한 기능이 있다. 시스템 중 하나인 시그널Signal은 공개적으로 이용 가능한 재무 데이터를 분석하여 클라이언트 비즈니스에서 잠재적인 리스크 요소를 파악한다. 코텍스는 분개 데이터 세트를 실시간으로 분석하여 회계, 운영, 통제와 관련된 패턴을 파악한다. 리빌Reveal은 예측 분석을 이용하여 외부 감사인이 추가로 검토해야 할 감사 영역을 확인한다. 옴니아 플랫폼에 가장 최근에 추가된 기능은 편향을 평가하는 신뢰할 만한 AI 모듈이다.

딜로이트의 감사 혁신 그룹은 AI를 감사 절차에 이용하는 모든 활용 사례를 개발할 때 공통 프로세스를 따른다. 이 프로세스는 다음과 같은 5단계로 이루어져 있다.

1. **단순화 및 표준화:** 첫 번째 단계는 작업 수행을 위해 공통적이고 간소화된 프로세스 또는 절차를 만드는 것이다. 이 단계에서는 새로운 기술이 도입되지 않고 단순히 프로세스 흐름과 절차 문서만 작성한다. 일반적인 전체 워크플로를 설명한 다음 특정 지역에 필요한 개별적인 변형 사항을 추가한다.

2. **디지털화 및 구조화:** 디지털화는 데이터를 수집하고 성능을 모니터링할 수 있는 정보 기술의 형태로 업무를 지원하는 것을 의미하며, 데이터로부터 학습하는 AI 기술의 전제 조건이다. 디지털화는 작업 구조화의 다음 단계이기도 하다. 이 기술은 일반적으로 작업 수행 순서를 지정한다.

3. **자동화:** 작업이 디지털화 및 구조화되고 나면, 작업 수행을 자동화하는 프로세스는 비교적 간단하다. 보통은 회사 자체의 워크플로 또는 RPA 도구를 이용한다. 이 단계는 수작업 필요성을 줄이고 일반적으로 주기 시간cycle time과 일관성을 개선한다. 예를 들어 딜로이트는 워크플로 기술을 이용하여 감사 내 확인 프로세스를 완전히 자동화했다. 이 프로세스에서는 외부의 여러 제삼자에게 문서를 보내 금융 트랜잭션을 확인한다.

4. **고급 분석 및 분석 이용:** 자동화된 프로세스는 설명적 분석descriptive analytics(과거 데이터를 분석하여 그 데이터의 상태를 설명하고 이해하는 분석 기법 – 옮긴이)을 통해 모니터링할 수 있으며 예측 분석 또는 처방적 분석prescriptive analytics(최적의 행동 방안을 제안하는 분석 기법 – 옮긴이)을 통해 더 나은 테스트를 수행할 수 있다. 또 클라이언트 데

이터를 외부 데이터로 보완하여 리스크 평가 프로세스를 개선하거나 입증 절차_{substantive testing}의 이상치를 파악한다.

5. **인지 기술 구현:** AI 기반 작업으로 전환하는 마지막 단계는 AI 기술을 구현하여 인간 감사인과 기본 데이터의 상호작용(예컨대 머신러닝)을 통해 학습함으로써 작업을 더욱 지능화하는 것이다. AI 도구는 시간이 지남에 따라 작업 수행 능력이 향상되는 방향으로 학습하거나, 작업의 특정 부분(예컨대 계약 조항 추출 및 분석)에 지능적인 결정을 적용할 수 있다.

이런 각 단계는 개별적으로 감사 수준을 개선하고, 딜로이트 감사인과 클라이언트 모두에게 더 시의적절하고 의미 있는 인사이트를 제공할 수 있다.

이 프로세스는 효과가 있는 것으로 보인다. 딜로이트의 감사 혁신은 영국 디지털 회계 포럼 및 시상식에서 2022년, 2021년, 2020년, 2018년, 2015년 '올해의 디지털 혁신상'을 받았다. 물론 다른 빅 4 기업들도 감사 분야에서 AI를 적극적으로 활용하고 있지만, 딜로이트가 선도적이다.

감사 혁신 그룹은 인재 모델을 변경하여 AI 역량을 지원하는 작업도 시작했다. 이 그룹은 몇몇 박사 학위 수준의 데이터과학자와 데이터과학자 인턴을 채용했고, 데이터와 IT 분야의 전공자들을 더 많이 고용하고 있다.

라파엘은 옴니아 감사 결과, 특히 클라이언트 사업에 대한 데이터 인사이트 제공 수준에 클라이언트들이 만족하고 있다고 말했다. 그는 AI가 감사 수준을 개선하고 있다고 확신한다. AI가 가져온 효율 성은 감사나 클라이언트마다 차이가 있고, 때로는 감사인의 추가 조 사가 필요한 특이 사항이 드러나기도 한다. 하지만 결과적으로 이는 감사 수준을 개선하는 데 이바지한다. 옴니아는 또 클라이언트 현장 외부에서 더 많은 작업을 수행할 수 있게 해주며, 이는 코로나19 팬 데믹 기간에 커다란 장점으로 작용했다.

라파엘은 옴니아의 지속적인 개발 가능성과 전 세계적 확장 가 능성에도 큰 기대를 품고 있다. 그의 그룹은 현재 클라이언트들에게 사업에서 기후 관련 대안을 구상해보는 시나리오와 시뮬레이션을 제 공하고자 모색하고 있다. 또한 분개의 시각적 표시와 다른 방식의 재 무 마감 절차 시뮬레이션의 가능성도 검토하고 있다. 그의 그룹은 딜 로이트 컨설턴트 및 엔비디아 협력 인력과 함께 복잡한 시각적 시뮬 레이션 작업도 진행하고 있다.

세무 부문의 AI

세무는 일반적으로 미래 지향적인 전략 프로젝트와 과거 정보를 이 용하는 규제 준수 활동이라는 두 영역으로 나뉜다. 이 두 영역의 공 통점은 무엇일까? 대용량 데이터 세트의 복잡한 분석이라는 점이다. 과거에는 세무 전문가들이 당시 사용 가능한 최고 기술을 이용하여 일일이 수작업을 통해 분석했다. 딜로이트는 세무 업무에 머신러닝 도입을 추구하고 있는데, 기본적으로 인간 세무 전문가의 노력과 AI

기반 프로세스를 결합하면 정확성·효율성·인사이트 측면에서 더 나은 결과를 얻을 수 있으리라고 보기 때문이다.

딜로이트의 세무 분석 인사이트 부분 AI SGO 책임자인 베스 뮐러Beth Mueller는 "세무 분야에서 AI를 활용할 기회는 매우 많습니다. 우리는 고도로 기술적인 세법을 특정 사실에 적용하는 데 중점을 두고 있습니다. AI 기반 도구와 프로세스는 지속적으로 발전해서 클라이언트의 세무 부서가 조직 내에서 더 나은 비즈니스 파트너가 될 수 있도록 지원할 것입니다"라고 말했다.

전략적 세무 업무 분야에서 세무 전문가들은 종종 제한된 시간과 정보만으로 조직에 중대한 영향을 미치는 결정을 내린다. 세무 부서는 일반적으로 비즈니스 트랜잭션에 관해 마지막으로 정보를 받기에, 정보에 입각한 결정 능력이 부족할 수 있다. 하지만 AI를 이용하여 세무 관련 알고리즘을 의사 결정 프로세스에 통합하면 세무 관련 고려 사항을 더 일찍 알리고 세무 부서를 더 일찍 의사 결정 과정에 참여시킬 수 있다.

세무 신고에서 중요한 부분은 외부 감사에서와 마찬가지로 클라이언트의 트랜잭션 시스템에서 데이터를 추출하는 작업이다. ERP를 비롯해서 기업의 다양한 시스템은 일반적으로 세무 신고를 위해 구축되지는 않는다. 따라서 이 시스템에서 주요 정보를 추출하여 세무 관련 규정을 염두에 두고 다시 분류하는 작업이 필요하다. 딜로이트는 이를 위해 인텔라Intela라는 플랫폼을 구축했다. 클라이언트도 참여할 수 있는 이 플랫폼에는 데이터를 추출·분류하고, 세무 전문가와 클라이언트에게 인사이트를 제공하는 AI 기반 기능이 포함되어 있다. 자동 분류가 적용되는 세무 데이터 영역 중 하나는 시산표 계정 분류로, 각 계정의 세금 분류(예컨대 공제 가능 대 공제 불가능)에 대한 초기 결정을 제공한다. 간접세 같은 분류 역시 자동화되고 있다. 필요한 모든 데이터가 수집되고 나면, 딜로이트는 RPA 등의 기술 솔루션을 이용하여 계산, 세금 신고서 작성, 인간 주도 검토 프로세스를 넘어서는 추가적인 수준의 품질 검토를 수행한다. 또 세무 데이터를 분석하여 클라이언트가 고려해봄 직한 인사이트를 파악할 수도 있다.

과거의 세무 신고 업무는 감사와 마찬가지로 대개는 세무 전문가의 상당한 수작업이 필요했다. 데이터를 조회하고, 한 시스템에서 다른 시스템으로 데이터를 옮기고, 계산 작업지를 작성하는 등 일이 많았다. 이런 수작업은 대부분 사라졌으며 앞으로 더 많이 사라질 것이다. 그러면 세무 전문가들은 클라이언트의 세무 관련 상황을 분석하고 개선 방법에 관한 조언을 준비하는 데 더 많은 시간을 할애할 수 있다. 기업 세무 부서가 AI를 활용해 자동화하리라는 점은 일부 글로벌 세무 당국이 세무 신고 프로세스를 개선하기 위해 구상하고 있는 것과도 일치한다. 언젠가는 세무 신고 과정이 시스템간의 대화만으로 이루어지면서 AI가 그 과정에서 잠재적으로 발생할 수 있는 정확성 리스크를 식별해주는 단순한 작업이 될 수도 있다.

컨설팅 부문의 AI

컨설팅은 딜로이트 전문가들이 수행하는 활동 중 업무가 상대적으로 구조화되지 않은 부분에 속하지만, 그렇다고 해서 AI 활용 기회가 없다고는 할 수 없다. 니틴은 컨설팅 부서의 AI 역시 총괄하고 있으며, 그와 동료들은 다양한 기회를 활용하여 AI 기술을 통한 컨설턴트 업무 수행 방식을 변화시키고 있다. 기회는 크게 두 가지 범주로 나뉘는데, 필요 역량 확보와 새로운 사업 방식 도입이다.

컨설팅 부서는 인간 역량 중심의 조직에서 인간과 AI 역량 중심의 조직으로 전환하기 위해서는 오늘날의 스마트한 경제를 견인하는 필요 역량을 구축하는 것이 중요하다는 점을 알고 있었다. 오늘날 기업과 사회에서 AI가 점점 더 부각되면서 딜로이트 컨설팅은 클라이언트에게 제공할 필수 AI 역량을 갖추고 있어야 했다. 이 역량에는 대화형 AI, 컴퓨터 비전, 사물인터넷, 엣지 디바이스edge device(네트워크의 가장자리에 있는 컴퓨팅 장치로, 데이터를 생성하거나 수집하고 이 데이터를 처리·분석하여 중앙 처리 장치Central Processing Unit, CPU나 클라우드로 보내는 역할을 담당한다-옮긴이)의 데이터를 처리하는 AI 기술, AutoML 앱 등이 포함된다. 컨설팅 부서는 이런 역량에 필요한 지식과 기술을 전사적으로 확산하는 것이 목표였다. 다시 말해 소규모의 특화된 그룹만이 AI 서비스를 제공하는 것이 아니라 딜로이트 컨설턴트 대부분이 클라이언트의 사업 혁신을 도울 수 있게 하자는 것이었다. 이러한 과제로는 고객센터 디지털화, 스마트 팩토리 구축을 위한 제조 프로세스 현대화, 고객 네트워크의 엣지까지 클라우드 확장

등이 포함됐다. 딜로이트는 자체 AI아카데미를 통해 외부 학습 기관들과 협력하여 컨설턴트들이 실제로 AI 기술이 어떻게 비즈니스에 활용되는지를 교육하는 맞춤형 커리큘럼을 제작하였고, 필요한 AI 역량을 컨설팅 부서 전반에 확산시켰다.

컨설팅 부문이 AI에 집중하고 있는 또 다른 분야는 새로운 사업 방식 도입이다. 그 목표는 딜로이트 컨설팅의 전통 사업 방식을 새로운 비즈니스 모델로 확장하여, 앞으로 10년 동안 시장 지위를 강화하는 것이다. AI 전략 이니셔티브는 딜로이트 컨설팅이 이미 선도적인 역량을 갖춘 분야에 중점을 두고, 앞으로 10년간 해당 분야에서 컨설팅 본부가 기존에 하던 업무 방식을 새로운 방식으로 완전히 전환 시킬 것이다.

예를 들어 딜로이트는 최대 규모의 데이터 구축 사업을 영위하며, 클라이언트의 데이터를 클라우드로 이전하는 작업을 돕고 있다. 이제 딜로이트는 클라이언트가 이 데이터를 활용하여 AI 추진 기업으로 발전하도록 지원하는 방식으로 사업을 확장하고 있다. 딜로이트 컨설팅은 레디AIReadyAI, AI Capacity as a serveice라는 AI 역량을 구독형으로 서비스하는 새로운 사업을 시작했다. 이 서비스는 사전에 구성된 보완적인 기술들을 갖춘 팀을 클라이언트에게 제공한다. 이 팀은 클라이언트를 도와 데이터 활용 방식을 결정하고, 머신러닝과 딥러닝을 포함한 표준 AI 프로세스와 도구를 이용하여 실제 활용 사례를 스스로 만들 수 있도록 지원한다. 레디AI는 클라이언트가 자체 AI 활동을 즉시 시작할 수 있도록 시동을 걸어주는 역할을 한다. 일반적인 컨설팅 프로젝트와 달리 사전 정의된 요구 사항이나 결과물이 없으며, 심지어 이 팀은 클라이언트의 지시를 받기도 한다.

딜로이트의 또 다른 새로운 사업 방식으로는 사람의 개입이 필요 없는 자율 거래 처리 프로세스를 개발하여 이를 구독 방식으로 제공하는 분야가 있다. 딜로이트는 역사적으로 ERP 시스템을 구현하는 선도 기업이었다. 이 시스템들은 비즈니스 프로세스를 디지털화했지만, 이제 많은 기업들이 이 프로세스들이 자율적으로 자동 작동하기를 원하고 있다. 딜로이트는 기술 벤더들과 협력하여 AIOps를 이용해서 여러 트랜잭션 시스템의 프로세스를 자동화하는 새로운 사업을 시작했다. 이런 프로세스는 지금까지는 일반적으로 상당한 인력을 동원해서 운영됐다. 그런데 이제는 개별 트랜잭션으로 세분화되고 그 안에서 지능적인 결정을 내릴 수 있는 알고리즘이 구축되며, 데이터를 통해 지속적으로 학습해서 자율적인 행동이 일어나게 된다. 이런 알고리즘은 클라이언트가 구독할 수 있는 개별 마이크로서비스로 패키지화된다.

딜로이트 컨설팅이 시작한 세 번째 사업 분야는 제조업 클라이언트를 위한 스마트 팩토리 구현이다. 공장 현장에 센서가 널리 보급되면서 제조 프로세스의 각 단계에서 막대한 데이터가 생성된다. 이 데이터를 통합하고 알고리즘을 적용하여 프로세스를 지속적으로 분석하고 개선하는 작업을 통해 공장을 스마트하게 만들 수 있다. 여기에 스마트 카메라를 사용한 실시간 모니터링과 조정을 추가하면, 거의 자율적으로 운영되고 자체 개선을 수행하는 제조 시스템을 만들 수 있다. 딜로이트는 이미 전 세계 조직을 대상으로 하는 글로벌 공급망 구축에서 가장 앞선 기업이지만, 스마트 팩토리 사업 방식은 제조와 공급망 프로세스가 만나는 AI 추진 영역으로 한 단계 더 나아가고 있다.

딜로이트는 컨설팅 분야에서 AI에 초점을 맞추면서 세 가지 주요한 교훈을 얻었다. AI 추진 여정에 나설 조직이라면 귀담아들어야 할 교훈이다.

- **오늘 일을 현대화하라**: 딜로이트에서 AI 역량 구축의 초점은 서비스를 AI 기반으로 현대화하여, 오늘날의 더 스마트한 글로벌 경제에서 클라이언트에게 자문하고, 시스템을 구축하며, 지속 운영하는 것이다.
- **장기적인 관점으로 사업을 구축하라**: 성공적인 조직 대부분이 그렇듯이, 딜로이트 역시 앞으로 10년 동안 수익을 창출할 새로운 사업을 구축해야 한다는 사실을 인식하고 있다. AI 전략 이니셔티브에는 다년간의 투자 계획, 헌신적인 리더십, 임원의 추진력, 단기 이익보다는 장기적인 이익을 추구하는 조직 전체의 합의가 포함돼 있다.
- **끊임없이 다음을 추구하라**: AI 전략 이니셔티브는 구조화된 프로그램을 주도하지만, 딜로이트 컨설팅 내 다양한 그룹과 지속적으로 실험하며 미래의 큰 비즈니스 기회 아이디어를 모색하고 있다. 그 예로는 비즈니스 애플리케이션 시스템 개발에 자동 프로그램 코딩을 활용하는 움직임을 들 수 있다. 딜로이트 컨설팅의 많은 프로젝트에는 어떤 형태로든 코딩이 포함되어 있으므로, 프로젝트에서는 AI를 이용한 코

드 생성을 적극적으로 실험하고 있다. 오픈AI가 개발한 강력한 GPT-3 변환 AI 프로그램은 텍스트 생성뿐만 아니라 특정 유형의 컴퓨터 프로그램 생성에도 뛰어나다는 점이 입증됐다. 이 기능은 현재 코덱스Codex라는 오픈 소스 도구의 핵심으로, 프로그램에 대한 영어 텍스트 설명을 코드로 변환한다. 딜로이트 컨설턴트들은 코덱스가 어떤 상황에서 생산성을 향상하고, 프로그래머가 아닌 사람도 코드를 생성할 수 있게 해주는지를 적극적으로 연구하고 있다.

이런 세 가지 교훈은 AI 이니셔티브에 대한 컨설팅 부서의 기본 지침이라고 할 만한 원칙이었으며 앞으로도 그럴 것이다. 이 원칙들은 AI 전략, 투자, 리더십 초점을 견인한다. 또 컨설팅 부서의 리더들은 딜로이트가 클라이언트를 AI 추진 기업으로 만들려면, 먼저 딜로이트 자신이 AI를 추진 동력으로 삼아야 한다는 확고한 신념을 갖고 있다.

리스크 및 재무 자문 부문의 AI

딜로이트의 리스크 및 재무 자문 부문은 클라이언트가 맞닥뜨리는 다양한 유형의 리스크를 완화하는 데 중점을 둔다. 과거에는 상용 AI 도구를 이용해 자동으로 자금세탁방지법 위반 의심 거래 보고서를 생성하는 것과 같은, 일부 클라이언트 프로젝트를 지원하기도 했다. 하지만 지금은 AI SGO를 통해 미국 지사 공동 대표인 미탈과 함께 이르판 사이프Irfan Saif 같은 시니어 리더들이 주도하는 새로운 AI

전략에 착수하고 있다. 리더들은 경영진의 사고방식을 이해하고, 변화를 주도하며, 긴급성을 인식할 수 있도록 노력했다. 새로운 전략은 선도적인 데이터과학자들이 구축한 재사용 가능한 제품을 개발하는 데 기반을 뒀다. 2020년 이 부문 AI 그룹의 책임자가 된 에드 보웬Ed Bowen은 제약 산업에서 유전자 데이터과학 분야 경력을 쌓았던 사람으로, 수학과 과학 분야의 박사 학위 소지자와 데이터과학자들을 빠르게 충원했다.

리스크 및 재무 자문 AI 그룹은 이미 4개의 제품을 개발하고 배포했다. 그중 2개는 사이버 보안 분야이고, 하나는 의료 서비스 사기 적발, 다른 하나는 재무회계 내부통제와 관련이 있다. 사이버 보안 영역은 인간이 모니터링하고 이해하기에는 데이터가 너무도 많기에 AI의 활용 가능성이 풍부하다. 역으로, 사이버 범죄자들 역시 AI를 더더욱 많이 이용하고 있다. 컨설팅 부서와 마찬가지로 리스크 및 재무 자문 부문은 표준 AI 플랫폼을 개발했으며, 여러 대규모 데이터 자산을 수집하고 있다. 딜로이트의 모든 사업부문 중 리스크 및 재무 자문 부문의 AI 접근 방식이 가장 연구 중심적이며 최첨단 알고리즘이 견인하는 방식 중 하나다. 이 접근 방식이 성공한다면, SGO는 다른 사업부문으로도 확산시킬 것이다.

이같이 다양한 실무 영역에서 스마트 머신과 밀접하게 협력하고 있는 딜로이트 전문가들은 자동화보다는 '증강'이 중요하다고 한목소리로 강조한다. 현재로서는 작업 대부분을 여전히 인간이 하고 있다. 하지만 언젠가는 기계가 클라이언트를 위한 작업 대부분을 수행하고 인간은 그저 원래 의도한 작업을 기계가 수행했는지 확인만 하는 역할을 맡는 때가 올 수도 있다. 딜로이트의 대부분 인적자원이 AI 시스템과 협업하게 된다면, 딜로이트에 AI라는 미래가 도래했다는 신호가 될 것이다.

캐피털원: 분석 중심 조직에서 AI 중심 조직으로

6장에서 간략하게 논의한 것처럼, 캐피털원은 오랫동안 데이터 기반 금융 서비스 기관으로 알려져 왔다. 1994년 시그넷뱅크Signet Bank에서 분리되어 설립된 이 회사의 핵심 아이디어는 정보 기반 전략이었다. 다시 말해, 이 회사는 처음부터 운영과 재무에서 중요한 결정은 데이터와 분석을 기반으로 해야 한다고 믿었다.

초기부터 현재까지 CEO를 맡고 있는 리치 페어뱅크Rich Fairbank와 공동 창립자 나이절 모리스Nigel Morris는 데이터와 분석을 통해 회사를 독특하고 효율적이며 수익성 있는 신용카드 발급 기관으로 만들 수 있다고 확신했다. 회사는 분석을 통해 소비자의 지출 패턴을 이해하고, 신용 리스크를 줄이며, 고객서비스를 개선했다. 나중에 캐피털원은 유통과 상업은행 분야에도 진출했으며, 지점 네트워크를 구축하거나 인수해서 다양한 형태의 소비자 대출 시장에 진입했다.

이 은행은 2002년 세계 최초로 최고데이터책임자를 임명했다.[2]

오랜 기간 캐피털원의 최고정보책임자였던 롭 알렉산더Rob Alexander는 "우리는 데이터와 분석을 사용하여 더 나은 소비자 금융 서비스 회사를 만들어왔습니다. 우리는 여러 측면에서 최초의 빅데이터 기업이었습니다"라고 말했다. 토머스가 2006년 분석을 통해 경쟁 기업들에 관한 책을 쓸 때 이미 사례로 포함됐던 캐피털원은 데이터와 분석을 중심으로 전략을 구축한 몇 안 되는 기업 중 하나다.[3]

그러나 최고의 위치를 유지하기 위해서는 지속적인 혁신이 필요한 법이다. 2011년 은행 업계를 강타한 붕괴 위기에 직면한 캐피털원은 기업 문화부터 운영 프로세스, 핵심 기술 인프라에 이르기까지 비즈니스의 많은 측면을 혁신하고 현대화하겠다는 전략적 결정을 내렸다. 알렉산더는 "처음에는 이 모든 일이 수년에 걸쳐 어떻게 전개될지 정확히 알지 못했습니다. 우리의 목표는 고객을 위한 새로운 기능을 더욱 빠르고 민첩하게 제공할 수 있는 목적지에 도달하는 것이었습니다"라고 말했다. 이런 혁신의 기술적 측면에는 소프트웨어 배포를 위한 민첩한 모델로의 전환, 대규모 엔지니어링 조직 구축, 디지털 직무에 필요한 수천 명의 고용, 클라우드 네이티브cloud native 전략을 채택하여 클라우드를 위한 앱 재구축은 물론이고 레스트풀 APIRESTful API나 마이크로서비스와 같은 최신 아키텍처 표준 고집, 그리고 오픈 소스 기반 구축이 포함됐다.

AI 중심 기업 되기

캐피털원은 AI 올인 조직의 대열에 합류했다. 이 회사는 원래 신용

카드 사업 라인과 기업 수준에서 2개의 대규모 머신러닝팀을 운영했지만, 최근 두 팀을 머신러닝 센터Center for Machine Learning, C4ML로 통합했다. 캐피털원에는 카드, 리스크, 고객서비스, 심지어 금융 및 인적자원 관리 기능 등 은행 전반에 걸친 모델을 만드는 데이터과학자들이 있다. 또 캐피털원은 고객에게 사기 위험을 알려주고 잔액 조회 같은 작업을 도와주는 지능형 에이전트 챗봇 에노를 제공한다. 회사의 경영진은 머신러닝과 AI 활용이 카드 발급 기관의 고전적인 업무라고 할 수 있는 신용 결정에서 그치지 않고, 고객과의 상호작용과 운영의 모든 측면에 초점을 맞춘다고 말한다. 알렉산더는 "우리가 결정을 내리는 모든 상황이 머신러닝을 활용할 기회입니다. 어떤 고객에게 마케팅할지, 어떤 제품을 제공할지, 고객과의 관계에서 어떤 약관을 걸지, 어떤 보상을 제공할지, 지출 한도를 얼마까지 설정할지, 어떻게 사기를 판별할지 등이 모두 그렇습니다"라고 말했다.

캐피털원의 목표는 고객 니즈를 예측하고, 고객이 필요로 하기 전에 올바른 정보와 도구를 제공하며, 고객과 그들의 돈을 보호하는, 한마디로 마찰 없는 경험을 제공하는 것이다. 캐피털원은 대부분 사업 부분에 AI와 머신러닝을 적용해왔지만, 그 여정은 아직 끝나지 않았다.

클라우드로 이동

캐피털원은 AI 세계를 위해 전통적인 분석 접근 방식을 어떻게 현대화했을까? 알렉산더와 그의 동료들에 따르면 핵심적인 해답은 차세대 기술을 이용하는 것이었다. 알렉산더에 따르면, 2011년경 은행 경영진이 은행의 미래를 재정의하려고 했다. 핵심 기술 비용이 급격히 낮아졌고, 고객들이 이주하고 있는 디지털 채널은 훨씬 더 많은 데이터와 더불어 훨씬 더 나은 고객 이해 가능성을 제공했다. 또한 클라우드는 대규모 데이터를 처리하고 분산된 데이터를 더 쉽게 통합할 수 있는 기능을 제공했다. 알렉산더와 동료들은 IT 조직이 인프라 솔루션을 구축하는 것은 더는 의미가 없다고 결론지었다. 그 대신 고객에게 서비스할 수 있는 훌륭한 소프트웨어 및 비즈니스 역량을 개발하는 데 초점을 맞춰야 한다고 결정했다.

이런 사고의 주요 결과 중 하나가 바로 데이터를 클라우드로 이전한 것이었다. 그러면서 클라우드는 캐피털원 AI 작업의 실질적인 촉매제가 됐다. 캐피털원은 데이터 센터 내 폐쇄형 클라우드를 가지고 시작했지만, 이후 AWS에서 일어나는 일들을 눈여겨봤다. 알렉산더는 자신의 조직이 AWS의 규모나 복원력과는 경쟁이 되지 않는다는 사실을 깨달았다. 하지만 캐피털원에는 소프트웨어, 대규모 확장 가능성, 즉시 이용할 수 있는 클라우드 스토리지, 컴퓨팅 기능이라는 커다란 장점들이 있었다. 그렇다면 혁신적인 새로운 머신러닝 도구와 플랫폼은 AWS 같은 공개형 클라우드를 이용하면 되는 일이었다. 간단히 말해 클라우드로 이동하면 AI뿐만 아니라 모바일과 디지털 고객 경험에 이르기까지 은행 내에서 차세대 기술들을 활용할 수 있었다. 2020년 캐피털원은 마지막 데이터 센터를 폐쇄하고 모든 활용 사례와 데이터를 AWS 공개형 클라우드로 이전했다.[4]

클라우드가 중요했던 이유를 하나만 들자면, 당시 캐피털원이 실시간 스트리밍 데이터 환경으로 급속히 이동하고 있었기 때문이다. 현재 기업 데이터·머신러닝·기업 엔지니어링 부문 최고정보책임자이자 캐피털원의 베테랑이라고 할 수 있는 마이크 이슨Mike Eason은 은행이 분석에 초점을 맞췄던 시기와 지금의 가장 주요한 차이점이 바로 데이터의 양과 속도라고 말했다. 그는 인터뷰에서 "우리가 1990년대에 사용한 모델은 주로 (월간 또는 주간 데이터, 때로는 일간 데이터 같은) 일괄 데이터를 기반으로 했습니다. 이제 우리는 웹·모바일 거래, ATM, 카드 거래 등에서 매우 많은 양의 스트리밍 데이터를 확보하고 있으며 이를 실시간으로 분석하여 고객 니즈를 충족하고 사기를 방지해야 합니다. 데이터를 저장하기 위한 데이터 레이크는 여전히 갖고 있지만 점점 더 많은 데이터가 들어오고, 들어오는 대로 분석하고 있습니다"라고 말했다.

C4ML 책임자 아브히지트 보스Abhijit Bose는 "우리는 실시간 의사 결정 기업이 되어가고 있습니다. 리치 페어뱅크는 이에 대해 자주 이야기하죠. 처음에는 분석 기반이었고, 그다음에는 데이터와 클라우드로 전환했으며, 이제는 실시간 의사 결정이 초점입니다. 실시간 데이터 분석 모델이 은행의 모든 기능과 프로세스를 견인할 것입니다"라고 덧붙였다.

이처럼 AI에 중점을 두는 것은 캐피털원의 광범위한 혁신 여정에서 매우 중요한 요소 중 하나에 불과하다. 창립자 리치 페어뱅크부터 시작해서 캐피털원의 리더들은 모두 가까운 미래에 승리하는 기업은 전통적인 은행 역량을 지닌, 무엇보다 리스크 관리 역량을 지닌 기술 기업일 것으로 믿고 있다. 페어뱅크는 처음에는 은행이 데이터와 분석을 기반으로 사실상 모든 일을 처리한다는 비전을 갖고 있었다. 여기에 막대한 데이터베이스와 실시간 AI가 더해지면서 그의 비전이 실현됐고 동시에 더욱 발전했다. 알렉산더는 캐피털원이 AI 기반 의사 결정을 핵심으로 하는 기술 집약적 뱅킹을 향해 나아가는 커다란 혁신의 초기 단계에 있다고 생각한다.

AI 분야에서 현재 캐피털원의 주요 초점

캐피털원의 주요 초점은 은행 전반에 걸쳐 머신러닝을 대규모로 활용하는 것이다. 지금도 핵심 비즈니스 프로세스 대부분에 머신러닝 모델을 보유하고 있으며, 끊임없이 더 많은 모델을 구축하고 기존 모델을 개선하고 있다. 예를 들어 현재도 AI를 활용하여 신용 사기를 방어하고, 고객을 위한 맞춤형 혜택을 개발하고, ATM 사기를 감지하는 등 여러 문제에 훌륭히 대처하고 있다. 이에 더해 고객에게 더 나은 재정 상태를 위한 훌륭한 조언을 제공하기 위해 에노를 개선하고 있으며, 온라인과 고객센터 세션에서는 고객의 활동과 니즈를 예측하고 있다.

C4ML의 책임자 보스는 AI 분야 최첨단 기업 여러 곳에서 일한 경력이 있다. 박사 학위를 소지한 데이터과학자들은 많지만, 보스는 엔지니어링 역학과 컴퓨터과학 및 엔지니어링을 전공해 2개나 되는 박사 학위를 가지고 있다. 그는 한 인터뷰에서 캐피털원은 여전히 전

통적인 분석을 일부 활용하고 있지만, 가능한 한 데이터로부터 학습하는 모델(다시 말해, 머신러닝) 사용을 목표로 한다고 설명했다. 보스와 C4ML은 표준 플랫폼, 민주화, 기능 및 알고리즘 라이브러리, 대규모 채용 및 교육과 같은 접근 방식을 이용한 대규모 머신러닝을 주요 과제로 설정하고 있다.

캐피털원은 은행의 모델 개발, 배포 및 유지·보수에서 대부분을 지원하는 머신러닝 플랫폼을 개발 중이다(이미 수천 개의 모델이 매일 사용되고 있다). 이들의 목표 중 하나는 데이터과학자들이 은행 전체에서 동일한 작업을 각기 다른 방식으로 수행하는 것을 방지하여 효율성, 효과, 직무 만족도를 높이는 것이다. 이 플랫폼은 기능 라이브러리와 AutoML 도구를 포함한 다양한 라이브러리, 워크플로 자동화를 통해 모델을 개발하는 데 도움을 준다. 또 플랫폼의 도구는 매개변수나 결과와 같은 모델 학습 및 실행 정보를 반복 가능하고 검색 가능한 방식으로 캡처하고 저장하여, 모델을 감사하고 재현할 수 있도록 지원한다. 이 정보는 은행이 모델을 검증하고 배포하는 데도 도움이 된다. 실제 운영 환경에서 사용될 때, MLOps 도구와 방법을 이용하여 정기적으로 모델의 드리프팅 여부를 확인하고 필요한 경우 재훈련한다. 지능형 에이전트 에노와 같은 일부 모델은 자동으로 재훈련된다. 그 외에는 은행의 모델 규제 부서를 통해 인간이 감독한다.

보스는 C4ML의 주요 초점 영역인 책임 있는 AI 분야에서도 가능한 한 규모와 자동화를 도입하고 싶다고 말한다. 설명 가능성, 공정성, 윤리적 고려 사항을 극대화하기 위해 이를 머신러닝 플랫폼 내에서 명시적인 목표로 삼고자 한다. 따라서 설명 가능성 프로그램 라이브러리와 자동화된 편향 감지 프로그램이 이 플랫폼의 구성 요소가 될 것이다. 몇 줄의 코드만 실행하면 편향 감지 라이브러리를 호출하고, 그 결과가 자동으로 집계되어 모델 리스크 담당자에게 전송될 것이다.

캐피털원은 AI 인재 채용에도 진심이어서 머신러닝 및 관련 소프트웨어 엔지니어 수천 명을 고용하고 있다. 2021년에 은행은 이전에 은행의 다른 업무에 종사했던 머신러닝 엔지니어들을 위해 160시간에 달하는 내부 교육 프로그램을 개발하기도 했다. 보스는 이 프로그램이 직원들에게 호평을 받았으며, 그들이 현재 교육 경험을 공유하는 첫 번째 그룹을 형성하고 있다고 말했다. C4ML과 인적자원 부서는 또 최근 들어 머신러닝 엔지니어 역할을 위한 경력 직군career job family을 개발하기도 했다. 경력 개발, 보상, 신규 채용 광고가 포함된 이 직군은 이미 데이터과학자, 연구 과학자, 데이터 엔지니어 인재를 위한 직군과 합쳐졌다. 캐피털원은 미국 대학 7곳에 인큐베이터 또는 연구실을 두고 있으며, 앞으로도 생태계 내에 더 추가할 계획이다. 미래에는 교수들이 안식년에 캐피털원에 합류해 머신러닝 이니셔티브를 연구할 수도 있을 것이다.

알렉산더는 중요한 질문을 던지고는 스스로 답변했다. "왜 레거시 은행은 기술 기업에 의해 파괴되지 않았을까요? 아마 앞으로 언젠가는 그렇게 되겠죠. 하지만 우리에겐 우리 산업을 스스로 혁신할 기회가 있습니다." 실제로 캐피털원은 기술 기업들로부터 최고의 AI

인재를 일부 스카우트했다. 보스는 페이스북에서 선임 AI 업무를 담당했었다. 이 은행의 AI 및 머신러닝 제품 부문 수석 부사장 롭 풀치아니Rob Pulciani는 아마존에서 에코Echo · 알렉사Alexa 사업을 이끈 임원이었다. 캐피털원의 리더들은 고객에게 이익을 제공하는 앱을 위한 기술을 도입하고, 데이터 관리와 머신러닝 분야에서 뒷방 신세에만 머물러 있지 않겠다는 의지가 분명하다. 한때 분석을 기반으로 경쟁했던 기업이 이제는 AI를 기반으로 경쟁하고 있다는 사실을 보여주는 주요 지표다.

CCC인텔리전트솔루션스: 데이터 중심 조직에서 AI 중심 조직으로

AI 올인 기업으로 가는 세 번째 경로는 막대한 데이터 자산과 비즈니스 생태계를 활용하는 것이다. 첨단 기술을 이용하여 자동차보험 회사를 지원하는 이 AI 집약적 중견 기업을 아는 사람은 많지 않을 것이다. 그러나 교통사고를 당해 자동차를 대대적으로 수리한 경험이 있는 사람이라면 아마도 이 회사의 데이터, 생태계, AI 기반 의사 결정으로부터 도움을 받았을 것이다. 바로 CCC인텔리전트솔루션스 이야기다. CCC는 1980년에 설립됐다. 원래는 도난당한 차량이나 손상된 차량의 손실 가치를 책정하기 위해 보험사에 자동차 가치 평가(담보) 정보를 제공하는 사업을 영위했다. 그래서 회사 이름도 처음에는 '공인담보회사Certified Collateral Corporation'였다. 그러다가 1986년 에 CCC인포메이션서비스CCC Information Services로 이름을 바꾸었고, 2021년에는 고객에게 제공하는 서비스에 AI를 활용한다는 점을 반 영하여 CCC인텔리전트솔루션스로 다시 이름을 변경했다.

40년도 넘게 CCC는 많은 데이터를 수집·관리하고, 자동차보험 업계 당사자들과 많은 관계를 맺으며, 데이터와 분석, 그리고 이제는 AI의 도움을 받아 많은 의사 결정을 해왔다. 최근 23년간 이 회사는 기테시 라마머시가 이끌었는데, 그는 CEO 취임 직전에는 최고기술 책임자였다. CCC는 견조한 성장을 보이며, 연 매출이 7억 달러에 육 박하고 있다. 이 책에 등장하는 다른 기업들에 비하면 상대적으로 중 형 기업으로, 모든 규모의 기업이 자신의 사업 분야에서 AI에 적극적 으로 접근할 수 있다는 모범을 보여준다.

데이터에서 AI로

CCC는 광범위한 데이터를 기반으로 AI 역량을 구축하고 있는 기업 이다. 이 회사의 머신러닝 모델은 1조 달러 이상의 과거 보험 청구 데 이터, 수십억 개에 달하는 과거 이미지 데이터, 그리고 자동차 부품, 수리점, 충돌 부상, 규정, 기타 여러 항목에 대한 데이터를 기반으로 한다. 또 텔레매틱스와 사물인터넷 센서를 통해 800억 킬로미터가 넘 는 주행 데이터까지 확보하고 있다. 이 회사는 300개 이상의 보험사, 2만 6,000개 이상의 수리 시설, 3,500개 이상의 부품 공급 업체, 그리 고 모든 주요 자동차 제조 업체로 구성된 생태계에 데이터를 제공하여 의사 결정을 지원한다. 이 회사의 목표는 이 다양한 조직을 하나의 완벽한 네트워크로 연결하여 보험금 청구를 신속하고 효율적으로 처리하는 것이다. 모든 트랜잭션은 CCC 시스템이 기반을 두고 있는 클라우드에서 이루어진다. 2003년부터 구축된 CCC의 시스템은 3만 개 기업, 50만 명의 개인 사용자, 1,000억 달러 상당의 상업적 거래를 클라우드를 통해 연결한다.

CCC는 여러 사업 영역에서 AI를 활용한다. 이 회사의 투자 설명서에는 클라이언트를 대신해서 AI를 기반으로 내리는 의사 결정에 대한 설명이 있다. 여기에는 다음과 같은 내용이 포함되어 있다.

- 이용 가능한 모든 네트워크 참가자 중에서 이 이벤트를 해결하는 데 누가 참여해야 하는가?
- 현지 요금과 가격이 적용되는가?
- 현지의 어떤 규정이 적용되는가?
- 이 지역에서 최고 실적을 보이는 '충돌 수리' 제공 업체는 어디인가?
- 이 차량의 정확한 손상은 무엇이며, 이를 복구하려면 무엇이 필요한가?
- 발생했거나 발생하지 않은 상해로는 무엇이 있는가?
- 정확한 해결 비용은 얼마인가?

결정은 규칙 기반 시스템과 머신러닝을 조합하여 이루어진다. 하지만 규칙 기반 의사 결정 역시 회사의 광범위한 데이터베이스를 활용한다. CCC는 이미 15년도 전에 최초의 (당시에는 '전문가 시스템'

이라고 불렸던) 규칙 기반 의사 결정을 개발하기 시작했다.

수리 프로세스의 여러 시점에서도 AI를 활용한다. 예를 들어 프로세스는 최초 손실 통지First Notice Of Loss, FNOL와 더불어 시작된다. 이를 통해 보험 회사는 보험 차량에 관한 충돌이나 도난 또는 손상 소식을 처음으로 접하게 된다. 이 시점에 AI는 여러 대안적인 작업 단계 중에서 결정을 내릴 수 있다. 텔레매틱스 데이터는 고객 보고서를 기다리지 않고도 FNOL을 빨리 처리하는 데 사용될 수 있다. 머신러닝 모델은 자동차를 수리할 수 있을지 아니면 폐차해야 할지를 예측할 수 있다. 이는 보험사에 중요하면서도 값비싼 결정이다. CCC 모델은 종이 문서 체크리스트를 대체했으며, 훨씬 빠르고 정확도도 4~5배는 더 높았다. 이후에는 CCC의 AI 시스템이 상황에 가장 적합한 수리 방법이 무엇인지, 피보험 운전자와 승객의 부상이 어떤 영향을 미칠 수 있는지, 수리 과정에서 관련된 당사자가 사기를 저지르는지 등을 평가한다. 한 보험 회사 임원은 CCC와의 협업에서 발생하는 문제가 있다면, 보험 청구 프로세스 전체를 CCC에 완전히 넘겨주다시피 하다 보니 보험 회사가 자체적으로 처리하려는 의지가 사라지게 된다는 점이라면서 CCC의 편의성을 에둘러 말했다.

이미지 기반 추정으로 가는 머나먼 여행

CCC가 차량 이미지를 기반으로 충돌 수리 견적을 자동화하는 과정을 살펴보면 CCC가 데이터 지향 기업에서 AI 지향 기업으로 전환하는 과정이 눈에 생생히 그려질 것이다.

이 회사는 과거 수십억 개에 달하는 이미지를 축적했지만, 대체로 그 이미지는 인간 손해 평가사들이 손상을 평가하고 기록하는 데 사용됐다. 또 CCC 역사 대부분 동안 이미지는 손상된 차량 현장이나 수리 현장에서 손해 평가사들이 직접 촬영했다. 이 사진을 찍으려면 이미지를 저장하고 전송하기 위해 특수 그래픽 카드가 장착된 전문 카메라가 필요했다. 그러다가 약 10년 전, 라마머시는 일반 카메라의 성능이 빠르게 향상되고 있으며 심지어 스마트폰에 통합되고 있다는 사실에 주목했다. 그는 머지 않아 손상된 차량의 소유자가 자신의 차량 사진을 직접 촬영할 수 있게 되리라고 예상했다. 그는 당시 수석 과학자에게 일반 카메라나 스마트폰으로 촬영한 사진을 충돌 손상 이미지로 사용해 분석할 수 있는지 알아보라고 지시했다. 수석 과학자는 주요 대학의 여러 교수에게 도움을 요청했다.

얼마 후 라마머시는 AI 이미지 분석에서 새로운 접근 방식인 딥러닝 신경망에 관한 논문을 읽었고, 충분한 훈련 데이터만 있으면 인간의 능력과 동등하거나 때로 능가할 수도 있다는 사실을 알게 됐다. GPU가 이미지를 매우 빨리 분석할 수 있다는 사실이 분명해지면서, CCC는 당시 유일한 공급 업체였던 엔비디아에서 GPU를 구매했다. 전통적인 CPU와 달리 GPU는 수학적 문제를 작은 문제들로 나눈 다음 병렬로 해결하여 CPU라면 며칠, 몇 달 또는 몇 년이 걸릴 작업을 불과 몇 시간 또는 몇 분 만에 완료한다.

마침내 라마머시는 이미지 분석 솔루션을 실제로 개발할 수 있다는 결론을 내렸다. 그는 재능 있는 데이터과학자를 모아 다양한 차량 구조에 사진을 매핑하는 방법을 가르치고, 모델을 훈련하기 위해 사진에 주석이나 레이블을 지정하는 방법도 가르쳤다. CCC는 훈련 데이터로 10억 장의 사진과 1조 달러 규모의 보험 청구 데이터를 보유하고 있었다. 2018년 팀은 회사 연구실에서 잘 작동하는 몇 개의 훌륭한 프로토타입을 갖게 됐다. 이제는 이 솔루션을 CCC와 고객의 워크플로에 통합하는 것이 과제였다. 모든 차량, 모든 고객, 모든 유형의 수리에 사용할 수 있는 실제 운영 시스템을 개발하는 건 정말 어려운 일이었다. 시스템은 또 사용해야 할 때와 사용하지 않아야 할 때를 명확히 정의하는 임계치와 더불어 AI 알고리즘에 대한 안전장치를 포함해야 했다.

CCC의 최고제품책임자 시바니 고빌Shivani Govil은 이런 모든 문제를 해결하는 데 3년이 더 걸렸다고 설명했다. 사용자를 위한 기본적인 빌딩 블록도 필요했다. 고빌은 "AI 기반 사진으로 추정하기 위해서는 모바일 장치에서 데이터와 고해상도 사진을 캡처할 수 있는 모바일 솔루션을 도입해야 했습니다"라고 말했다. 2021년 중반이 되자 시스템을 배포할 준비가 됐다. USAA(군인과 퇴역 군인, 그 가족에게만 보험·은행 상품을 제공하는 미국의 금융 서비스 회사-옮긴이)가 최초 고객 중 하나였다. 이 시스템의 도입을 다룬 〈월스트리트 저널Wall Street Journal〉 기사에서 인용된 바에 따르면, USAA 자산 및 사고 부문 사장 짐 시링Jim Syring은 "이는 최초로 AI 기반 소프트웨어를 사용하여 자동차보험 추정을 처음부터 끝까지 처리하는 것입니다"라고 언급하며 이 새로운 플랫폼을 최초의 완전 무접촉 보험 처리 서비스라

고 불렀다.[5]

　이런 기능은 인간을 대체하기 위한 것이 아니다. 오히려 사용자가 고객과의 공감적 소통에 더 주목하거나, AI를 통해서는 정확하게 해결할 수 없는 예외적이거나 어려운 사례에 집중할 수 있도록 돕기 위한 것이다.

데이터와 AI를 활용한 전진

데이터는 계속해서 CCC로 유입될 것이며, 이 데이터는 추정 및 기타 모델의 예측 정확도를 개선하는 데 이용될 것이다. 이를 통해 CCC 고객들은 더 나은 의사 결정을 할 수 있고, CCC는 더 많은 사업 기회를 얻게 될 것이다. '더 많은 데이터, 더 나은 모델, 더 많은 사업 기회, 더 많은 데이터'라는 선순환은 AI와 조합되어 더 강력한 생태계 구조를 만든다.

　CCC는 보험 청구 과정 전반에 걸쳐서 AI와 데이터과학 기술을 활용하고자 지속적으로 인재 풀을 확장하고 있다. 최근 CCC에 합류한 고빌은 기업 소프트웨어 및 AI 기술 분야 출신이다. 회사는 기술 리더십과 특정 산업에 대한 깊은 전문 지식을 겸비한 인재를 적극적으로 채용하고 있다. 고빌은 지금이야말로 이 산업이 흥미로운 시기라고 말했다. 왜냐하면 디지털 혁신, 커넥티드 카 데이터, AI가 전체 보험 생태계에서 성장과 새로운 작업 방식을 위한 기회를 만들어내고 있기 때문이다. 그래서 자신이 CCC에 끌릴 수밖에 없었다고 설명했다.

　해상도가 높은 사진과 동영상 분석 외에도 기술의 다양한 변화가 자동차보험 산업에 영향을 미치고 있다. 이미 많은 자동차와 트럭에서 첨단 운전 지원 시스템Advanced Driver Assistance Systems, ADAS을 이용할 수 있으며, 자율주행차도 곧 등장할 것으로 예고되어 있다. 점점 더 많은 보험사가 운전자의 행동에 따라 요금을 결정하는 주행거리 연동 자동차보험으로 전환하고 있다. 다시 한번 말하자면, CCC는 데이터에서 출발하여 궁극적으로는 의사 결정에 데이터를 활용하는 방향으로 나아갈 것이다. 회사는 이미 충돌 시 차량에 장착된 모든 ADAS 장비와 해당 차량에 기록된 운전 행동을 모두 캡처하는 'CCC VIN 커넥트CCC VIN Connect'라는 서비스를 출시했다. 라마머시는 자율주행차가 출시되면 CCC는 사고 책임이 누구에게 있는지 또는 무엇이 문제였는지에 관한 통찰을 보험사에 제공하는 솔루션을 개발할 계획이라고 말했다. 물론 자율주행차의 많은 기술적 세부 사항이 아직 불확실한 상태이기 때문에, 보험사를 위해 이런 시스템을 계획하고 개발하기 위해서는 장기적인 기술 투자가 필요하다. 충돌 수리를 위해 자동화된 이미지 인식 시스템을 구축하던 때처럼 말이다.

웰: 처음부터
AI 역량을 구축하는 법

마지막 사례 연구의 대상은 기존 사업에서 시작하여 AI로 옮겨가는 기업이 아니라 처음부터 AI를 핵심으로 하는 스타트업이다. 이 책은 지금까지 AI를 받아들이기 전에는 기존 기술, 프로세스, 전략과 씨름해야 했던 레거시 기업에 중점을 두었다. 일반적으로는 스타트업이 AI 역량을 구축하기가 훨씬 쉽기에 이들에게는 큰 관심을 두지 않았다. 그런데 왜 굳이 이 기업을 포함했을까?

여러 가지 이유가 있다. 우선, AI 스타트업의 경험은 레거시 기업이 겪어야 하는 것과 대조적이라는 면에서 교훈을 얻을 수 있기 때문이다. 대규모 레거시 기업에서 실질적인 변화를 만들기란 대단히 어려울 수 있다. 일부 레거시 기업은 AI 우선 스타트업에 관한 이야기를 읽은 후 독자적인 사업체를 설립하고 나중에 이 접근 방식을 확장하려는 유혹을 받기도 한다. 또 이미 AI 시스템과 비즈니스 프로세스 또는 새로운 방식으로 운영되는 모델을 성공적으로 구축한 스타트업을 인수하고자 할 수도 있다.

이 스타트업을 논의해야 하는 두 번째 이유는 이 회사의 초점 때문이다. 앞선 장들에서 AI를 이용하여 고객 행동을 변화시키는 데 초점을 맞추는 기업들을 설명했지만, 대부분은 아직 그 과정에서 커다란 진전을 보이지 못했다. 앞으로 소개할 이 스타트업의 초점 역시 여러 방법을 통해 건강 행동에 영향을 미치려는 것이다.

세 번째 이유는 이 스타트업의 회장 겸 CEO이자 공동 창립자인 게리 러브맨Gary Loveman에게서 찾을 수 있다. 그는 이전 회사에서 분석과 AI 분야의 많은 경험을 쌓은 인물로, 기존 기업과 스타트업 환경의 차이점에 대해 흥미로운 생각을 가지고 있다.

이 회사는 바로 행동 건강 스타트업 웰이다. 러브맨은 하버드 비

즈니스스쿨 교수였으며 지금은 시저스엔터테인먼트Caesars Entertain-
ment가 된 하라스Harrah's의 CEO를 역임했다. 그는 시저스의 사업에
광범위한 분석이 필요하다고 주장했던 사람으로 잘 알려져 있다. 시
저스를 떠나서는 데이터·분석·AI를 이용한 소비자 건강 변화에 초
점을 맞춘 대형 건강보험사의 신사업 부서를 이끌었다. 하지만 기존
시스템과 프로세스를 수정하는 데 문제가 있었기 때문에 새로운 서
비스를 구축하기가 매우 어려웠다. 예를 들어 정기적인 건강 기반 커
뮤니케이션을 제공하는 데 필요한 회원의 휴대전화 번호와 이메일
주소를 수집하여 회사 데이터베이스에 추가하는 데만 무려 3,000만
달러의 시스템 변경 비용이 들었다. 결국 이 건강보험 회사는 다른 기
업에 인수됐고, 새로운 소유주는 러브맨이 이끄는 사업부문에 거의
관심을 보이지 않았다. 그는 회사를 떠나 스타트업을 차리기로 했다.

웰은 병에 걸린 다음 치료하기보다는 아직 병에 걸리지 않은
사람들을 더 건강하게 하는 데 초점을 맞춘다. 현재 이 회사는 1년
이 조금 넘은 기간에 이미 벤처캐피털 기업과 기타 투자자들로부터
6,000만 달러 이상의 자금을 유치했다. 러브맨은 보험사의 질병 관
리 프로그램 대부분은 5%의 회원에 초점을 맞추고 있으며, 이들이
치료와 비용의 70%를 차지한다고 말했다. 이에 반해 웰은 광범위하
고 다양한 건강 상태를 보이는 모든 회원을 대상으로 서비스를 제공
한다. 웰은 고용주·지역 보건 기관·소비자와 협력하여 사람들이 자
신의 건강 문제에 적극적으로 관심을 갖게 하고, 더 건강해지는 방법
과 관련된 AI와 인간 기반 조언을 제공한다.

이 회사의 기본 개념은 5장에서 설명한 매뉴라이프, 핑안, 기타 대형 보험사와 유사하다. 하지만 웰이 제공하는 권장 사항과 행동 유도는 훨씬 더 개인별로 맞춤화되어 있다. 다른 회사들은 일반적인 운동과 영양 권장 사항을 제공하는 데 그치지만, 웰은 특정 질병에 대한 예방 조치, 진단 테스트, 수면 권장 사항 또는 설탕 섭취를 줄이라는 충고 등 구체적인 추천을 한다. 업계의 다른 회사들과 마찬가지로 웰 역시 보상을 제공하지만, 이 보상 또한 개인 맞춤화되어 있다. (약을 규정대로 복용하고, 예약 시간을 지키는 등) 지시를 엄격하게 준수하는 회원은 건강한 행동에 대한 보상이 적게 주어진다. 반대로 준수 점수가 낮은 사람은 더 큰 보상을 받는다.

모델을 위한 데이터와 훈련

웰은 머신러닝을 이용하여 개인 맞춤형 추천을 제공하며, 물론 이런 모델들은 데이터를 기반으로 훈련된다. 웰은 주로 보험 청구를 통해 데이터를 얻지만, 일부 회원의 경우에는 전자 건강 기록 데이터도 활용한다. 보험 청구 데이터는 일반적으로 3개월 앞선 데이터인데, 웰은 질문을 던져 회원들의 주관적인 답변을 유도하고 앱에 대한 회원 반응으로 데이터를 보완한다. 때에 따라서는 회원의 스마트워치 같은 기기에서 데이터를 수집할 수도 있다. 또 필요하다면, 응급 의료 시설에서 환자가 작성하는 간단한 설문조사 같은 방식으로 회원들에게 자신의 건강 상태를 설명하도록 요청하기도 한다.

최근 규제가 변경돼 소비자들이 3년간 보험 청구 데이터를 요구할 수 있게 됐기에 웰은 보험사로부터 데이터를 더 쉽게 얻을 수 있었다. 이 데이터를 수집하여 회원의 건강 상태를 비슷한 인구통계학적 특징을 가진 다른 사람들과 비교한다.

웰의 최고기술책임자인 오즈 아타만Oz Ataman은 웰의 모델 자체는 전통적인 예측 머신러닝과 대안적인 시나리오의 조건법적인 예측counterfactual predictions(실제로 발생하지 않은 상황을 가정하고, 그 상황에서 어떤 결과가 나올지를 예측하는 것 – 옮긴이)을 위한 인과 효과 추론을 혼합한 것이라고 말했다.[6] 실제로 회사는 시간이 지남에 따라 건강 개입에 관련된 여러 가지 추천을 하기에 회원의 바람직한 행동을 낳을 가능성이 가장 큰 일련의 임상 내용 메시지를 계획해야 한다. 이런 메시지는 권장 사항부터 관련 기사, 예컨대 '3주간의 여행'에 이르기까지 다양하다. 이런 복잡한 모델 세트를 위해서는 일반적인 건강 상태를 위한 명확하게 정의된 일련의 임상 경로와 치료 개입 여정이 필요하다.

웰은 혈압, 당뇨, 행동 건강과 정신 건강, 고혈압, 수면 장애 등 여러 분야에서 20~30개에 이르는 다양한 임상 경로를 만들었다. 아타만은 자사의 AI는 어떤 패턴을 탐지하기보다는 각 회원의 (임상적 또는 자가 관리) 치료 간격을 이해하고, 이런 간격을 고려하여 원하는 행동 결과를 낳을 가능성이 가장 큰 임상 내용을 제시하는 개인 맞춤화에 더 중점을 둔다고 말했다.

이런 모델들을 개발하고 배포하기 위해 웰은 재능 있는 인재 집단을 고용해야 했다. 예를 들어 데이터과학자팀은 머신러닝 모델을 구축했다. 의사·간호사·약사로 구성된 임상팀은 임상 경로와 여정을 개발했으며, 회원들을 위해 의료 내용을 집계하거나 생성하기도 했다. 인센티브팀은 건강 행동을 유도하는 보상이 어떤 것인지 파악하고, 제품팀은 웹사이트와 모바일 사용자 인터페이스를 개발했다. 그리고 직원 대다수는 활용 사례를 구축하는 컴퓨터 엔지니어다. 이 회사는 전 세계에 총 100여 명의 직원을 두고 있다.

스타트업 대 레거시

러브맨은 대규모 상장회사와 대기업의 한 부서를 이끈 경험이 있으며, 지금은 AI 스타트업의 리더라는 비교적 희귀한 위치에 있다. 그는 이전 업무에서 주요 시스템과 프로세스의 변화가 대단히 어렵다는 사실을 경험했다. 그러나 이제 웰에서는 최신 모듈형 소프트웨어를 사용하여 AI를 포함한 새로운 소프트웨어를 쉽게 구축할 수 있다고 말한다. 그의 팀은 이제 API를 만들어 필요한 다른 시스템과 쉽게 연결할 수 있다. 레거시 기업의 굴레에서 벗어났다는 것은 곧 레거시 기술의 굴레에서 벗어났다는 의미다.

그는 스타트업 CEO 역할이 레거시 기업에서의 역할과 매우 다른 것은 당연하다면서 이렇게 말했다.

대기업에서는 모든 일을 직원들이 하며, CEO가 직접 하는 일이란 거의 없습니다. 하지만 지금은 제가 대부분 일을 직접 합니다. 주지사나 상원의원을 만나는 데 시간을 쓰는 대신 엔지니어들과 많은 시간을 보냅니다. 저는 핵심적인 업무에 직접 참여하고 기술에도 마찬가지입니다. 회사를 만들기 전에도 기술과 비즈니스 모델이 효과가 있을지 확인해보느라 많은 조사를 했습니다. 저는 그룹 지원, 개인 맞춤형 관심, 빈번한 접촉, 인센티브의 조합이 고혈압, 당뇨, 체중 문제, 기타 질환 환자에게 도움을 줄 수 있다고 확신하게 됐습니다. 우리는 이미 수천 명에 달하는 사람들에게 실제로 도움을 주고 있는데, 곧 더 많은 사람이 함께할 수 있기를 바랍니다.

시저스를 비롯해 몇몇 대기업에서 러브맨과 함께 일한 경험이 있는 아타만 역시 레거시 기업 시스템 대부분은 애초에 트랜잭션을 기록할 목적으로 구축됐다고 말했다. 이에 반해 웰의 시스템은 처음부터 어떤 넛지가 회원의 건강 행동에 바람직한 변화를 가져올지 예측하기 위해 구축됐다. 제품 설계가 매우 다르며, 조직의 주요 초점이 아니라면 달성하기 어려운 목표다.

AI 여정에서 발견한 인사이트

여러 기업의 AI 여정에서 배울 수 있는 중요한 교훈들이 있다. 그중 몇 가지를 설명하며 마무리하겠다.

- **AI로 성취하고 싶은 것이 무엇인지 파악하라:** 이 책에서 언급한 회사

들은 모두 AI를 통해 사업에서 성취하고 싶어 하는 명확한 목표를 가지고 있다. 딜로이트는 전문가 직원들의 업무 부담 감소와 서비스 개선이 목표였다. 캐피털원은 마찰을 줄이고 고객들이 더 쉽게 뱅킹 서비스를 이용할 수 있게 하는 것이었다. CCC는 자동차 손해가 발생할 때 자동차보험 회사와 고객들의 업무 부담을 줄이는 데 초점을 맞췄다. 웰은 AI를 사용하여 고객들이 건강 행동을 실천하도록 돕고 싶었다. 물론 이 회사들 모두가 AI를 활용해 재정적으로도 성공하길 원하지만, 이것이 AI 활용 사례를 파악하고 개발하는 유일한 목표는 아니다.

- **분석부터 시작하라**: 이런 회사들은 대체로 AI에 뛰어들기 전에 이미 분석 분야에서 중요한 이니셔티브를 진행하고 있었다. 물론 웰은 AI 스타트업이니 예외지만, CEO 게리 러브맨은 하라스와 시저스엔터테인먼트를 이끌 때 분석을 통한 경쟁 우위 확보를 강력하게 지지했던 사람이다. 이 책에서 설명한 딜로이트의 4개 사업부문은 모두 AI로 옮겨가기 전에 이미 (내부적으로 또는 클라이언트와 함께) 분석 활동을 진행하고 있었다. 캐피털원 역시 이 장에서 설명했듯이, 분석을 통해 경쟁 우위를 확보하는 또 다른 훌륭한 사례였다. CCC는 처음부터 자동차 손상과 수리의 여러 부분에 대한 분석을 제공했다. 물론 AI에는 자율 행동, 로봇공학, 메타버스 등 분석을 기반으로 하지 않는 다른 기술도 포함된다. 하지만 모든 형태의 머신러닝은 그 핵심에 분석을 포함하고 있다.

- **'기술 부채'를 줄이고 유연한 모듈형 IT 아키텍처를 구축하라**: 게리 러브맨은 이전 회사에서 레거시 IT 아키텍처 때문에 겪었던 어려움을 이

야기했다. 이 부분은 심각하게 받아들여야 한다. AI 활용 사례를 개발하고 IT 아키텍처에 쉽게 배포하려면, 내부와 외부 API를 통해 광범위하게 커뮤니케이션할 수 있는 유연한 모듈형 인프라가 필요하다. 필요에 앞서서 미리 이런 IT 아키텍처를 준비한다면 결국 장기적인 이익을 가져올 수 있다. 레거시 기업에서 이런 아키텍처를 개발할 수 없다면 기술 부채를 극복할 필요가 없는 스타트업과 파트너 관계를 맺거나 분사를 고려해볼 수 있다.

- 일부 데이터와 AI 활용 사례를 클라우드로 이전하라: 이 책 여러 곳에서 설명한 (캐피털원과 CCC를 포함한) 몇몇 기업은 AI 성공이 데이터 클라우드로 이전한 데서 비롯됐다고 말했다. 규제 또는 시스템 응답성 문제로 사내 기반 시스템이 필요할 때도 있지만, 데이터를 클라우드에 보관하면 다양한 데이터 소스를 통해 AI 활용 사례를 더 쉽게 개발할 수 있다. 사내 기반 데이터에만 의존한다면 데이터과학자들이 데이터에 접근하고 데이터를 통합하는 데 많은 시간을 소비해야만 한다.

- AI를 직원과 고객의 워크플로와 통합하는 방법을 고려하라: 경직된 비즈니스 프로세스는 레거시 IT 아키텍처만큼이나 업무를 제약한다. 이 장에서 설명한 각 기업은 AI 역량을 직원 또는 고객의 일상 워크플로와 통합하려고 노력했다. 딜로이트가 보여준 감사 실무 단순화와 표준화 접근은 이런 프로세스를 개선하기 위한 하나의 방법이며, 셀과 같은 회사들은 더욱 급진적인 프로세스 변화를 위해 비즈니스 프로세스 리엔지니어링이라는 개념을 다시 끌어왔다.

- 일부 데이터 자산을 활용하라: 데이터는 일반적으로 은행 같은 산업

에서는 문제가 되지 않지만, 이 장에서 설명한 다른 조직 대부분은 수집할 수 있는 데이터를 기반으로 AI 전략을 추진했다. 클라이언트 트랜잭션 시스템의 데이터 통합은 아마도 딜로이트의 AI 여정에서 가장 어려운 부분이었을 것이다. CCC는 최초의 비즈니스 모델을 통해 데이터를 축적하기 시작했기에 AI 기반 모델로 전환할 준비가 이미 충분히 되어 있었다. 웰의 비즈니스 모델은 규제가 변경돼 고객들이 자신의 건강보험 청구 데이터에 접근할 수 있게 되면서 실행 가능해졌다.

- **AI 거버넌스와 리더십 구조를 구축하라:** 딜로이트는 AI 투자와 거버넌스를 위한 전략적인 이니셔티브 구조를 이용하여 다양한 전문 서비스 사업부문들에 유용한 가이드라인을 제시했다. 제이슨 기르자다스는 AI를 전문 서비스 사업에 통합하는 노력 전반을 총괄하는 역할을 맡았다. 캐피털원·CCC·웰은 데이터·분석·AI에 대한 장기적이고 심층적인 식견을 갖추고, 이를 전략과 비즈니스 모델에 성공적으로 적용하는 CEO가 이끌고 있다.

- **AI 역량 개발 센터를 마련하고 인재를 채용하라:** 이 장의 (그리고 이 책에 등장하는 다른 모든) AI 중심 기업들은 AI를 향한 여정에서 성공하려면 AI, 데이터 엔지니어링, 데이터과학 분야에서 상당한 인재가 필요하다는 사실을 이미 알고 있었다. 딜로이트는 내부 이용과 클라이언트 컨설팅을 위해 이런 인적자원을 개발했다. 캐피털원은 많은 데이터과학자와 머신러닝 엔지니어를 보유하고 있다. CCC는 상호 연결된 데이터과학 및 데이터 엔지니어링팀을 보유하고 있다. 웰의 데이터과학자들은 추천 및 보상 모델을 개발하는 데 중요한 역할을 한다.

- **투자를 준비하라**: AI 역량을 구축하는 일에는 많은 돈이 든다. 실제로, 이 장에 등장한 기업들은 막대한 투자를 했다. 딜로이트는 AI 프로젝트를 위한 특별 투자 기금을 만들었다. 캐피털원은 머신러닝 플랫폼, 역량, 인재에 많은 투자를 하고 있다. 2021년에 상장한 CCC는 고객을 위한 AI와 데이터 역량에 거의 10억 달러를 투자할 계획이다. 웰은 6,500만 달러의 자금 중 상당 부분을 AI와 시스템 역량에 투입하고 있다.

- **생태계와 협력하라**: 지금까지 논의한 기업 중 일부, 예를 들어 CCC는 생태계 기반 비즈니스 모델을 갖고 있다. 그 밖의 모든 기업은 비즈니스 파트너와 긴밀하게 협력하고 있다. 딜로이트는 엔비디아 같은 AI 기술 기업과 굳건한 협력 관계를 맺고 있다. 캐피털원은 클라우드 파트너인 AWS를 비롯해 외부 서비스 제공 업체와 긴밀하게 협력한다. CCC는 보험사, 수리점, 부품 공급 업체, 기타 기업으로 구성된 훌륭한 생태계를 보유하고 있다. 웰은 보험사, 지역 보건 기관, 고용주와 협력한다. 오늘날 기업은 기술 파트너와 긴밀한 관계를 맺지 않고는 AI를 통해 성공할 수 없다. 이미 설명했듯이 가장 효과적인 AI 기반 비즈니스 모델은 생태계와 플랫폼을 중심으로 구축된다.

- **조직 전체에 걸쳐 솔루션을 구축하라**: 중소기업에서는 AI 솔루션이 조직 전반에 걸쳐 작동하는 것이 당연하다. 대기업에서는 항상 그렇지만은 않지만, 딜로이트와 캐피털원은 조직 전체적인 접근 방식이 상당한 이점을 가져올 수 있다는 사실을 보여준다. 여기에는 사업부문과 부서 간 솔루션 공유, 고객에게 원활한 경험 제공, AI 개발자가 다

양한 유형의 프로젝트에서 작업할 기회 제공 등이 포함된다. 조직 전체적인 AI 거버넌스 구조와 역량 개발 센터는 이런 폭넓은 접근 방식을 실행에 옮기는 데 도움이 된다.

AI 혁신을 향한 길을 걷는 기업들로부터 얻은 교훈들은 혁신을 추구하는 모든 조직에 어떤 식으로든 도움이 될 수 있다. 우리는 전략적으로 그리고 대규모로 활용되는 AI는 머지않아 대부분 비즈니스의 성공에 핵심적인 역할을 할 것으로 믿는다. 데이터는 빠르게 증가하고 있으며, 앞으로도 이런 추세는 변하지 않을 것이다. AI는 대규모 데이터를 이해하고 조직 전체에서 스마트한 의사 결정을 내리는 수단이며, 이는 미래에도 마찬가지일 것이다. AI는 앞으로도 사라지지 않고 남아 있을 것이고, 사활을 걸고 영리하게 AI를 활용하는 기업이 오래도록 업계를 지배하게 될 것이다.

주석

한국 기업에 드리는 제언

1. 'How AI Is Helping Companies Redesign Processes', https://hbr.org/2023/03/how-ai-is-helping-companies-redesign-processes

2. '빅테크, 5년 내 AI 투자액 5배 증가 예상…연간 1360조 달할 것' https://www.aitimes.com/news/articleView.html?idxno=159805

3. 'All In On AI: How Smart Companies Win Big With Artificial Intelligence', https://www.youtube.com/watch?v=HRwEm3K6Mpk

4. "'AI 대응률' 인도 77% vs 한국 39%…개도국이 선도", https://www.hankyung.com/article/202406184513i

5. ⟨Deloitte Gen AI Nerve Centre Toolbox⟩(June 2024)

들어가는 말

1. For a transcript of Pichai's speech, see The Singju Post, May 18, 2017, https://singjupost.com/google-ceo-sundar-pichais-keynote-at-2017-io-conference-full-transcript/.

2. Jack Clark, "Why 2015 Was a Breakthrough Year in Artificial Intelli-gence," *Bloomberg*, December 8, 2015, https://www.bloomberg.com/news/articles/2015-12-08/why-2015-was-a-breakthrough-year-in-artificial-intelligence.

3. Ash Fontana, *The AI-First Company: How to Compete and Win with Artificial Intelligence* (London: Portfolio, 2021).

4. Thomas H. Davenport, "The Future of Work Now: Intelligent Mortgage Processing at Radius Financial Group," *Forbes*, May 4, 2021, https://www.forbes.com/sites/tomdavenport/2021/05/04/the-future-of-work-now-intelligent-mortgage-processing-at-radius-financial-group/?sh=71bfdec2713a.

5. More details on radius's performance are in Davenport, "The Future of Work Now."

6. Airbus website, https://www.airbus.com/en/innovation/industry-4-0/artificial-intelligence, accessed December 27, 2021.

7. Ping An Technology website, https://tech.pingan.com/en/, accessed December 27, 2021.

8. See, for example, Thomas H. Davenport, "Competing on Analytics," *Harvard Business Review*, January 2006, https://hbr.org/2006/01/competing-on-analytics, or Thomas H. Davenport and Jeanne Harris, *Competing on Analytics: The New Science of Winning* (Boston: *Harvard Business Review* Press, 2007; updated and with a new introduction 2017).

1장

1. Sundar Pichai, "A Personal Google, Just for You," Official Google Blog, October 4, 2016, https://googleblog.blogspot.com/2016/10/a-personal-google-just-for-you.html.

2. Deloitte, "State of AI in the Enterprise" Survey, 3rd edition, 2020, https://www2.deloitte.com/cn/en/pages/about-deloitte/articles/state-of-ai-in-the-enterprise-3rd-edition.html.

3. Unless otherwise cited, all statements and quotes come from interviews conducted by the authors.

4. IBM Watson Global AI Adoption Index 2021, https://filecache.mediaroom.com/mr5mribmnews/190846/IBM's%20Global%20AI%20Adoption%20

Index%202021_Executive–Summary.pdf.

5. Sam Ransbotham et al., "Winning with AI: Findings from the 2019 Arti-ficial Intelligence Global Executive Study and Research Report," *MIT Sloan Management Review*, October 15, 2019, https://sloanreview.mit.edu/projects/winning-with-ai/.

6. Deloitte, "State of AI in the Enterprise" Survey, 2nd edition, 2018, https://www2.deloitte.com/us/en/insights/focus/cognitive-technologies/state-of-ai-and-intelligent-automation-in-business-survey-2018.html.

7. Thomas H. Davenport and Randy Bean, "Companies Are Making Serious Money with AI," *MIT Sloan Management Review*, February 17, 2022, https://sloanreview.mit.edu/article/companies-are-making-serious-money-with-ai/.

8. Thomas H. Davenport and Julia Kirby, *Only Humans Need Apply: Winners and Losers in the Age of Smart Machines* (New York: Harper Business, 2016); also Thomas H. Davenport and Steven Miller, *Working with AI: Real Stories of Human-Machine Collaboration* (Cambridge, MA: MIT Press, 2022).

9. Thomas H. Davenport, "Continuous Improvement and Automation at Voya Financial," *Forbes*, December 9, 2019, https://www.forbes.com/sites/tomdavenport/2019/12/09/continuous-improvement-and-automation-at-voya-financial/?sh=4f8441ac46a4.

10. Deloitte, "State of AI in the Enterprise" Survey.

11. Veronica Combs, "Guardrail Failure: Companies Are Losing Revenue and Customers Due to AI Bias," *TechRepublic*, January 11, 2022, https://www.techrepublic.com/article/guardrail-failure-companies-are-losing-revenue-and-customers-due-to-ai–bias/.

12. Reid Blackman, "If Your Company Uses AI, It Needs an Institutional Review Board," *Harvard Business Review*, April 1, 2021.

13. John Hagel and John Seely Brown, "Great Businesses Scale Their Learning, Not Just Their Operations," *Harvard Business Review*, June 7, 2017, https://hbr.org/2017/06/great-businesses-scale-their-learning-not-just-their-operations.

14. Zheng Yiran, "AI Strikes Note of Confidence in Arts," *China Daily*, September 23, 2019, https://global.chinadaily.com.cn/a/201909/23/WS-5d882a3da310cf3e3556ce14.html.

2장

1. Randy Bean and Thomas H. Davenport, "Companies Are Failing in Their Efforts to Become Data-Driven," *Harvard Business Review*, February 5, 2019, https://hbr.org/2019/02/companies-are-failing-in-their-efforts-to-become-data-driven.

2. Joanna Pachner, "Choice President: Why Sarah Davis Is the Leader Loblaw Needs Right Now," *The Globe and Mail*, January 28, 2020, https://www.theglobeandmail.com/business/rob-magazine/article-choice-president-why-sarah-davis-is-the-leader-loblaw-needs-right-now/.

3. Deloitte Insights, "2021 State of AI in the Enterprise," Survey Report, 4th Edition, https://www2.deloitte.com/content/dam/insights/articles/US144384_CIR-State-of-AI-4th-edition/DI_CIR-State-of-AI-4th–edition.pdf.

4. Thomas H. Davenport and Ren Zhang, "Achieving Return on AI Projects," *MIT Sloan Management Review*, July 20, 2021, https://sloanreview.mit.edu/article/achieving-return-on-ai-projects/.

5. Deloitte Insights, "2021 State of AI in the Enterprise."

6. This section draws from Thomas H. Davenport and George Westerman, "How HR Leaders Are Preparing for the AI-Enabled Workforce," *MIT Sloan Management Review*, March 17, 2021, https://sloanreview.mit.edu/article/how-hr-leaders-are-preparing-for-the-ai-enabled-workforce/.

7. J. Loucks, T. Davenport, and D. Schatsky, "State of AI in the Enterprise, 2nd Edition: Early Adopters Combine Bullish Enthusiasm with Strategic Investments," PDF file (New York: Deloitte Insights, 2018), https://www2.deloitte.com.

8. T. Cullen, "Amazon Plans to Spend $700 Million to Retrain a Third of Its US Workforce in New Skills," CNBC, July 11, 2019, https://www.cnbc.com/2019/07/11/amazon-plans-to-spend-700-million-to-retrain-a-third-of-its-workforce-in-new-skills–wsj.html.

9. Wei-Shen Wong, "DBS Bank Grows Its Team of Data Translators," Waters Technology, July 29, 2019, https://www.waterstechnology.com/data-management/4456596/dbs-bank-grows-its-team-of-data-translators.

10. "JPMorgan Chase Makes $350 Million Global Investment in the Future of Work," JPMorgan Chase press release, March 18, 2019, https://www.jpmorganchase.com/news-stories/jpmorgan-chase-global-investment-in-the-

future-of-work.

11. Erik Brynjolfsson, Tom Mitchell, and Daniel Rock, "What Can Machines Learn, and What Does It Mean for Occupations and the Economy?" *AEA Papers and Proceedings*, May 2018, pp. 43–47, https://www.aeaweb.org/articles?id=10.1257/pandp.20181019.

12. Davenport and Westerman, "How HR Leaders Are Preparing for the AI-Enabled Workforce."

13. Thomas H. Davenport, "Building a Culture that Embraces Data and AI," *Harvard Business Review*, October 28, 2019, https://hbr.org/2019/10/building-a-culture-that-embraces-data-and-ai.

3장

Epigraph: Taken from Alex Connock and Andrew Stephen, "We Invited an AI to Debate Its Own Ethics in the Oxford Union—What It Said Was Startling," *The Conversation*, December 10, 2021, https://theconversation.com/we-invited-an-ai-to-debate-its-own-ethics-in-the-oxford-union-what-it-said-was–startling–173607.

1. Sam Ransbotham et al., "The Cultural Benefits of Artificial Intelligence in the Enterprise," *MIT Sloan Management Review* Report, November 2, 2021, https://sloanreview.mit.edu/projects/the-cultural-benefits-of-artificial-intelligence-in-the–enterprise/.

2. Steven LeVine, "Our Economy Was Just Blasted Years into the Future," Medium website, May 25, 2020, https://marker.medium.com/our-economy-was-just-blasted-years-into-the–future-a591fbba2298.

3. Roberto Baldwin, "Self-Driving Cars Are Taking Longer to Build than Everyone Thought," *Car and Driver*, May 10, 2020, https://www.caranddriver.com/features/a32266303/self-driving-cars-are-taking-longer-to-build-than-everyone–thought/.

4. Thomas H. Davenport, "Getting Real about Autonomous Cars," MIT Initiative on the Digital Economy blog post, April 3, 2017, https://ide.mit.edu/insights/getting-real-about-autonomous-cars/.

5. Job description for "Research Scientist, Machine-Assisted Cognition," Toyota Research Institute, https://www.simplyhired.com/search?q=toyota+re-

search+institute&job =IKITbaYj1djMYyHDHXyGr-9sbM2sxZvZ5eCw4DFFo-2fIRUkQGllRXw, accessed August 2, 2021.

6. "Toyota Research Institute Bets Big in Vegas on 'Toyota Guardian' Autonomy," Toyota press release, January 7, 2019, https://pressroom.toyota.com/toyota-research-institute-bets-big-in-vegas-on-toyota-guardian-autonomy/.

7. James Burton, "The World's Top-10 Wealth Management Firms by AUM," Wealth Professional website, May 5, 2021, https://www.wealthprofessional.ca/news/industry-news/the-worlds-top-10-wealth-management-firms-by–aum/355658.

8. See, for example, https://www.forbes.com/sites/barrylibert/2019/10/29/platform-models-are-coming-to-all-industries/?sh=4ccb418962e7.

9. For a more detailed discussion of ecosystems, see Arnoud De Meyer and Peter Williamson, *The Ecosystem Edge* (Palo Alto, CA: Stanford Business Books, 2020).

10. C3.ai, "Shell, C3.ai, Baker Hughes, and Microsoft Launch the Open AI Energy Initiative, an Ecosystem of AI Solutions to Help Transform the Energy Industry," C3.AI press release, February 1, 2021, https://c3.ai/shell-c3-ai-baker-hughes-and-microsoft-launch-the-open-ai-energy-initiative-an-ecosystem-of-ai-solutions-to-help-transform-the-energy-industry/.

11. Dan Jeavons and Christophe Vaessens, "Q&A: What Does Open AI Mean for Energy Production?" Shell website, March 24, 2021, https://www.shell.com/business-customers/catalysts-technologies/resources-library/ai-in-energy-sector.html.

12. Diabetes Prevention Program Research Group, "Reduction in the Incidence of Type 2 Diabetes with Lifestyle Intervention or Metformin," *New England Journal of Medicine* 346, no. 6 (February 7, 2002), https://www.nejm.org/doi/10.1056/NEJMoa012512.

13. "Kroger Using Data, Technology to 'Restock' for the Future," Consumer Goods Technology, October 17, 2017, https://consumergoods.com/kroger-using-data-technology-restock-future.

14. Kroger Investor Conference, October 11, 2017, https://s1.q4cdn.com/137099145/files/doc_events/2017/10/1/Presentation.pdf.

15. Russell Redman, "Kroger to 'Lead with Fresh, Accelerate with Digital," *Supermarket News*, April 1, 2021, https://www.supermarketnews.com/

retail-financial/kroger-lead-fresh-accelerate-digital-2021.

16. Ocado Group website, "About Us: What We Do, How We Use AI," https://www.ocadogroup.com/about-us/what-we-do/how-we-use-ai, accessed December 26, 2021.

17. See, for example, Sinan Aral, *The Hype Machine: How Social Media Disrupts Our Elections, Our Economy, and Our Health—and How We Must Adapt* (New York: Crown, 2021).

18. Progressive Insurance, "Telematics Devices for Car insurance," Progressive website, https://www.progressive.com/answers/telematics-devices-car-insurance/, accessed March 24, 2022.

4장

1. Thomas H. Davenport, Theodoros Evgeniou, and Thomas C. Redman, "Your Data Supply Chains Are Probably a Mess," *Harvard Business Review*, June 24, 2021, https://hbr.org/2021/06/data-management-is-a-supply-chain-problem.

2. Katherine Noyes, "AI Can Ease GDPR Burden," Deloitte Insights for CMOs, *Wall Street Journal*, June 4, 2018, https://deloitte.wsj.com/cmo/ai-can-ease-gdpr-burden-1528084935.

5장

1. Anthem Corporate and Social Responsibility Report, "Becoming a Digital-First Platform for Health," 2020, https://www.elevancehealth.com/annual-report/2020/becoming-a-digital-first-platform-for-health.html.

2. See, for example, Thomas H. Davenport, "The Future of Work Now: Ethical AI at Salesforce," *Forbes*, May 27, 2021, https://www.forbes.com/sites/tomdavenport/2021/05/27/the-future-of-work-now-ethical-ai-at-salesforce/?sh=16195cd53eb6.

3. Margaret Mitchell et al., "Model Cards for Model Reporting," paper presented at FAT*'19: Conference on Fairness, Accountability, and Transparency, January 2019, arXiv:1810.03993.

4. Isabel Kloumann and Jonathan Tannen, "How We're Using Fairness Flow

to Help Build AI That Works Better for Everyone," Facebook blog post, March 31, 2021, https://ai.meta.com/blog/how-were-using-fairness-flow-to-help-build-ai-that-works-better-for-everyone/.

5. Shirin Ghaffary, "Google Says It's Committed to Ethical AI Research. Its Ethical AI Team Isn't So Sure," *Vox*, June 2, 2021, https://www.vox.com/recode/22465301/google-ethical-ai-timnit-gebru-research-alex-hanna-jeff-dean-marian-croak.

6. Paresh Dave and Jeffrey Dastin, "Money, Mimicry and Mind Control: Big Tech Slams Ethics Brakes on AI," Reuters, September 8, 2021, https://www.reuters.com/technology/money-mimicry-mind-control-big-tech-slams-ethics-brakes-ai-2021-09-08/.

7. Ping An Group, "AI Ethical Governance Statement and Policies of Ping An Group," https://group.pingan.com/resource/pingan/ESG/Sustainable-Business-Integration/ping-an-group-ai-ethics-governance-policy.pdf, accessed December 21, 2021.

8. Partnership on AI, home webpage, https://partnershiponai.org/ ,accessed March 24, 2022.

9. EqualAI, "Checklist for Identifying Bias in AI," https://www.equalai.org/assets/docs/EqualAI_Checklist_for_Identifying_Bias_in_AI.pdf, accessed December 21, 2021.

6장

1. Deloitte AI Institute, "The AI Dossier," 2021, https://www2.deloitte.com/us/en/pages/consulting/articles/ai-dossier.html.

2. Alamira Jouman Hajjar, "Retail Chatbots: Top 12 Use Cases & Examples in 2022," AIMultiple website, February 11, 2022, https://research.aimultiple.com/chatbot-in-retail/.

3. Cecelia Kang, "Here Comes the Full Amazonification of Whole Foods," *The New York Times*, February 28, 2022, https://www.nytimes.com/2022/02/28/technology/whole-foods-amazon-automation.html.

4. Judson Althoff, "Orsted Uses AI and Advanced Analytics to Help Power a Greener Future," LinkedIn, March 3, 2021, https://www.linkedin.com/pulse/%C3%B8rsted-uses-ai-advanced-analytics-help-power-greener–fu-

ture-althoff.

5. This use case is described in Thomas H. Davenport, "Pushing the Frontiers of Manufacturing AI at Seagate," *Forbes*, January 27, 2021, https://www.forbes.com/sites/tomdavenport/2021/01/27/pushing-the-frontiers-of-manufacturing-ai-at-seagate/?sh=3d1e524cc4f.

6. Nitin Aggarwal and Rostam Dinyari, "Seagate and Google Predict Hard Disk Drive Failures with ML," Google Cloud Blog, May 7, 2021, https://cloud.google.com/blog/products/ai-machine-learning/seagate-and-google-predict-hard-disk-drive-failures-with-ml?hl=en.

7. The Haven Life use case is described in Thomas H. Davenport, "The Future of Work Is Now: The Digital Life Underwriter," *Forbes*, October 28, 2019, https://www.forbes.com/sites/tomdavenport/2019/10/28/the-future-of-work-is-nowdigital-life-underwriter-at-haven-life/?sh=4fc2332d6b54.

8. Steven Miller and Thomas H. Davenport, "A Smarter Way to Manage Mass Transit in a Smart City: Rail Network Management at Singapore's Land Transport Authority," AI Singapore website, May 27, 2021, https://aisingapore.org/2021/05/a-smarter-way-to-manage-mass-transit-in-a-smart-city-rail-network-management-at-singapores-land-transport–authority/.

9. Karen Hao, "AI Is Sending People to Jail—and Getting It Wrong," *MIT Technology Review*, January 21, 2019, https://www.technologyreview.com/2019/01/21/137783/algorithms-criminal-justice-ai/.

10. Thomas H. Davenport and Rajeev Ronanki, "Artificial Intelligence for the Real World," *Harvard Business Review*, January-February 2018, pp. 108–116, https://hbr.org/2018/01/artificial-intelligence-for-the-real-world.

11. National Oceanic and Atmospheric Administration, "NOAA Artificial Intelligence Strategy: Analytics for Next Generation Earth Science," February 2020, https://nrc.noaa.gov/LinkClick.aspx?fileticket=0I2p2-Gu-3rA%3d&tabid=91&portalid=0.

12. David F. Engstrom, Daniel E. Ho, Catherine M. Sharkey, and Mariano-Florentino Cuellar, "Government by Algorithm: Artificial Intelligence in Federal Administrative Agencies," report to the Administrative Conference of the United States, February 2020, pp. 38–39, https://www-cdn.law.stanford.edu/wp-content/uploads/2020/02/ACUS-AI–Report.pdf.

13. See U.S. Department of Veterans Affairs, Office of Research and Devel-

opment, "National Artificial Intelligence Institute (NAII)," https://www. research.va.gov/naii/.

14. Kate Conger, "Justice Department Drops $2 Million to Research Crime-Fighting AI," Gizmodo, February 27, 2018; and DOJ's solicitation for the program can be found at https://nij.ojp.gov/sites/g/files/xyck-uh171/files/media/document/NIJ-2018-14000.pdf.

15. Tony Kingham, "US S&T's Transportation Security Laboratory Evaluates Artificial Intelligence and Machine Learning Technologies," Border Security Report, September 11, 2020, https://www.border-security-report. com/us-sts-transportation-security-laboratory-evaluates-artificial-intelligence-and-machine-learning-technologies/.

16. Richard Rubin, "AI Comes to the Tax Code," The *Wall Street Journal*, February 6, 2020, https://www.wsj.com/articles/ai-comes-to-the-tax-code-11582713000.

17. John Keller, "Pentagon to Spend $874 Million on Artificial Intelligence (AI) and Machine Learning Technologies Next Year," *Military and Aerospace Electronics*, June 4, 2021, https://www.militaryaerospace.com/computers/ article/14204595/artificial-intelligence-ai-dod-budget–machine-learning.

18. Singapore National Research Foundation, AI Singapore website, accessed June 15, 2022, https://nrf.gov.sg/programmes/artificial-intelligence-r–d-programme.

19. Singapore Monetary Authority, "Veritas Initiative Addresses Implementation Challenges in the Responsible Use of Artificial Intelligence and Data Analytics," press release, January 6, 2021, https://www.mas.gov.sg/news/ media-releases/2021/veritas-initiative-addresses-implementation-challenges.

20. Alex Woodie, "Inside Cisco's Machine Learning Model Factory," Datanami, January 12, 2015, https://www.datanami.com/2015/01/12/inside-ciscos-machine-learning-model-factory/.

21. Max Smolaks, "AI for Data Center Cooling: More Than a Pipe Dream," Data Center Dynamics website, April 12, 2021, https://www.datacenter-dynamics.com/en/analysis/ai-for-data-center-cooling-more-than-a-pipe-dream/.

22. Bernard Marr, "The Amazing Ways Verizon Uses AI and Machine Learning

to Improve Performance," *Forbes*, June 22, 2018, https://www.forbes.com/sites/bernardmarr/2018/06/22/the-amazing-ways-verizon-uses-ai-and-machine-learning-to-improve-performance/?sh=1478c22f7638.

23. See, for example, Thomas H. Davenport, "The Future of Work Now: The Computer-Assisted Translator and Lilt," *Forbes*, June 29, 2020, https://www.forbes.com/sites/tomdavenport/2020/06/29/the-future-of-work-now-the-computer-assisted-translator-and-lilt/?sh=19fb4bc73890.

24. See, for example, Douglas Heaven, "Why Faces Don't Always Tell the Truth about Feelings," *Nature*, February 26, 2020, https://www.nature.com/articles/d41586-020-00507-5.

25. Kolawole Samuel Adebayo, "Meta Describes How AI Will Unlock the Metaverse," VentureBeat website, March 2, 2022, https://venturebeat.com/technology/meta-describes-how-ai-will-unlock-the-metaverse/.

26. Sarah Whitten, "Disney Launches Genie, an All-In- One App for Park Visitors to Plan Trips and Skip Long Lines," CNBC website, August 18, 2021, https://www.cnbc.com/2021/08/18/disneys-genie-app-is-an-all-in-one-trip-planner-for-its-theme-parks.html.

27. Robert Perkins, "Neural Networks Model Audience Reactions to Movies," California Institute of Technology, July 21, 2017, https://www.caltech.edu/about/news/neural-networks-model-audience-reactions-movies-79098.

7장

1. Thomas H. Davenport, "The Power of Advanced Audit Analytics," Deloitte report, 2016, https://www2.deloitte.com/content/dam/Deloitte/us/Documents/deloitte-analytics/us-da-advanced-audit-analytics.pdf.

2. Among many other sources, see the "Early CDO Appointments" in the Wikipedia entry for Chief Data Officers: https://en.wikipedia.org/wiki/Chief_data_officer#Early_CDO_appointments.

3. Thomas H. Davenport, "Competing on Analytics," *Harvard Business Review*, January 2006, https://hbr.org/2006/01/competing-on-analytics.

4. Derek du Preez, "Capital One Closes All Its Data Centres and Goes All In with AWS," *Diginomica*, January 12, 2021, https://diginomica.com/capital-

one-closes-its-data-centres-and-goes-all-aws.

5. Angus Loten, "AI Helps Auto Insurers Cost Out Collisions in Seconds," The *Wall Street Journal*, November 2, 2021, https://www.wsj.com/articles/ai-helps-auto-insurers-cost-out-collisions-in-seconds-11635866345.

6. For a discussion of such models, see Mattia Prosperi et al., "Causal Inference and Counterfactual Prediction in Machine Learning for Actionable Healthcare," *Nature Machine Intelligence* 2 (2020): 369–375, https://doi.org/10.1038/s42256-020-0197-y.

찾아보기

옮긴이 임상훈

서강대학교 영문학과를 졸업하고 동대학원에서 영문학 박사 학위를 받았다. 현재 동료 번역가들과 '번역인'이라는 작업실을 꾸려 번역 활동 중이다. 옮긴 책으로 《데일 카네기 인간관계론》, 《설득의 심리학》, 《자본주의 대전환》 등이 있다.

AI 혁신 바이블

초판 1쇄 발행 · 2024년 8월 16일

지은이 · 토머스 H. 대븐포트, 니틴 미탈
옮긴이 · 임상훈
감수자 · 딜로이트 컨설팅 코리아(조명수, 정찬욱, 주형열, 권성준)
발행인 · 이종원
발행처 · (주)도서출판 길벗
브랜드 · 더퀘스트
주소 · 서울시 마포구 월드컵로 10길 56(서교동)
대표전화 · 02)332-0931 | **팩스** · 02)322-0586
출판사 등록일 · 1990년 12월 24일
홈페이지 · www.gilbut.co.kr | **이메일** · gilbut@gilbut.co.kr

기획 및 책임편집 · 오수영(cookie@gilbut.co.kr), 유예진, 송은경 | **제작** · 이준호, 손일순, 이진혁
마케팅 · 정경원, 김진영, 김선영, 정지연, 이지원, 이지현, 조아현, 류효정 | **유통혁신팀** · 한준희
영업관리 · 김명자 | **독자지원** · 윤정아

디자인 · 필요한 디자인 | **교정교열** · 공순례
CTP 출력 및 인쇄 · 정민 | **제본** · 정민

ISBN 979-11-407-1409-4 (03320)
(길벗 도서번호 090260)

정가 22,000원

독자의 1초까지 아껴주는 길벗출판사
(주)도서출판 길벗 | IT교육서, IT단행본, 경제경영서, 어학&실용서, 인문교양서, 자녀교육서 www.gilbut.co.kr
길벗스쿨 | 국어학습, 수학학습, 어린이교양, 주니어 어학학습, 학습단행본 www.gilbutschool.co.kr